The Empirical Study
About the Counties' Reform of
Zhejiang Province

浙江省县域改革实践研究

占张明　等著

图书在版编目（CIP）数据

浙江省县域改革实践研究／占张明等著．—杭州：浙江大学出版社，2016.10

ISBN 978-7-308-16291-3

Ⅰ.①浙…　Ⅱ.①占…　Ⅲ.①县—体制改革—研究—浙江　Ⅳ.①D675.5

中国版本图书馆 CIP 数据核字（2016）第 241793 号

浙江省县域改革实践研究

占张明　等著

责任编辑　樊晓燕
责任校对　杨利军　夏湘娣
封面设计　春天书装
出版发行　浙江大学出版社
　　　　　（杭州市天目山路 148 号　邮政编码 310007）
　　　　　（网址：http://www.zjupress.com）
排　　版　杭州中大图文设计有限公司
印　　刷　杭州日报报业集团盛元印务有限公司
开　　本　710mm×1000mm　1/16
印　　张　17.25
字　　数　283 千
版 印 次　2016 年 10 月第 1 版　2016 年 10 月第 1 次印刷
书　　号　ISBN 978-7-308-16291-3
定　　价　52.00 元

浙江大学出版社发行中心联系方式：0571－88925591；http://zjdxcbs.tmall.com

序

俞可平曾经指出:“任何创新都有风险,政府改革风险尤大。如果没有相应的法律和制度鼓励政府的改革创新,许多大胆的改革创新举措就会因没有制度保障而无法推出。”可见,制度机制是长久性的动力手段,是政府改革实践持续的最可靠保障。党的十八届三中全会审议通过了《中共中央关于全面深化改革若干重大问题的决定》,提出了推进经济、政治、文化、社会、生态等全方位改革的战略目标。党的十八届五中全会提出了“创新、协调、绿色、开放、共享”的五大发展理念,目的是要从根本上破除体制机制障碍,做出更有效的制度安排,建立有利于资源高效配置和发展潜能充分释放的体制环境,最终实现共享发展目标。同时,中央也高度重视县域治理实践,推动实施了一系列制度改革,引起了各方极大的关注。这些重大决策部署是关系我国发展全局的一场深刻变革,影响将十分深远。

县一级如何深入贯彻落实中央的战略部署,让中央的精神落地生根,以改革的红利推动县域的转型发展?余杭将继续以改革破除发展中面临的体制机制障碍,坚决破除各方面体制机制弊端,推进县域治理体系和治理能力现代化。“十三五”时期,是余杭高水平全面建成小康社会的决胜期,也是可以大有作为的发展黄金期。我们必须深入贯彻习近平总书记系列重要讲话精神,按照“四个全面”战略布局,落实“创新、协调、绿色、开放、共享”的发展理念,持续深化“八八战略”实践,坚持发展第一要务,紧扣转型升级主题,以“3+1”战略规划布局和“3+1”制度规则体系为统领,以“点轴状布局圈层式开发、产城人融合钱地人统筹”为路径,统筹推进经济、政治、文化、社会、生态和党的建设,努力打造中国创新创业新高地、浙江信息经济新蓝海、杭州宜居宜游新城区,共建共享更加美好的新余杭。我们要实现上述目标,必须坚持以新的发展理念引领新的改革发展实践，以服务保障G20国际峰会为圆心，聚焦16个重大专项行动，开展全区综合环境专项整治大会战，构筑城乡统筹发展新格局，推动各项工作再上新台阶。

为深入贯彻落实中央以及省、市、区委精神，更好地推动余杭全面改革实践，杭州市委党校余杭区分校以余杭近年来的改革实践为切入点，深入剖析梳理余杭改革实践的总体特征与经验、当前改革的基本态势与走向等问题，并从浙江省层面探索分析了县域改革的实践与走向，以期推动浙江省县域改革问题的共性研究。正是这一动因，促使了《浙江省县域改革实践研究》一书出版问世。在此，我写几句交代全书背景、框架、亮点的话，并以此代序。

近年来，余杭区分校努力贯彻落实全国党校工作会议和习近平总书记系列重要讲话精神，围绕区委、区政府中心工作，坚持党校姓党根本原则，落实从严治校的基本方针，深入实施教学、科研、管理的转型提升，教研咨一体化建设取得可喜成绩，连续三年荣膺全省党校系统优胜（先进）单位称号。本书正是余杭区分校立足于“红色智库”建设的又一重磅力作，也是2014年出版的《浙江省县域发展比较研究》的姐妹篇。本书从余杭区域决策部署与体制机制方面入手，对过去余杭的改革发展实践做了回顾与总结，深入分析了当前余杭发展所处的历史时期，从整体高度和长远视角，全面、准确、立体地重新审视、重新定义和重新塑造余杭体制机制新优势，对未来的宏观政策制定、经济社会发展进行了政策判断与预测，并对各领域的改革发展实践提出了具体的对策建议。

通读全书，我有几点比较深刻的印象。一是研究目标明确。三十多年来，余杭经济、政治、社会、文化、生态、党建等领域的改革均取得了重大进展，多项改革在全国、全省率先推进，亮点持续呈现，形成了较强的体制机制领先优势。研究总结余杭改革实践的重要性、紧迫性和艰巨性，把重塑体制机制改革新优势摆在突出的重要位置，并提出了较有针对性、前瞻性的政策措施建议，这将为有关部门制定更加科学有效的政策机制起到重要的参考作用。二是研究视野广阔。本书在研究内容上几乎涵盖了余杭改革实践的各个方面，例如平台体制机制、互联网金融、都市经济、智慧经济、民主治理、政务流程、小城镇发展、家族文化、文化礼堂、党员信仰、生态环境等，思路清晰，观点鲜明，构成了一个完整的理论研究体系。三是研究观点独到。本书既有定性结论，又有定量分析，跳出了老旧的僵化的思维定式，剖析了余杭县域改革实践的基本框架，把理论研究与总结提升很好地结合起来，观点比较新颖，具有较强的创新性、主题性和时代性，相信必将能够为余杭当地乃至全国、全省的县域改革实践提供借鉴。

正确认识县域改革实践问题的复杂性，对当地党委、政府的科学决策具有十分重要的意义。余杭之所以有今天的巨大成绩，是区委、区政府深思熟虑、深谋远虑和全区干部群众共同努力的必然结果。在当前改革实践快速推进的时代背景下，我们更加要保持清醒的头脑，认真总结过去改革发展所取得的巨大成就和经验教训。唯有如此，才能更好地为余杭实现全面统筹协调可持续发展创造更加扎实的基础。

最后，借此机会，期待作者们能够继续保持良好的学术精神状态，争取出版更多的优秀咨政作品，为区委、区政府多提出一些具有前瞻性、战略性、针对性的政策建议。

王进

2016.9.27

目　录

第三编 文化生态

第四编 党的建设

绪　论

改革开放以来，中国赢得了经济社会发展的历史性跨越。当前，经济与社会发展进入新常态，转型升级任务急迫、繁重，特别是从刚刚开始的"十三五"时期看，未来五年中国将进入实现地区治理体系和治理能力现代化的关键时期。因此，必须从整体高度和长远视角，全面、准确、立体地重新审视、重新定义和重新塑造各地体制机制优势，为实现"中国梦"提供坚实保障。以下以余杭区为例，进行问题的阐释。

一、原有体制机制优势的整体判断

三十多年来，余杭经济、政治、社会、文化、生态等领域改革均取得重大进展，多项改革在全省率先推进，亮点持续显现，形成了较强的体制机制领先优势。

（一）经济改革成效显著

这段时期，得益于沿海改革开放政策先行一步，在有意或无意的理念和实践上，普遍信奉绝对优势理论，在产业上凡是具有绝对优势或有可能争取到绝对优势的领域都不愿放弃，经济上普遍取得不凡成就。2010 年，余杭进入人均 GDP 突破 1 万美元的新发展阶段，实现了从基本温饱到总体小康的历史性跨越。国民生产总值从 1980 年的 4.35 亿元上升到 2015 年的 1235.66 亿元，地方公共财政预算收入从 1994 年的 2.12 亿元上升到 2015

【作者】占张明，杭州市委党校余杭区分校校长。

年的187.65亿元。1990年后,多次进入全国经济百强县的行列,在全国综合发展指数前100位的县(市、区)中的排名,从2000年的第23位,进到2012年的第9位,强化了改革成本支付能力,为深化改革奠定了扎实的物质基础。1998年以来,面对金融危机和世界性经济衰退的严峻考验,余杭经济增速虽然有所放缓,但仍保持一定增长速度。

1. 注重强化微观市场主体活力,民营经济逐步崛起

出台了多项相关政策,在市场准入、要素配置、政策扶持、监管服务等方面加大改革力度。加大财政对中小企业发展的支持力度,初步建立起中小企业信用担保体系、贷款风险补偿机制和创业引导资金激励机制。国有企业改革不断深化,区属国有企业布局得以优化,企业法人治理结构加快完善。

2. 注重发挥政府作用,市场配置资源的基础性作用逐步增强

政府主导建立了城建集团、交通集团、供销集团、农林集团、金融公司、美丽洲公司等,发挥政府主导的投融资主体作用。工业用地招拍挂制度全面推进。开始探索建立集约、节约用地机制,出台推进集约、节约利用土地的政策意见,积极推进农村"两分两换"改革。探索林权、矿权等市场化配置改革。

3. GDP大幅上升,财税收入水涨船高

2015年余杭区实现生产总值(GDP)1235.66亿元,按可比价计算(下同),同比增长11.0%,增幅高于全国(6.9%)、全省(8%)、全市(10.2%)平均水平。按户籍人口计算,余杭区人均GDP为131712元,增长8.1%,按当年平均汇率计算,达到20947.1美元。从GDP构成看,第一产业实现增加值47.07亿元,增长1.4%;第二产业实现增加值455.11亿元,增长4.7%;第三产业实现增加值733.47亿元,增长17.1%;三次产业结构比例由2014年的4.1∶40.1∶55.8调整为3.8∶36.8∶59.4,第三产业比重较2014年提高了3.6个百分点。2015年全年完成财政总收入305.31亿元,增长20.5%,首超200亿。

4. 一体化统筹发展态势良好,城乡差距逐步缩小

根据省发改委、省统计局《浙江省2012年统筹城乡发展水平评价报告》(见浙发改城体〔2013〕990号文),2012年余杭区城乡统筹发展水平在全省参加评价的61个县(市、区)中位居第二,已率先进入全面融合阶段。2010

年，余杭区农民人均纯收入达到 15617 元，人均纯收入比 2005 年增长 79.9%，增幅连续四年超过城镇居民，城乡居民收入比缩小至 1.85∶1，居全国、全省城乡收入差距最小行列。

(二)政治改革可圈可点

从包括余杭区在内的全国层面而言，改革开放前三十年，治国理政的基本方式为人治与政策之治交织推进；改革开放后三十年，法制之治凸显，并从法制之治迈向法律之治、依法治国。单就余杭区而言，“法治余杭”的地方经验连续六年入选《法治蓝皮书》(多次为全国区县级唯一入选样本)。

1.党的领导体制改革稳步推进

在统一的顶层设计之下，余杭区在党建领域做出了很多宝贵的探索。在区级主导层面，处理“党政分开”与“坚持和强化党的领导”两大原则的艺术不断成熟；先后构建了“一副三组团”、“乡镇批量改街道”和“五城一中心”的发展格局，并建立了相应的党工委。在基层党建方面，围绕有人干事、有钱办事、有房议事、有章理事、有效监事的“五有”建设目标，不断夯实了基层组织基础。

2.政府管理体制改革硕果累累

一是做减法，从“全能型政府”走向“有限政府”。探索转变职能、理顺关系、优化结构，严格控制机构编制。清理减少行政审批事项，全面完成非行政许可审批事项的清理工作。加快实施投资体制改革，全面实施政府投资项目管理办法，落实企业投资项目核准和备案制，不断强化减轻企业负担的改革，落实国家增值税、出口退税等政策，减、免、缓、停和取消了一批地方涉企税费。推进事业单位分类改革和行业协会自治化改革，多家生产经营类和中介服务类事业单位已批复改制，事业单位养老制度改革不断加速，行业协会与行政机关的人员、机构、财务“三脱钩”任务全面完成。二是做加法，从“无为而治型政府”走向“责任型政府”。服务职能逐渐强化，落实权力下放和委托授权，先后组建了行政审批中心余杭组团分中心和良渚组团分中心，方便居民就近办事。开展行政机关为部审批职能整合与集中改革试点，推行政府投资和工业供地项目模拟审批、“首问负责制”、投资项目审批代办制、重大项目联审制等，行政服务中心的经验在全省具有一定知名度。公共财政体制不断健全，新增财力用于民生支出的比例不断提高，区级政府及部门基本建立了比较规范的部门预算制度，多家单位纳入区级国库集中支付改革范围。

3. 人大履权体制改革不断深化

人大代表身份意识从单一唯上性向人民性兼顾；履职意识从单一荣誉性向责任性兼顾。不断加强监督工作的力度，其中的重点是保证“一府两院”及其工作部门依法行政、科学决策、公正司法，围绕经济社会发展的重点领域和难点、热点问题，开始运用询问、质询、调研、备案审查等监督手段，积极回应社会的关切；抓好议定事项的落实，健全完善跟踪督办制度，督促各有关方面强化人大意识和落实意识，加大办理力度，促进重点问题的解决和化解，使人大监督真正转化为抓落实、促发展的实际行动。不断提高代表履职实效，围绕代表联系群众制度化、日常化目标，完善了接待选民、联系群众等制度，通过工作考核、述职评议、督办检查等措施，促使代表密切联系群众。不断加强对镇街人大规范履职的指导力度，有力地促进了镇街人大在基层民主法治建设中发挥骨干作用。

4. 民主参与体制改革不断创新

一是居民参与意识不断加强和参与渠道不断拓宽，从单一行使选举权到注重选举权和被选举权，再到积极参与听证、问政、网络监督，居民参政议政渠道空前广阔。二是进行政治协商体制改革，民主党派和无党派人士参政议政能力稳步提高。三是协商民主得到强化。尤其值得一提的是，经区委同意，区委组织部、区人大办在南苑街道、仓前街道探索试行街道民主协商议事会议制度，让党员代表、村（居）民代表、共建单位、区级及以上“两代表一委员”等各层面人员广泛参与民主协商，开创了全国第一个街道层级的民主协商议事会议制度，破解了撤乡镇建街道的议事难题。

5. 基层社会管理机制改革初见成效

基层社会管理机制逐步从社会管理走向综合治理，再到社会治理。余杭区探索社会管理新模式，建立基层社会管理工作新格局，首创“两网合一”，即“综治网”与“党群网”合二为一。这两张网在基层深耕多年，政治优势和专业优势不可估量，结合在一起即是实现基层社会服务管理全覆盖和精细化的最好选择。

(三)社会改革深得民心

改革开放前，包括余杭区在内，是国家与社会的一体化阶段，这个阶段，从摇篮到坟墓都由国家一手包办，从吃喝到拉撒都由国家一体管理。改革开放后，是国家与社会逐渐两分的阶段。此时，经济与公民社会之间仍没有清晰的界限，政府往往按照同一政策将经济与公民社会一体化管理。这段时期最值得称道的是区内基本公共服务均等化体制进一步完善。

1. 围绕“农有所安”目标，探索建立“三农”风险防范体系

从 2006 年 1 月 1 日起，与全国一样，余杭区完全取消了农业四税(农业税、屠宰税、牧业税、农林特产税)，延续了千年的农业税成为历史。作为浙江省第二批政策性农业保险试点县区，2007 年上半年余杭区启动并推行了政策性农业保险工作，得到国务院联合调研组的肯定。作为全省首批政策性农房保险试点地区，余杭区从 2006 年就开始启动实施政策性农村住房保险制度，至 2008 年 5 月，全区 16 万户基数农户中，参保农户有 159256 户，参保率高达 99.54%，比上年增加近 1.5 个百分点，基本达到全覆盖，走在浙江省的前列。政策性农业保险和农村住房保险为广大农户撑起了风险保护伞，成为深入人心的惠民工程。

2. 围绕“病有所医”目标，探索建立“全员医保”体系

全民医保涵盖了“城镇职工医疗保险”、“新型农村合作医疗”、“城镇居民医疗保险”三大块。目前，余杭区推行“全民参保登记”，截至 2015 年年末，全区基本医疗保险参保人数 102.61 万人，基本实现“全员医保”。医保待遇也较高，如城镇居民医疗保险社区报销比例可达 80%，二级医院报销比例为 75%，主城区医院报销比例为 10%。2014 年，海创园试点医保“同城待遇”，医保报销比例与主城区完全一致，并实现在主城区药店使用医保买药。目前，这项政策正全面推开。

3. 围绕“老有所养”目标，探索建立养老保障体系

根据不同身份，有城镇职工基本养老保险等几种养老保险可供选择。截至 2015 年年末，余杭区基本养老保险参保人数达 67.71 万人，城乡居民基本医疗保险参保率接近 100%。在养老保障方面，2012 年安排了 5 亿元资金落实省政府规定的征地农转非等人员的养老保障政策，提高保障水平，转保人数达到 8.11 万人。据余杭区人保局测算，按人均寿命 75 岁计算，后

续还需财政补贴 20 万～30 万/人。现在是余杭区参保支出高峰，以后随着在岗年轻人参保比例的逐渐提高，支付压力会递减，应对农转非的财政资金仍有一定空间。

4. 围绕"学有所教"目标，探索建立公平教育体系

全面免除义务教育阶段学杂费，全面实施义务教育经费保障机制改革，建立优质教育资源向农村流动的机制，2011 年出台了《中共杭州市余杭区委、杭州市余杭区人民政府关于加快教育现代化建设的决定》，建设学习型城区和人力资源强区。

(四)文化改革引人瞩目

余杭，地处浙江省北部，位于杭嘉湖平原和京杭大运河的南端，是长江三角洲的圆心地，是"中华文明曙光"——良渚文化的发祥地，是大禹治水时弃舟登陆的地方，素称"鱼米之乡，丝绸之府，花果之地，文化之邦"，历史文化积淀十分深厚。2012 年，余杭区出台《关于加快打造产业余杭的若干政策意见》(区委〔2012〕39 号)和《余杭区支持文化创意产业发展财政政策实施细则》，文化产业加速发展。

1. 优势产业逐渐崛起

余杭文化产业已逐渐形成了设计服务、信息服务(数字内容)、艺术品、影视传媒、创意旅游、教育培训、文化会展、创意生活等优势产业，文化产业集约化、专业化、集团化的势头有所增强。美丽洲公司等一批文化企业龙头作用日趋明显。国有剧团数锐减，民营剧团数逐渐增加，还拉动了道具、服装加工等相关产业的发展。

2. 产业集聚正在推进

以创意产业为例，各类创意企业正向四大基地集聚。一是创意良渚基地。依托良渚深厚的文化内涵和优美的自然环境优势，艺术品业、创意旅游业、文化会展业、教育培训业、创意生活业逐渐汇聚。良渚国家遗址公园(中华玉文化中心良渚文化产业园)、大禹影视、浙江省文学馆、千年舟家居创意城等项目纷纷筹划或落地。二是创意临平基地。依托运河文化、超山金石文化、梅文化、塘栖名镇等文化与遗存资源，设计服务业、传媒出版业、创意旅游业、信息服务业、文化会展业逐渐汇聚。人民书店国际数字出版创意产业园、中国南方出版文化创意产业基地、天都城时尚创意创业中心叶庆文艺

术馆、运河(塘栖段)综保工程文化创意产业、临平绸厂地块工业遗存改造、超山风景区文创园等项目纷纷筹划或落地。三是创意西溪基地。依托西溪湿地文化和生态禀赋,信息服务业、设计服务业、教育培训业、创意旅游业、创意生活业逐渐汇聚。西溪湿地国家公园(西区)、阿里巴巴淘宝城、恒生科技园、台湾顽石创意、中国西泠网、华东勘测设计院、杭州画院"中国美术家协会采风创作基地"、杭州大学城高教综合体、南湖保护与开发等项目纷纷筹划或落地。四是创意径山基地。基地作为杭州实施"旅游西进"战略中的西部生态走廊第一站,是余杭区东、中、西部旅游三大板块之一,融合禅茶文化、竹文化、宗教文化、农耕文化,有径山生态度假旅游区现代服务业集聚基地、径山茶产业、生态竹业等良好的文化休闲旅游产业和都市观光农业基础。径山国际禅修文化集聚区、径山温泉休闲度假小镇、径山国际高尔夫乡村俱乐部等项目正在筹划或落地。

3. 文化产业特色品牌正在形成

初步形成杭州信息产业国家高技术产业基地西溪(余杭)拓展区、四大创意基地等高端品牌平台,良渚玉雕、中泰竹笛、崇贤绣花、余杭滚灯等项目的知名度逐步提高。超山梅文化、径山茶圣节、塘栖枇杷节、双溪漂流、仓前掏羊锅、五常赛龙舟等旅游品牌享誉区内外。种类繁多的民间文学艺术形式、地方风味饮食、民间工艺品和民俗文化活动,都以浓郁的地方特色和丰富的历史文化内涵,吸引了大量海内外游人。

(五)生态改革频频创新

生态领域走过了一段"发展破坏生态,破坏掉的生态又倒逼生态意识觉醒与生态保护举措强化,进而促进发展科学化"的螺旋上升历史。生态历来是余杭区得天独厚的宝贵资源。余杭区森林覆盖率稳定在37%以上,中心城区绿化面积逐年增长,根据2005年余杭区城区扩绿计划,建成区绿化覆盖率为33.08%。

1. 基本守住了耕地红线

通过基本农田补划和标准农田补建,余杭区实现了基本农田和标准农田的占补平衡,补划、补建的基本农田和标准农田达到占用面积。如2010年,余杭区非农建设经依法批准占用基本农田5863.788亩,占用标准农田2270.1715亩,补划、补建的基本农田和标准农田也为8000亩以上。余杭区是全市八大城区中农业、工业和服务业三大产业都比较齐全且仍保持一定规模的城区之一。

2. 生态意识逐步觉醒，生态问责机制初步建立

余杭区多数村已完成垃圾清理、改厕、河道疏浚、村道硬化、村庄绿化、生活污水治理等集中整治任务。已实现100%垃圾集中收集，垃圾集中处理在乡镇层面为100%。已在农村16万户中做好3万户的厕所污水处理系统，约占19%。

3. 划分三大功能区，促进镇街差异化发展

在杭州城区中率先将全区划分为三个主体功能区，实行不同的考核政策，激励三大功能区按照自身特色和优势，走差异化发展之路。

二、新形势对体制机制优势的影响分析

当前，我国发展进入新阶段，改革进入攻坚期和深水区，经济社会发展步入新常态。在这种形势下，余杭区传统体制机制领先优势面临弱化风险。

（一）产业梯度转移和创新瓶颈正在削弱我们的传统经济优势

第一，在新常态下，人口红利和全球化红利加速衰退，改革的急风暴雨时期基本告一段落，能改的都改了，剩下的都是难啃的硬骨头，改革进度有所趋缓。没有任何一个经济体可以永远保持每年10%的增长速度，中国经济也从高速增长转为中高速增长，部分地区甚至将转为中低速增长。产业梯度转移为地区间轮番增长提供了可能，城乡差距、区域差距逐步缩小。如果东部沿海地区徘徊在转型升级困境下，中西部地区则完全有迎头赶上的可能。现实情况也的确如此。兄弟县区改革进程明显加快，全面深化改革积极抢占先机，已呈现强劲的发展势头，形成新的竞争优势。

第二，余杭区在新一轮国家改革开放政策中并不占优。中国经济已从要素驱动、投资驱动为主转向创新驱动为主，这就需要在体制机制上先行先试。上海、天津、深圳、成都、重庆等地被批准设立全国性的综合配套改革试验区后，浦东新区、滨海新区、重庆两江新区、西安西咸新区、成都天府新区等纷纷获批成为国家级新区，上海自贸区独领风骚，“一带一路”如火如荼。但是，余杭区及其所在的杭州市，在这一轮“政策红利”中还没有看到“尝鲜”的机会。而余杭区严重依赖土地投资的路径并未从根本上转变，土地财政

占比过高,内需因受中心城区辐射等各种因素影响难以提振,出口因受国际大气候影响也难有更大贡献。虽然余杭区已实现"十二五"规划设定的在2015年GDP超过1200亿元的目标,但往后,两位数的高速增长难以长期保持。

(二)法治建设正在削弱我们的传统政治优势

现在中国已经从试点型、局部型改革进入全面深化改革新时期,从依法治国走向全面推进依法治国的新时期,各领域都已进入新常态。在新常态下,改革综合性和技术性要求更高。比如,在原来的"游戏规则"下,我们可以"遇到红灯绕路走,遇到黄灯加速走",通过钻政策空子、突破法制障碍获得发展机会(如小岗村包产到户的改革)。在"坚持依法治国、依法执政、依法行政共同推进,坚持法治国家、法治政府、法治社会一体建设"的新常态下,任何地区都必须先有法律,后有改革,政治领域尤其如此。也就是说,"规则面前人人平等","遇到红灯一律必须排队等,遇到黄灯一律必须踩刹车"。同时,违反顶层设计统一部署而私下抢跑的行为,也将一律被严肃追究责任。这就加大了政治创新的难度。更为重要的是,在法治条件下,很多政治领域的做法、经验都是在全国范围内可复制、可推广的,而全面深化改革的氛围又会使这种复制、推广加速,因此,那些以前被认为只适合某地发展的"独门绝技"、"本地特色"将越来越少,或者说任何不能迅速被学习的政治领域"独门绝技"、"本地特色"都将面临合法化的考问,因此,政治领域的发展将越来越透明化、均等化、同质化。

同时,同改革初期相比,当前改革的社会环境发生了明显变化。一是改革激励弱化,从增量改革到存量改革,边际收益逐渐下降,导致动力不足。二是改革阻力有所增加。随着利益多元化和社会结构分化,改革需要较大幅度地调整利益关系,既得利益群体可能不支持甚至阻挠改革。三是改革主动性不足。改革进入纵深推进阶段,大量涉及政府部门,甚至涉及局部性政治体制改革,党委、政府容易缺少自觉性。

(三)城镇化普及和思想价值多元化正在削弱我们的传统社会优势

人是任何地方得以发展的关键要素,人聚则地兴,人散则地衰。在全国"一盘棋"的城镇化发展战略条件下,社保全国统一和可转移将成必然。同时,中西部城镇化将快速发展,就业与生活环境质量逐步可以媲美我们东部。而东部昂贵的居住、生活成本以及对外来务工人员而言缺乏“亲情维系”的弊端，将开始显现。不管是体力劳动者还是脑力劳动者都有可能回流，这将对我们的持续发展构成挑战。另一方面，东部良好的社会保障和福利待遇，也开始凸显负面，一些人群的进取心态正在弱化。用什么来保障我们在社会领域的持久优势，将是一个新课题。

不仅如此，现代社会思想价值日益多元，矛盾诱因日趋多样化，整个大社会已由“国家—社会”二分向“国家—经济—公民社会”三分转变，而且，当今大社会的问题不仅仅聚焦于公共领域，它的全领域热点状态及国际跨界性都是空前的。这种情况下，政府单方管理已经力不从心，基层社会管理格局不够合理(组织结构和基层社会管理组织职能定位不明确)、基层社会管理手段比较落后、基层社会管理运行机制不健全(领导、预警、人才、评估)、非政府治理主体参与不足等弊端逐渐显现。如何从政府中心主义转到多中心主义，从单一管理转移到多方合作治理，也成为一个新课题。

(四)特色不足正在削弱我们的传统文化优势

文化的生命力在于差异性。但我们目前在这方面并没有太多优势。比如从旅游产品看，西溪湿地使西湖区占优势，余杭的超山风景区面临产品单一、季节性困扰等，而运河文化则为多地共享。独有的良渚文化，仍局限在博物馆层次。一方面，缺乏可使人流连忘返一天以上的旅游文化产品的开发；另一方面，仍多局限在实物层面，缺乏精神层面的足够提炼和推广，对外树立全区形象和对内凝聚全区人心都还不够。再从目前教育投入上来看，如 2012 年余杭区城镇居民人均教育文化娱乐消费占生活消费的 19.9%，农民占比为 8.6%(其中纯教育支出占教育文化娱乐消费的 44.3%)，这不仅与发达国家有相当差距，同时横向比较也差于鄞州等地。

(五)经济社会发展需要正在削弱我们的传统生态优势

从土地看，无论怎样集约用地，只要想发展，就仍将需要用地，不管是向亩产要，还是向耕地要，抑或向天上、地下空间要。而近二十年来耕地面积受产业城市发展影响以平均 1%的速度呈整体下降趋势，达到要求的耕地保有量缺口较大，而且酸雨、化学废物等还在侵蚀耕地，土壤质量持续弱化。从空气看，余杭区全年空气质量为优的天数已屈指可数(如自 2013 年 12 月 10 日公布空气质量指数以来，杭州市 PM2.5 低于 100 的仅有 8 天，余杭区情况大体相同)。从水资源看,也不乐观。在现有工艺基础上,万元GDP能耗下降空间压力将越来越大。本区生活垃圾增长率(2012年,13%)大于GDP增长率,远大于常住人口增长率(2012年,1.7%),同时高于杭州市整体水平;此外生活排放化学需氧量下降缓慢(2012年,-3.3%)等也反映出城镇化生活模式对当地生态的压力与日俱增。余杭这个"小城市"现在正饱受汽车拥堵、空气污染等"大城市病"的折磨。

总体上,虽然我们在经济、政治、社会、文化、生态等方面仍然保持了较好的优势,但基于现实隐忧和未来发展要求,我们仍有必要对余杭区的体制机制进行结构调整和层次升级。

三、重塑体制机制新优势

从余杭区来看,建议将第十三个五年计划时期作为余杭区体制机制新优势重塑的关键期,多措并举,奠定余杭区未来相当长一段时期内良好发展的坚实基础。

(一)着力优化以市场决定为主要价值取向的经济体制机制

市场之手而非政府之手,是一切创新的原动力,只有充分而科学地解放市场,才能实现从要素驱动到创新驱动的转型升级。因此,要在尊重市场对资源配置的决定性作用的前提下更好地发挥政府的作用。从解放市场活力、促进市场开放入手,开展政策扶持方式、市场监管方式、价格、资本市场、混合所有制等改革,降低民间资本进入各行各业的门槛,为产业发展提供良好的政策和制度环境。要实现科学发展,从唯GDP到侧重绿色GDP。尤其是必须跳出前期发展的惯性。一是不再过分依赖投资增长的拉动,具体来说,就是不再过分依赖工业投资增长的拉动,不再过分依赖基础设施投资增长的拉动,不再过分依赖房地产投资增长的拉动,要依靠改革来促进资源优化配置,通过激活市场要素来拉动经济发展,要更多地依靠"大众创业、万众创新"迸发出的活力来拉动经济发展,从"余杭制造"迈向"余杭智造"和"余杭创造",哪怕仍要投资也要从单纯增加投资转到注重扩大有效投资,优化投资结构,改善投资效率。二是不再过分依赖产品的出口(外销)来推动发展,要将政府的注意力与资源更多地向扩大开放倾斜,利用全国乃至全世界的资源促进余杭超常规地做大"蛋糕",加速发展。三是不再过分直接倡导消费,而是更强调做好消费背后的功课,采取有力措施,改革分配制度,提高居民收入，缩小贫富差距，着力解决居民消费在教育、医疗、住房等方面的后顾之忧，使居民敢于消费；大力发展服务业，丰富消费产品，注重消费效果，使居民有东西消费，或有更高质量的消费。特别是从区县级经济发展层面来说，不宜面面俱到，适宜在某一产业领域占据全国最高份额，做“隐形冠军”。比如义乌以小商品市场在全国独占鳌头，琼州以会展经济（博鳌亚洲论坛）闻名世界。这就需要我们摒弃绝对优势理论，转而信奉比较优势理论，握紧拳头、集中政府主要资源，着力发展余杭区具有比较优势的一到两个产业，再由这一两个优势产业通过市场作用带动其他产业。目前余杭区具有比较优势且具有较大带动能力的产业是互联网经济（信息经济），包括电子商务、互联网金融、智能汽车等细分行业。能否专注打造全国区县互联网经济的领头羊，是一个值得我们考虑的抉择。如果有此目标，则一要从“五城一基地”发展格局提升到“双核一镇一谷”；二要注意互联网经济的扶持方式与传统产业扶持方式有本质区别。比如，互联网经济基本都是草根创业，且对于消化房地产库存、解决就业等意义重大，因此，在注册场地上，就应允许不进出货物和客户的居住场所可以直接注册互联网经济企业，无须小区居民同意。

（二）积极构建以依法治理为主要价值取向的政治体制机制

第一，要扩大“法治余杭”的覆盖面、深化“法治余杭”的内涵，用法治精神构建政治组织之间的互动关系。依法治国首先是依宪治国，依法执政首先是依宪执政，党委与政府、人大、政协、上下级组织之间的关系，都必须在宪法的制约下互动。第二，要用法治精神约束公权力。法治，通俗地说，就是党领导人民用法来治理国家，用法来约束公权力，而不是相反。因此，要大力推行简政放权，构建“三张清单”（权力清单解决政府什么可以做的问题，负面清单解决政府什么不能做的问题，责任清单解决政府什么必须做的问题），致力打造“有限政府”、“有效政府”与“责任政府”。第三，用法治精神推动民主创新，大力发展协商民主。第四，用法治精神统一治理规则与尺度，改革考核、规划、财政等体制机制，建立大考核、大规划、大财税体制机制。第五，用法治精神提高执政能力、行政能力和司法能力等，核心是办事依法、遇事找法、解决问题用法、化解矛盾靠法。

(三)加快健全以民享民治为主要价值取向的社会体制机制

社会理念要从二分甚至一分转变为“国家—经济(企业等经济机构)—公民社会”三分。政府不仅要减少对市场的干预,也要减少对社会的管制,让公民自治组织能发展壮大。我们要更加尊重人的主体性,尊重人民的首创精神,保障人民的各项权益,特别是要维护人民自由、平等发展的权利,让全社会的创造力、活力迸发出来。通过完备的立法和严格的执法,规范政府行为,强化政府社会管理和公共服务职能,提高城乡基层群众性自治组织的自治能力,发挥社会组织在社会管理中的积极作用,建立良好的社会秩序。具体地说,一是改革社会管理决策制定机制,让社区中介组织、志愿者组织等公民社会组织参与到社区决策系统中来。二是改革组织协调机制,让镇街办事处与社区居委会、社区居委会与公民社会组织和居民之间的关系,从“领导”、“命令”和“通知”真正转化为平等互动。三是改革资源供给机制,一方面,政府资源的配给方式要从定向转为不定向的公开招标;另一方面,要增强公民社会组织自身的造血功能或吸收社会资助的能力,减少对政府资源配给的依赖。四是改革服务传递机制,提高自治组织互帮互助、自我服务的能力。五是改革监督制约机制,一方面,要在放手对公民社会具体管理的同时,加强对规则遵守的监督和运行效果的评估;另一方面,要完善激励公民参与社会监督的体制机制。

(四)大力发扬以特色活力为主要价值取向的文化体制机制

文化的生命力在于差异性,在于特色。一是要从本区物质化的文化形态中抽象出精神实质,发挥价值引领作用。比如要从良渚文化中挖掘出“敢为天下先”的创新精神,从运河文化中概括出“善通天下”的开放精神,从二者中提炼出“敢为第一、善融天下”的余杭精神,作为全区的统一价值理念。二是加快创新推动文化繁荣发展的体制机制,解放束缚文化人才队伍建设的制度举措,深入推进文化事业单位和国有文化企业改革,推进投资融资机制改革,加快现代文化市场体系建设。三是强化服务,努力构建普惠城乡的公共文化服务体系,要扎实推进文化惠民重点工程建设,加强公共文化设施建设,建立和完善公共文化服务投入保障机制。四是要优化结构,加快合格文化市场主体建设,着力推动文化产业规模化、集约化、专业化发展,倾力打造具有浙江省特色的文化精品。

(五)不断创新以绿色低碳为主要价值取向的生态体制机制

我们的一切发展,最终都是为了人,为了人们的生活更美好。而生态好坏是衡量我们生活是否更美好的一个至关重要、不可或缺的标准。第一,切实摆脱对传统发展路径的依赖,把生态理念融入经济社会发展的全部过程和各个环节,全面推进环境保护和资源节约利用,切实把住建设项目生态环保的入门关、执法关。第二,严格国土集约、节约利用,科学划分国土主体功能区域,加大敏感区域保护,在严守耕地红线的基础上,按照建设用地、单位投资率等标准让每一寸国土空间都能发挥出最大的经济、社会和生态效益。第三,实施清洁能源利用计划,淘汰产能过剩、重复建设的高能耗、高污染、低附加值的产品、产能,大力发展生态工业,提升产品质量、单位产出率。第四,全面推进生态细胞工程建设,加大社区、家庭等垃圾、生活污水处理设施普及度,积极开展绿色学校、单位、行政区域建设,普及低碳循环理念,践行节能环保行动。第五,创新生态体制机制建设,完善生态建设指标体系及考核体系,加大生态环境及社会评价指标的考核比重,积极引导政府及社会工作重点的转移,真正将余杭打造为杭州绿肺,甚至"杭州森林"。

四、重塑体制机制新优势的保障措施

充分认识余杭区进行重塑体制机制的改革的重要性、紧迫性和艰巨性,把重塑体制机制的改革摆在突出的重要位置,采取切实措施,努力确保各领域成功转型、完美升级。

(一)加强顶层设计,统筹推进改革

进一步健全党委领导、政府抓总、部门协同、上下联动、合力攻坚的统筹协调机制,形成共同推进体制机制创新的整体合力。由区全面深化改革领导小组统筹,开展一次声势浩大的重塑余杭体制机制新优势的大讨论。在大规划、大财政、大考核等方面,推行顶层设计与基层探索相结合,试点先行,复制推广。

(二)明确责任分工,有效实施改革

围绕改革任务落实,明确改革工作的分工,重点是以改革年度实施意见、改革推进督察、改革形势分析等制度为载体,强化改革实施的进度监测

和改革工作的检查评估。完善改革年度实施意见制度，出台重塑余杭区体制机制改革的实施意见，明确重点改革任务，落实牵头单位、责任领导、责任人、工作进度和工作责任。以重塑体制机制改革推进督察评估制度，跟踪各项改革进展情况，督促检查各项改革措施的落实，力求在一些重点领域和关键环节求得实效。改革阶段性工作完成后，及时组织有关方面评估改革效果。完善改革形势分析报告制度，定期监测改革进展，明确改革的难点和关键。

(三)坚持分类指导，积极探索改革

围绕制约余杭区未来发展的经济、政治、社会、文化、生态等领域的关键环节，建立改革分类推进机制，重点是以改革有序推进为目标，正确处理改革全面推进与重点突破的关系，明确改革的先后次序和推进方式。切实防范改革风险，把握好改革措施出台的时机和节奏，把改革的力度和发展的速度较好地结合起来。涉及全局性的重大改革方案，组织有关部门和专家进行论证；涉及公众利益的，要组织利益相关人进行公示或听证。

(四)强化制度建设，着力合法改革

配齐、配强政府及部门法律顾问，加强余杭区自有智库建设，围绕改革有据，加强对国家立法的地方化改革研究和贯彻落实顶层设计精神的地方化方案探讨，确保改革吻合现有一切法律，高度吻合中央精神实质；围绕巩固改革成果，加强全区的政策制定工作，善于及时把实践证明行之有效的试点经验和其他措施上升为制度，以文件形式加以规范、复制和推广。探索建立改革试错机制，对于法律、法规、规章和国家政策未规定的事项，鼓励在职权范围内先行尝试，对改革探索造成的损失，只要程序符合规定，未谋私利，可以减轻或免除有关人员的责任，确保具有较大难度领域的改革的推进。积极营造深化改革的舆论环境，充分利用广播、电视、网络等媒体，加强对重塑余杭体制机制的紧迫性、重要性、必要性、可行性等的舆论引导，在全社会形成积极进取的创业创新风尚。

第一编 经济发展

浙江推进互联网金融产业发展研究

内容提要 伴随着"互联网+"经济的快速发展，互联网正向金融等传统行业深度渗透，并诞生了互联网金融等新兴业态。如何借助互联网金融这个新生事物的生气，破解浙江经济转型升级的"瓶颈"，成为一个重大课题。为此，需要厘清互联网金融的基本理论，剖析互联网金融产业发展的风险与困难，总结各地扶持发展互联网金融的政策举措，在此基础上提出推进互联网金融大发展、大繁荣的浙江战略和政策建议。

关键词 互联网金融；产业转型升级；浙江战略

在现代市场经济下的国家，金融业处于国民经济的核心，其重要性犹如人体里的血液之于人体，可以说，谁能主导金融并自如运用其牵引作用，谁就能影响所有产业。2013年6月13日余额宝诞生，互联网金融这个新金融概念在中国开始如火如荼。比特币、众筹、P2P、第三方支付（支付宝、微信支付）、电商金融、征信等频繁亮相，互联网知名企业、银行和保险等财团、私人股权（PE）和风险资本（VC）的大机构纷纷介入。基于互联网的基金销售业务飞速发展，目前货币基金总量已突破1万亿；全国范围内的P2P借贷平台已超过2000家，较活跃的有350多家，累计交易额超过600亿元；非P2P的网络小额贷款行业也在不断发展，截至2013年年末，阿里金融旗下3家小额贷款公司累计发放贷款已达1500亿元，累计客户数超过65万家。

【作者】郭人菡，杭州市委党校余杭区分校高级经济师，南京师范大学法学院博士研究生。

同时，众筹融资行业发展迅速，2013年，全球众筹融资平台达889个，较2012年增长38.7%。众筹投资在我国起步时间较晚，截至2013年约有21家众筹融资平台①。2014年更可谓是"互联网金融年"。互联网金融的发展已经历了网上银行、第三方支付、个人贷款、企业融资等多阶段，并且越来越在融通资金、资金供需双方的匹配等方面深入传统的金融业务的核心，可以说，互联网与金融的基因融合不仅正在颠覆传统金融业，而且正在诸多方面深刻改变我们周围的世界。

一、互联网金融的基本理论

互联网金融是一个新生事物。那么，什么是互联网金融？互联网金融不是简单的互联网+金融，而是指借助于云计算、移动支付等互联网技术、移动通信技术实现资金融通、支付和风险控制等业务的一种新兴金融模式。与金融有广义和狭义一样，互联网金融也有广义和狭义之分。从广义上讲，具备互联网精神的金融业态都可称为互联网金融，包括但不限于第三方支付、在线理财产品销售、信用评价审核、金融中介、金融电子商务、比特币等模式。从狭义的金融角度来看，互联网金融则应该定义在与货币的信用化流通相关的层面，也就是依托互联网来实现资金融通和风险控制的方式方法。

"互联网金融"的早期研究从国外开始，早期的"互联网金融"发展形式主要是网上银行和移动金融这两类。Karnouskos 和 Vilmos(2004)提出了在欧洲进行移动支付的尝试，并总结出在欧洲范围内进行移动支付所需突破的关键问题；Wu 和 Hisa(2008)从理论上界定了什么是移动金融和什么是移动市场，并推测出电子金融与移动金融之间的差异在哪。Nambiar 和 Lu 讨论了移动金融中支付交易的安全技术。②

(一)互联网金融是一种暂时现象还是一种新生业态

有人认为互联网金融只是一种昙花一现的现象，有人认为互联网金融

① 《众筹融资行业报告》，百度文库 http://wenku.baidu.com/link? url=2CRXkcH2lqFrlq4TbgxDwwlkF_EchAMPWY-qgFcTkZv6TfDZyOCwPeysFJbKp69UYf4gRXPhY4i4dV3YIBdF6xGu3jQ-mojm-cXtyNt8FBq。

② 李娟：《互联网金融发展研究》，2014年长安大学硕士学位论文，第2页。

是一种创新的、可持续发展的业态。回答这个问题需要回看金融的本质。金融服务实体经济的最基本功能是融通资金。传统上资金供需双方的匹配可通过两类中介进行：一类是商业银行，在融资中居于主导地位，对应着间接融资模式，其特点是“嫌贫爱富”（如喜欢大客户、征收小额账户管理费等）；另一类是股票和债券市场，对应着资本市场直接融资模式。这两类融资模式对资源配置和经济增长有重要作用，但交易成本巨大，主要包括金融机构的利润、税收和薪酬。2011 年全国银行和券商的利润约 1.1 万亿元，税收约 5000 亿元，员工薪酬 1 万亿元。可以说，这两种都是精英金融，是“贵族”的舞台。

传统金融包括直接融资和间接融资。在直接和间接之间，有没有第三种可能，就如硬币有正反两面，有没有第三面即侧面？答案是肯定的。狭义互联网金融，都需要通过互联网这一中间平台，所以具有间接融资的属性，但不同于传统的间接融资领域中银行中介发挥主导作用，狭义互联网金融领域中的中介处于从属地位，甚至可以不需要中介（完全脱媒化），由资金融通双方直接对接，风险控制也完全在线上实现。有中间平台却不依赖中介或没有中介，这使得它既不同于传统直接融资，也不同于传统间接融资。因此，互联网金融属于介于这两种模式之间的第三种融资模式，即互联网金融融资模式，它属于一种业态而非一种短暂的现象。可以说，互联网金融是一种普惠金融，它使平民百姓也能登台亮相，甚至担当主角，是真正的“全民”舞台。

(二)互联网金融兴起的原因

全球主要经济体每一次重要的体制变革，往往伴随着重大的金融创新。中国利率和汇率市场化等金融改革，正值互联网金融潮流兴起，在传统金融部门和互联网金融的推动下，中国的金融效率、交易结构，甚至整体金融架构都将发生深刻变革。互联网金融在中国比在美国等国家发展得更为迅猛，其原因主要是中国的监管套利造成的。

(三)互联网金融的现有模式

当前中国出现的主要的互联网金融模式有以下几种。

第一种模式是金融互联网化，即传统金融借助互联网渠道为大家提供服务，比如工商银行"融 E 购[①]和券商佣金宝。互联网发挥辅助性渠道作用，属于广义互联网金融范畴。

第二种模式是 P2P 模式。该模式归纳起来主要有以下四类：一是担保机构担保交易模式；二是大型金融集团推出的互联网服务平台；三是以交易参数为基点，结合 O2O 将线下商务机会与互联网结合的综合交易模式；四是创新理财方式，如余额宝。

第三种模式是众筹融资，即交互式营销。该模式归纳起来主要有以下三类：一是专业 P2P 类型（是 professional to professional，不是 person to person），在专业的金融服务人员之间建立信息交换和资源共享的平台，在中间从事信息匹配和精准推荐，促进线上信任的建立和交易的欲望；二是金融混业经营类型，通过互联网提供一个开放共享、可进行综合开拓交叉销售的平台，对所有金融机构开放共享资源，为金融产品销售人员发布如电影、足球等各种金融理财产品、项目信息，为客户打造和定制金融理财产品；三是金融交叉销售类型，打破理财行业的机构壁垒，金融产品销售人员可以在不同的产品领域寻找并组建自己的合作团队，达成利益分享规则后，金融产品销售人员间交叉销售，取得共赢。

第四种模式是第三方支付。目前获得第三方支付牌照的企业累计已有 230 家左右，其中有我们熟知的支付宝（"滴滴打车"就是其中的一种应用）、财付通、快钱、北京银联、快付通、汇付天下、拉卡拉、网银在线、钱袋、盛大支付等。

第五种模式是互联网货币，如比特币。比特币是一种排除了政府作用的（去中心化）、基于网络运算产生的、开源的匿名式新型电子货币。不同于早期电子货币形式（如 QQ 币、预售电子卡），它更多代表的是未来一种货币发展趋势。

第六种模式是征信，如安融惠众。2013 年 12 月 20 日，央行推出《征信机构管理办法》，正式确认个人信用机构成立门槛。目前，单纯做互联网金融征信的企业还比较少，在国内征信系统目前仍处于初级发展阶段。

---

① 邵玉君：《金融机构互联网金融发展研究》，载《山西经济管理干部学院学报》2014 年第 3 期，第 62 页。

(四)互联网金融的发展趋势

作为一种新兴业态，互联网金融在未来发展前景广阔，主要体现如下趋势：

一是移动支付超越传统支付业务。随着移动通信设备的渗透率超过正规金融机构的网点或自助设备，以及移动通信、互联网和金融三合一，移动支付超越传统支付业务，全球移动支付交易总金额2011年为1059亿美元，正以年均40%左右的速度增长。

二是P2P小额信贷超越传统存贷款业务。其发展背景是正规金融机构一直未能有效解决普惠金融难题(中小企业融资难、国民储蓄收益低)，而现代信息技术大幅降低了信息不对称和交易成本，使P2P小额信贷在商业上成为可行。传统银行业将面临艰难抉择：要么拥抱互联网金融，一时艰难，终将涅槃重生；要么抵制互联网金融，一时快活，终将走向衰落。

三是众筹融资超越传统证券业务。众筹融资是最近两年国外最热的创业方向之一。2012年4月，美国通过JOBS法案，允许小企业通过众筹融资获得股权资本，这使得众筹融资替代部分传统证券业务成为可能。

四是监管革新。中国金融业现在是分业监管，未来一定是混业监管，行业之间的边界将被模糊化，金融和产业之间也会模糊化。

可以说，互联网金融及其体现的互联网金融精神是破解经济社会转型升级问题尖壳的“金刚钻”[①]。

二、互联网金融产业面临的困难与问题

作为新生事物，互联网金融在经历了初期的快速崛起后，也开始迎来“成长的烦恼”。互联网金融主要理财产品的收益率涨跌不一，多只理财产品收益回归“5”时代。近期，愈演愈烈的P2P网贷平台“跑路”风波更将整个互联网金融推到风口浪尖，同时也让互联网金融行业陷入沉思：互联网金融的大旗还能打多久？行业的市场规模到底会有多大？互联网金融未来还会出现哪些裂变？确保互联网金融健康成长需要做些什么？

具体而言，互联网金融进一步发展遇到了以下难题。

---

① 蒋莹诗：《新兴市场经济体互联网金融发展研究》，载《市场研究》2014年第7期，第28页。

(一)风险控制难题

互联网金融,其本质仍是金融,同样需按金融规律办事。任何金融管理的核心都是风险控制,而互联网金融的风险控制还处于初级阶段。一是信用风险大。现阶段中国信用体系尚不完善,不存在信用信息共享机制,不具备类似银行的风控、合规和清收机制,互联网金融的相关法律还有待配套,监管不成熟,准入门槛低,互联网金融违约成本较低,容易诱发恶意骗贷、非法集资、洗钱和诈骗等问题。根据比格达塔(中国)研究院数据,2014 年初至 5 月中旬,P2P 企业"跑路"数量达到 38 家。资金池、资金错配、信息不透明,这是导致平台"跑路"的三大元凶。但从死亡成本来看,P2P 企业的死亡代价太大,团购网站失败了能输得起,P2P 企业一旦失败不仅会有伴随着法人一生的债务,还有触碰刑事风险的可能。换句话说,P2P 行业目前的风险很大,企业根本就死不起。二是网络安全风险大。中国互联网安全问题突出,网络金融犯罪问题不容忽视。一旦遭遇黑客攻击,互联网金融的正常运作会受到影响,危及消费者的资金安全和个人信息安全。还有一些互联网企业,存在泄露客户个人隐私风险。

放眼未来,单纯的互联网企业和传统金融都难有大作为。能不能相互取长补短,将互联网和金融基因巧妙融合在一起,形成新的基因,是接下来这两类企业生存的法则。

(二)发展路径难题

互联网金融被做成金融互联网。两者区别的关键是是否脱媒化。而脱媒化的关键是平台找到有效的互联网化的风险控制和评估手段(纯线上风控办法),努力让点对点的交易更安全,确保自己独立于交易之外。由于在国内的 P2P 领域普遍地无法解答如何利用互联网技术手段进行有效的线上风控审核这个命题,加上行业恶性竞争的刺激,使得国内基本上所有的 P2P 公司都采取了变形的风控办法。这种模式隐含了极大的风险,归纳起来有两点。其一为道德风险。在 P2P 市场里,由于交易市场是 P2P 网站自身构建的,平台可以利用自身权限,通过后台更改数据,虚拟和捏造很多不存在的借款人出来,隐蔽进行骗贷活动,等发生问题时一般都太迟了。其二为运营风险。P2P 平台对投资人的资金承诺保障本金,部分 P2P 平台甚至承诺保障利息,P2P 平台从原先的撮合双方匹配借贷交易直接演变成了"影子银行”，吸储和放贷这两个角色合一，其实就是银行在做的事情，但是却又不受到和银行一样的严格监管，盈利模式也由原先的无风险服务性收入，直接变为有风险的担保收入，这就使得风险急剧放大。如果无法解答核心的风控问题，那么所谓的互联网金融就真是一种现象，是一个泡沫，经不起推敲。

因此，在推广互联网金融的过程中，如何做好信用评级，有效地控制风险是关键。那么，如何做到在线上有效控制风险呢？这就需要有大量的用户信用数据作支撑，所以，在中国，并不是随随便便一家公司就能把互联网金融给做出来的。从目前的中国互联网市场来看，阿里巴巴应该是唯一一家建立在以自身拥有的大数据为风控革新基础上的金融公司。当然，它仍然有自己的问题，比如，仍附加了抵押品（即淘宝店）。

但从全国范围看，征信系统的建设尚未全面起步，面临诸多困境。一是数据交换和共享难以实现。对于许多机构来说，常年的个人用户信用积累是其发展壮大的核心支撑力量，与其他机构相互分享并不现实。目前，央行可以提供的征信记录范围仍然狭窄，众多小微企业以及个人均未有覆盖。而可以弥补征信系统的一些其他数据，诸如工商信息等目前仍未形成联动。一些政府机关也缺乏完善征信系统的动力。二是信用环境差，法规配套不健全，执行力度欠缺，信用记录不齐全，信用还容易作弊。

（三）监管扶持难题

一是监管不成熟。互联网金融在中国处于起步阶段，法律定位不明确，业务边界模糊，缺乏准入门槛和行业规范，整个行业面临诸多政策和法律风险。如股权众筹始终是监管上的红线，做众筹却没法做股权众筹，产生的扭曲结果是中国的众筹网站纷纷转型为预售网站。例如，创建于 2011 年 4 月的点名时间网站为避免触及监管红线，从一开始就不断淡化身上的众筹色彩，现在更是将自己定位成“中国最大智能产品首发平台”，很难认为这还属于互联网金融的范畴。

二是扶持难。由于互联网金融还不是一个成熟的业态，比如存在支付方式带来的风险、银行安全防护体系风险等①，因此，哪些方面应该扶持、哪

---

① 张松、史经伟、雷鼎：《互联网金融下的操作风险管理探究》，载《新金融》2013 年第 9 期，第 34 页。

些方面不应该扶持、哪些扶持举措有效、哪些扶持举措无效等问题都还处于探索阶段，制度改革者面临一定的政策风险担当。

总的来说，媒体把互联网金融抬得太高，也捧得太重，目前市面上真正的互联网金融其实并不多，现有的互联网金融还处在初创阶段，存在许多的问题与困难，还有很长的一段路要走。但互联网金融的发展之路是难以阻挡的，可以说，谁抓住了互联网金融的初始机遇，谁帮助互联网金融首先克服了这些前进中的困难，谁就占据了把控未来发展的有利位置。借用一句俗话，“站在风口，猪都会飞”。关键在于不是谁都有本事站上风口的。

三、各地扶持互联网金融发展的政策措施

他山之石可以攻玉。近年来，全国各地方政府纷纷出台政策，支持互联网金融的发展。北京、上海、深圳、天津、广州等地均有试行政策或方案出台。

2013 年 8 月，北京石景山区率先发布《石景山区支持互联网金融产业发展办法(试行)》，宣布设立“互联网金融产业基地”，配套系列优惠政策。该办法中明确提出，将互联网金融作为推进国家服务业综合改革试点区建设的重要内容，发挥政府引导基金的杠杆作用，吸引社会资本共同参与发起设立互联网金融产业投资基金；每年安排 1 亿元专项资金用于支持互联网金融产业基地建设，完善基础配套设施，奖励产业人才；给予相关企业金融创新资金、房租补贴、一次性开办补贴等一系列优惠政策。另外，诞生全国第一家互联网金融行业组织的中关村，也专门出台了《关于支持中关村互联网金融产业发展的若干措施》，致力于打造“中国互联网金融创新中心”。主要举措包括：优化工商注册流程，建设互联网金融大厦，实施对重点互联网金融企业的购(建、租)房补贴支持政策，对经认定的互联网金融创新型孵化器给予最高不超过 100 万元的一次性资金支持，将互联网金融作为中关村现代服务业试点的重要内容，引导中关村企业加强对互联网金融行业的理解与对接，对互联网金融企业高层次人才提供居住、用车、子女入学、医疗服务等方面的服务，鼓励开展互联网金融理论研究，加强企业信用体系建设，加快中关村互联网金融信用信息平台建设，建立有利于包容性增长的互联网金融监管机制，建立北京市与“一行三会”及相关行业主管部门的部市会商机制等。

在天津的方案中，拟设立额度为 1 亿元的互联网金融产业发展专项资

金，支持行业创新发展；自开业年度起五年内，按照互联网金融企业的注册资金以及对开发区的实际财政贡献，给予不超过200万元的运营扶持。

在上海黄浦区的方案中，在当年通过金融创新支持小微企业融资或提供金融服务比例达到75%以上的企业中，融资或提供金融服务总额达1亿～10亿元(含)的，奖励10万元；融资或提供金融服务总额达10亿以上至30亿元(含)的，奖励25万元；融资或提供金融服务总额达30亿元以上的，奖励50万元。

广州的政策到目前为止是最详细的。2013年11月初，广州就已经出台《关于全面建设广州区域金融中心的决定》，规划建设互联网金融集聚区，而2014年年初广州市政府办公厅出台的《关于促进广州市服务业新业态发展的若干措施》又明确提出，将互联网金融作为现代服务业的重要新业态之一予以扶持发展。2014年7月广州又出台了《广州市支持互联网金融创新发展试行办法(征求意见稿)》(以下简称《意见稿》)。其中较为引人注目的鼓励措施是，六类互联网金融机构将享受广州市政府支持政策，包括第三方支付机构、P2P网络贷款平台、众筹融资平台、互联网保险等金融机构、互联网小额贷款公司和其他经认定的开展互联网金融业务的机构和组织。落户广州的互联网金融企业如果缴纳所得税年度达到500万元(含)以上，并且注册资本为20亿元(含)以上的，可以获得一次性奖励1200万元的最高额度奖励。其他缴纳所得税年度达到500万元(含)以上，注册资本在2000万元至20亿元的互联网金融企业，可以分6个等级获得一次性奖励100万元至1000万元不等。另外，对人员达到100人以上、营业面积在2000平方米以上的互联网金融配套服务机构给予一次性奖励100万元；对重点引进的特大型互联网金融配套服务机构给予最高不超过200万元的一次性奖励。不过，享受一次性落户奖励的互联网金融企业，应承诺在享受本办法财政补助和奖励之日起10年内不迁离。除此以外，对在经市认定的广州互联网金融产业发展园区租赁自用办公用房的互联网金融企业，经认定可享受三年租金补贴，第一年补贴50%，第二年补贴50%，第三年补贴30%，每年最高不超过100万元。

四、打造互联网金融示范区的建议

浙江省具有发展互联网金融产业的良好条件。互联网金融的通达性是各地都具备的优势；互联网企业密集、名企辈出是浙江省发展互联网金融产业的基础优势；吴越文化的历史传承是浙江省发展互联网金融产业的人文优势；对高端创业创新者极强的吸引力是浙江省发展互联网金融产业的人才优势；政府开明开放是浙江省发展互联网金融产业的后天优势。但同时，浙江也存在一些不足：一是地域相对劣势，作为新事物，互联网金融的知名企业及高端人才落地首选北、上、广；二是平原文化缺乏冒险精神，平稳有余，创新不足；三是互联网企业集聚度不高；四是还缺乏完整的产业链，产业集聚区的发展需要完整的产业链，而目前浙江省还缺乏征信等环节，木桶原理制约明显。这些都需要从政策层面进行破题。因此，建议出台举全省之力建设互联网金融集聚区的政策性文件，主要聚焦以下几个方面。

一是加速互联网金融立法进程。互联网金融是一种新兴业态，决定了其在全国的发展具有不平衡性和不一致性，这就要求各省结合实际进行推进。[①] 浙江互联网金融开全国风气之先，且在发展上独树一帜，因此要求地方性法规予以跟进。地方立法可以粗线条，主要解决当前急需解决的几个关键问题，如互联网金融信用体系建设、监管协调机制、消费者权利保护机制等，为全国立法提供地方实践经验。

二是鼓励组织与互联网金融产业相关的研究和活动。因为互联网金融产业的新生性、跨界性、混业性以及其属于智慧经济范畴，扶持互联网金融产业发展与扶持传统产业发展有很大不同，有些需要具有前瞻性，有些甚至会具有争议性，需要对此有全面的、深入的、持续的了解。因此，可依托省内智库设立互联网金融研究院，为行业发展和政府决策提供长期支撑；支持行业协会、高校院所、互联网金融企业等在浙江省举办以互联网金融为主题的学术交流、会议论坛、金融博览会等活动。打响互联网金融产业集聚区的浙江品牌，烘焙互联网金融发展的浙江热土。

三是确定打造互联网金融集聚区的总体目标。目标太大，不容易实现，容易留下后患；目标太小，起不到激励作用。需要结合自身实际设定合适的目标。从浙江省看，提出打造"浙江省互联网金融示范区"的目标比较适合。并且，可按"要素集聚，产业集群，服务集成"的新机制建设互联网金融产业集聚区。另外，互联网金融集聚区划界范围应覆盖全省，而不是局限在某个区域。互联网金融企业不同于工业企业，也不同于物流等服务性企业，它对

① 白丽丽：《互联网金融及风险监管思考》，载《财政金融(学术版)》2014 年第 15 期，第 6 页。

于土地的依赖性比较低，也是最接地气的一种业态，因此分布也比较散，很多具有创新精神的互联网金融企业都是从居民区等低成本地域起步的，因此，划界全省范围，能确保优惠政策全覆盖，有利于互联网金融企业按照自己最喜欢的方式萌芽和成长。

四是扶持要点面结合、分类细化。第一，突出重点。结合原有基础，优先扶持为电商服务的第三方支付机构、同城借贷 P2P 平台和同城 O2O (online to offline)平台（尽量实现风险的物理隔断）、众筹融资平台、基于大数据的征信机构（数据交易市场与信用评级机构）、互联网金融运营与安全软件、能破除对现金和物理网点迷恋的智慧银行等。第二，统筹兼顾。完整的互联网金融产业涉及多个环节，只有所有环节都有相应的企业或组织，才能形成强大合力。因此，要在全省重点建设几个互联网金融产业集聚区，在杭州等建设全国互联网金融中心，发挥互联网金融集聚带的集聚效应，就必须在招商引资等工作中树立全产业链的理念，注意查漏补缺、助强扶弱。第三，分类细化。互联网金融涉及面广，不同领域差异很大，因此扶持政策还要根据行业特点进行分类，宜细不宜粗，以求“精确制导”、“定向刺激”。可根据细分行业出台一揽子细分政策，作为主要政策文件的附件。

五是明确打造互联网金融集聚区的具体举措。第一，优化工商注册，允许互联网金融企业的名字或营业范围中有“互联网金融”或“金融信息服务”等字样，鼓励、吸引互联网金融集聚浙江省。第二，明确政策导向，设立互联网金融产业发展专项资金，吸引社会资本共同参与发起设立互联网金融产业投资基金。第三，实施对重点互联网金融企业的购（建、租）房补贴支持政策，并加强对互联网金融企业的孵化，对经认定的社会机构兴办的主要面向互联网金融企业的创新型孵化器，予以资金奖励和房租、业务经费补贴。奖励门槛要适当，不宜过高，要能惠及省内大部分互联网金融企业及孵化机构，更多支持和培育草根性互联网金融发展。第四，加强互联网金融与民生、中小微企业、三大产业的对接与互动。互联网金融既是全民金融，也是普惠金融，归根结底是要与实体经济相融合，从而推动整个经济社会发展。因此，要为上述对接和互动创造条件，促进良好的“化学反应”。第五，为互联网金融从业人才提供优质服务。为已在企业工作的互联网金融人才提供包括高端人才落户、医疗、子女教育、人事档案管理、职称评定、社会保障手续办理等专业化服务。与高校合作培养互联网金融专业定向就业硕士。第六，成立互联网金融行业协会，构建互联网金融信用信息共享平台。

六是科学设计互联网金融集聚区的保障机制。在顶层设计之下，第一，监管部门要以开放包容的心态对待新生事物，能通过行业自律（如行业协会自律）解决的，就不介入。第二，互联网金融监管应实行“负面清单”制度，设定红线区（跑道），红线以外的由企业自主决定。第三，分类监管。区内要保护真正的互联网金融创新而不是形式上的互联网金融创新。对于坚持独立运营不介入实际交易、坚持线上风控模式为主的互联网金融平台，要予以鼓励和支持，给予政策扶持；对于那些介入交易的金融平台，应当按照线下金融机构的监管要求进行严格监管。第四，跨界监管。互联网金融属于智慧经济范畴，智慧经济发展的特点是走向交叉与模糊，第一、二、三产业之间、产业内细分领域之间，都会相互交叉融合，产业边界会越来越模糊，因此，在现有分业经营、分业监管体制下，也要树立大产业理念，组建利于相关部门会商的联席会议制度。

参考文献

[1] 谢平，邹传伟.互联网金融模式研究[J].金融研究，2012(12)：11—22.
[2] 周宇.互联网金融：一场划时代的金融变革[J].探索与争鸣，2013(9)：67—71.
[3] 符瑞武，邢冶俊，颜蕾.我国互联网金融发展面临的问题和政策建议[J].时代金融，2013(10)：32—33.
[4] 刘英，罗明雄.互联网金融模式及风险监管思考[J].中国市场，2013(43)：29—36.
[5] Chant J. Current Issue in Financial and Monetary Economics [M]. New York: The Macmillan Press Ltd，1989.
[6] Sachs G. Mobile Monetization: Does the Shift in Traffic Pay? [J]. Journal of international Economics，2012(25)：342-360.
[7] United States Government Accountability Office. Person-to-Person Lending New Regulatory Challenges Could Emerge as the Industry Grows[R]. 2011.
[8] 黄海龙.基于以电商平台为核心的互联网金融研究[J].上海金融，2013(8)：18－23.
[9] 乔婧祎.基于小微金融的互联网金融模式研究[J].电子商务，2013(34)：98－99.
[9] 钟正生.理解金融脱媒：基于金融中介理论的诠释[J].上海金融，2010(6)：14－19.
[10] 刘士余.秉承包容与创新的理念　正确处理互联网金融发展与监管的关系[J].清华金融评论，2013(12)：101－103.

县域经济向城市经济转型研究

——以杭州市余杭区为例

内容提要 城市经济作为区域转变经济发展方式的战略重点和主攻方向，有着县域经济无法比拟的优势。本文首先分析了城市经济的内涵和国际上城市经济发展的一般模式；然后以杭州市余杭区为例，深入分析该区发展城市经济存在的主要问题，最后，针对存在的问题；提出了整合系统优势，用系统思维来指导区域发展城市经济的建议。

关键词 城市经济；系统优势；智慧经济；同城效应

县域经济为余杭区经济发展做出了巨大的历史性贡献。然而，随着经济社会发展进入新阶段，县域经济的先天局限性逐步显现。大量城市化与城市经济发展的研究和实践表明，人均 GDP 达到 3000～10000 美元这一阶段，经济和社会发展将达到更高层次，城市经济将在国民经济中发挥主导作用，各类高端资源也向城市高度集聚。目前，余杭的城市化水平为 60%以上，人均 GDP 已超过 1 万美元。这表明，经历了从农业经济向工业经济、从内向型经济向开放型经济成功转变的余杭，而今面临着从县域经济向城市经济实现第三次转变的历史性机遇。在这一时期，伴随着新型工业化推进以及城市化高速发展，城市经济将进入加速发展阶段。这就要求我们积极顺应形势，遵循发展规律，更加自觉地将新型城市化置于工业化与城市化互动的主导地位，把做大做强城市经济作为转变经济发展方式的战略重点和主攻方向，进一步推动余杭经济社会又好又快地发展。

【作者】冯利斐，杭州市委党校余杭区分校讲师。

一、由县域经济向城市经济转型的必要性

(一)城市经济的内涵

县域经济指的是以县级行政区划为地理空间,以县级政权为调控主体,以市场为导向,优化配置资源,具有地域特色、功能完备的区域经济。而城市经济指的是以城市为载体和发展空间,二、三产业繁荣发展,经济结构不断优化,资本、技术、劳动力、信息等生产要素聚集,规模效应、集聚效应和扩散效应十分突出的地区经济。虽然说,县域经济与城市经济都是区域经济,但是两者是不同发展阶段的产物。在经济空间的形态布局、产业体系的结构层次、经济增长的动力支撑、要素资源的配置方式等方面,城市经济更具区域竞争优势,是科学发展的必经之路。

(二)城市经济和县域经济的异同点

1. 县域经济和城市经济的关系

从区域经济发展的历程来看,工业化和城市化是现代经济社会发展的重要引擎,是推进信息化、市场化、国际化乃至实现现代化的基本动力。县域工业是县域经济崛起的主要动力,县域经济崛起的过程,实质上就是工业化过程;而城市经济跨越发展的基本动力则是城市化,其标志是产业结构中现代服务业比重的不断提高。作为城市经济的摇篮,乡村工业化路径与县域经济发展模式在工业化、城市化初期发挥了重要的"发动机"作用,为促进区域工业化与城市化做出了卓越贡献;当工业化与城市化发展到更高阶段时,这种路径与模式的不适应性就日益显现,一定程度上弱化了产业与人口的集聚效应,造成了资源浪费,需要城市化为工业化及整个经济发展提供新的空间,与城市化相伴而生的城市经济自然成为区域经济社会发展的"新引擎",从而推动一个地方由县域经济时代走向城市经济时代。

2. 县域经济的局限性

从空间结构看,近三十年来,县域经济使得城镇发展迅猛,城镇带绵延,部分城镇初具规模,但总体上来说,穿过百里国道,总给人留下"村村像城镇、镇镇似农村"的感受,中心城市仍缺乏都市气息,中心镇集聚度不高,城市化进程总体滞后于经济社会发展水平,容纳城市经济的区域空间资源亟

待重整和优化。

从产业发展看，县域经济的块状经济特色明显，长期以来形成的“低、小、散”的产业结构虽给老百姓带来了创富机会，但同时也带来了土地资源浪费、产业层次低端、产业配置重复等问题，导致“聚集不经济”。同时，由于新兴产业和现代服务业发展较为缓慢，这种产业结构导致对高素质人才、高新科技等创新要素的吸附能力不强，产业发展一定程度上形成了“路径依赖”，反过来对城市更新发展形成了明显制约，适于城市经济发展的现代产业结构亟待建立和升级。

从环境状况看，工业经济的快速发展带来了环境污染问题，如很多地方青山绿水不再，工业废水的超标排放致使一些河道污染严重，废气和有害气体排放也在一定程度上影响了大气环境。同时，工业用地增长过快，城镇环境基础设施相对滞后，城市经济的环境承载力和区域生态竞争力亟待提高。

从人口结构看，农村人口比例较高、城镇人口集聚不高仍然是客观现实，依附于户籍制度背后的一系列利益格局在短时间内难以得到根本调整。同时，随着外来人口的大量涌入，城市管理和社会管理难度加大，人口向城镇转移聚集程度和人口总体素质亟待提升，支撑城市经济发展的优质人才资源不足。

(三)城市经济发展模式

城市转型是城市发展进程及发展方向的重大变化、重大转折，是城市发展道路及发展模式的大变革。城市经过较长一段时期的发展，都面临着在产业结构、城市功能、城市建设等方面进行全面调整与转型的要求，以适应城市经济持续发展的需要，因此转型是世界各大城市发展过程中面临的共同课题。芝加哥、伦敦、新加坡、香港等许多世界先进城市在自身发展的道路上都经历过城市转型的风雨历程，它们的成功转型模式和经验将给处于经济转型阶段的余杭带来一些借鉴和启示。

模式一：产业多元化战略

产业多元化战略一般是由原来资源采掘加工或传统制造业等单一的产业格局，转变为制造业、高新技术产业、现代服务业、新兴产业等多元产业共同发展的产业格局。无论是传统工业城市，还是资源型城市，实施产业多元化战略是世界城市经济转型中应用最广、最典型的转型模式，其中以芝加哥以服务业为主的多元化经济体系实现城市成功转型为成功案例。

模式二：产业更新战略

产业更新战略，即利用资源开发所积累的资金、技术和人才，或借助外部力量，建立起基本不依赖原有资源的全新产业群，把原来从事资源开发的人员转移到新兴的产业上来。如用三产替代二产，用高新技术产业替代传统产业，用高附加值产业替代低附加值产业，用"多产业支撑"替代"一产独撑"等。产业更新模式无疑是最彻底的产业转型模式，它摆脱了对原有资源的依赖。其中以英国伦敦发展创意产业、实施产业更新战略为成功案例。

模式三：产业高端环节战略

产业高端环节战略通过发展高新技术产业、现代服务业等高端产业以及产业的研发、营销等价值链高端环节，并将一些传统的低端产业或处于价值链低端的产业环节适时适度地转移到发展中国家或地区，实现城市的产业转型和功能提升。纽约、新加坡、香港、东京等国际大都市都是发展产业高端环节实现城市转型的典型。

世界先进城市经济转型的成功模式为余杭区城市经济转型提供了良好的借鉴，但也应注意到，由于城市规模、发展阶段、发展模式和发展重点的不同，其经济转型的方向和模式也各不相同。处于经济转型期的余杭，应立足于本身城市的发展特点，针对具体发展问题，有选择地借鉴世界先进城市的经济转型模式，探索出适合余杭区城市发展阶段、发展特点的经济转型模式。

二、余杭发展都市圈经济面临的三大问题

(一)城市有建设，但城建战略定位不清，导致资源不能集聚

从空间发展格局看，近年来余杭区结合区位优势和产业基础，把打造产业平台与推进城市化有机统一起来，对余杭区产业结构和空间结构方面做了一系列重大调整，将未来科技城(海创园)、杭州北部新城、高新企业城(杭州余杭经济技术开发区)、乔司国际商贸城、临平新城、仁和先进制造业基地这"五城一基地"列为余杭未来发展的六大引擎，以重点区域的集聚开发建设统筹带动其他区域的发展，实现余杭城市发展和产业发展互荣共辉的并进格局。

但是，对具体发展哪一种城市经济，是独立发展、依附发展还是行政性融入、经济性融入、功能性融入、文化性融入等融合发展，缺乏战略、全局的

思维。在与主城区的关系处理上存在顶层设计缺失、战略高度不够的问题，未能将余杭的发展提升到关系杭州整体品质和发展动力的高度，未能从国际化大都市的长远目标以及杭州整体发展的全局来考虑余杭的战略定位，缺乏战略自信和战略警醒。

(二)发展有融入，但缺乏扬长避短，导致系统优势不够突出

余杭区现有的体制优势、文化优势、区位优势、产业基础优势等有助于融入主城区发展。但优势与劣势其实也是相对的。如"扩权强县"体制优势用好了，可加速发展，用不好则会导致市、区争利；文化优势用好了，便于融入杭州甚至反哺杭州，用不好则产生地方文化隔阂；区位优势用好了，便于融入主城，用不好则造成碎片化发展；产业基础优势用好了，可以引领发展，用不好则造成发展无重点、无层次。

1.经济结构更趋优化，但产业层级不够高

从产业结构看，如图1所示，2008—2013年6年间，余杭区农业占GDP的比重一直较小，而且呈稳定下降趋势。第二产业从2008年的56.7%下降到2013年的46.6%，第三产业所占比重呈上升态势，且增速有加快趋势，并在2013年首次实现了第三产业占比超过第二产业的比重。

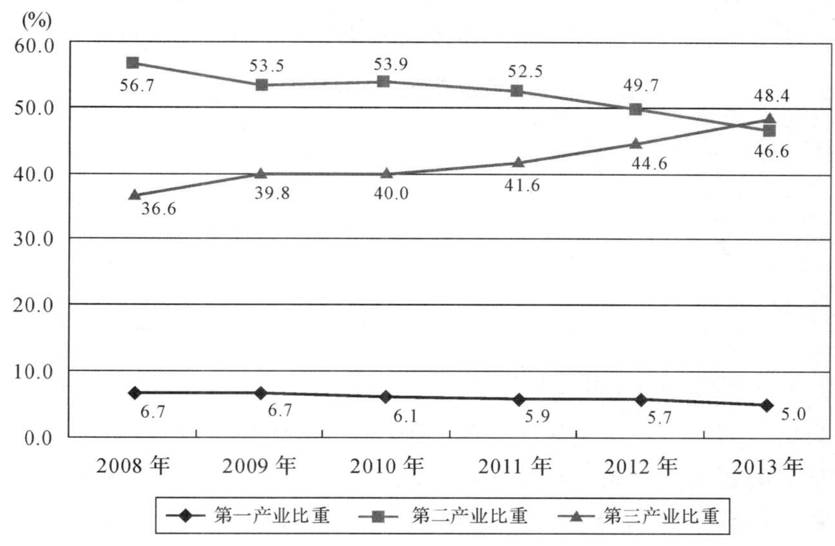

图1 2008—2013年余杭区三次产业占比变化

但是目前余杭区的低效传统产业仍挤占大量环境空间。虽然最近几年余杭区产业结构逐步调整,但传统产业占比仍然偏高。余杭区2013年产值前十大行业分别为通用设备制造业、电气机械和器材制造业、非金属矿物制品业、纺织业、纺织服装服饰业等行业,其中有3大行业劳动生产率低于全区平均水平,5个行业主营业务收入利润率低于3%。

先进制造业缺乏,带动效应有限。发达国家在工业化发展过程中的经验表明:在人均GDP接近1000美元的时候,三次产业经济结构中,第三产业所占的比重就已经超过第二产业(如表1所示)。

表1　发达国家三次产业比例和GDP的关系

	产业结构		劳动力结构	
GDP水平(美元)	人均GDP 1000	人均GDP 2000	人均GDP 1000	人均GDP 2000
第一产业(%)	26.7	21.8	51.7	38.1
第二产业(%)	25.5	29	19.2	25.6
第三产业(%)	47.8	49.2	29.1	36.3

余杭区人居GDP在1995年就已经超过了1000美元,2000年超过2000美元,2013年已远超1万美元。从产业结构来看,虽然余杭区第三产业的比重超过了第二产业,但是从劳动力结构来看,第二产业的就业人数依然占据主导地位(如表2所示)。经济结构仍然不合理,需要调整。

表2　余杭区三次产业比例和GDP的关系

	产业结构		劳动力结构	
年份	2009年	2013年	2009年	2013年
第一产业(%)	6.7	5.0	51.7	10.7
第二产业(%)	53.5	46.6	19.2	53.7
第三产业(%)	39.8	48.4	29.1	35.6

2.区位优势明显,但发展缺乏统筹考虑

余杭三面拱卫杭州主城区,有着天然的区位优势,但存在布局无序化和碎片化的问题。如一副三组团各建各城,杭州市、余杭区以及余杭区下属各街道乡镇都有一个、甚至多个产业园区或产业基地,每个产业园区或产业基地都有自身的产业发展规划,缺乏整体上的规划,造成了产业发展雷同、资源浪费的现象。区域中心临平与主城区不仅越建越远,严重脱节,而且心理距离也越来越远，缺乏认同感。

3. 文化源远流长，但认同感不高

余杭传统文化源远流长，人文底蕴丰富，有良渚文化、径山禅茶文化、运河文化，这本与杭州主城区文化是一脉相承的，但对外宣传时更多的时候偏向撇开大杭州，宣称专为余杭所有，这样一方面对外宣传时浪费了大家熟知的杭州城市品牌资源，误认为余杭是独立于杭州之外的一个新城市，另一方面也造成了主城区、余杭区居民隔阂较深、认同感不强。此外，在本区域内部也存在文化认同感不强的现象，尤其是老余杭片对临平片的认同感。

（三）投资有优化，但转型升级过慢，导致经济结构不尽合理

过去依赖房地产经济问题有所改善、工业技改投资有所加强、经济结构有所优化，但先进制造业落后、人才可持续发展问题依然突出。

1. 经济增长动力较单一，过多依赖投资驱动

长期以来，余杭区形成了以政府主导、投资驱动为主要特征的经济增长方式。投资占 GDP 的比重在逐年上升，2008 年占 49.30%，2011 年占 55.98%，2013 年上升到 67.55%（见图 2）。从全球范围来看，发展中国家、发达国家的投资占 GDP 的比重分别平均在 20%～30%、15%～20%。余杭区投资占 GDP 的比重显然已经是非常高了。亚洲金融危机的经验证明，一个国家或地区持续多年将投资占 GDP 比重保持在 40%的水平，必然导致生产能力过剩、利润水平下降、银行坏账增加，并可能引发经济和金融危机。

2. 工业投资比例偏低，影响未来综合实力提升

2011—2013 年，余杭区工业投资分别增长 17.0%、14.0%和 8.5%，增速逐年下滑，工业投资占全部固定资产总额的比重也呈下滑态势，2008 年工业投资占全部固定资产总额的比重是 32%，到 2013 年两者的比重下降到只有 20.7%（见图 3）。[①]

3. 人才支撑相对不足，城市转型欠缺智力支撑

城市的发展靠企业，企业的发展靠人才。从图 4 中可以看到，在余杭区

① 数据来自《2013 年余杭统计年鉴》。

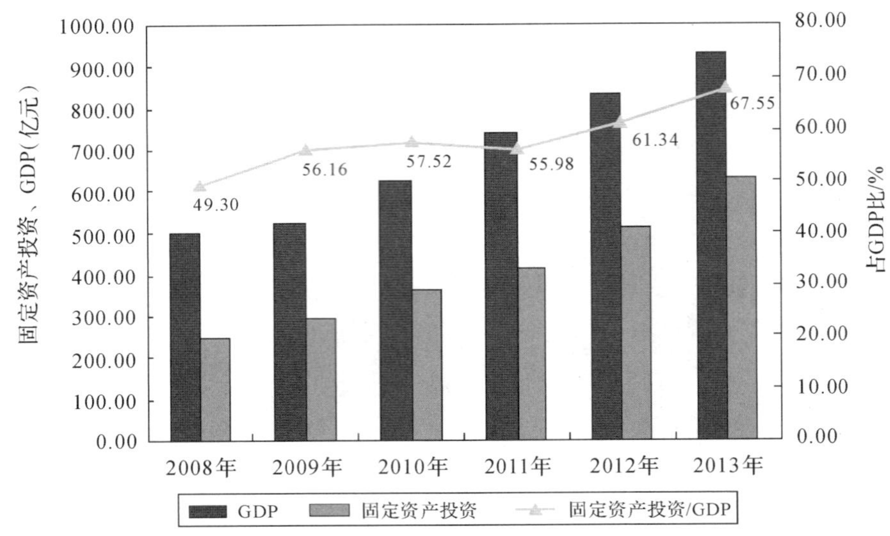

图 2 2008—2013 年固定资产投资、GDP 及固定资产投资占 GDP 比例

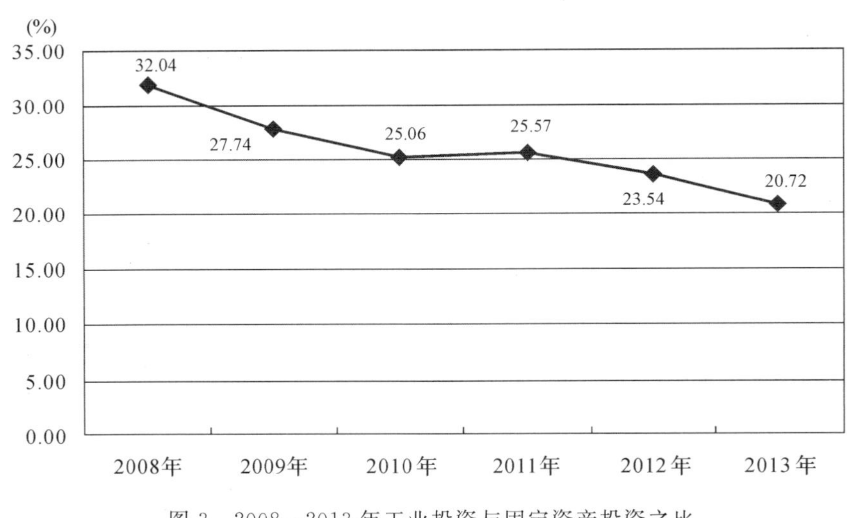

图 3 2008—2013 年工业投资与固定资产投资之比

企业就业人员的学历构成中，大学本科及以上只占 14.5%，大专学历的占 14.4%，初中及以下学历的占比高达 46.4%，将近一半。同时，虽然余杭区在高端人才引进上，尤其是在“国千”、“省千”的引进上不管是数量还是速度在省内都是居前的，但是从全国范围来看，并不足以为傲，比如江苏省自主

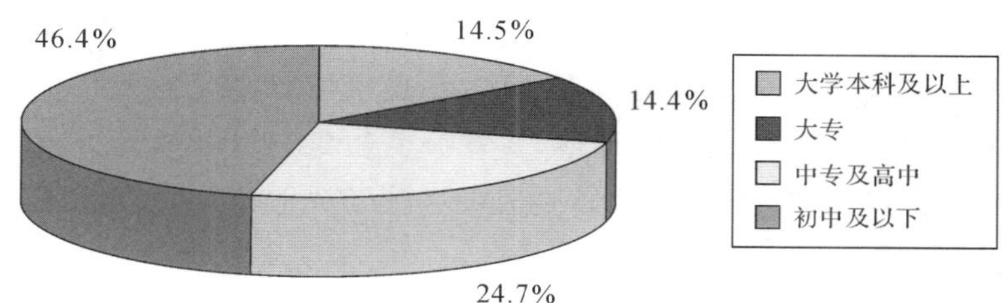

图 4 企业从业人员文化程度分布

申报的“国千”人才超过 400 人，其中创业类“国千”203 人，占全国的 30%左右，仅苏州一市创业类“国千”就达到 95 人。同时，当前全国各地对“国千”人才的引进力度都非常大，目前余杭区在争取的几位人才都分别接到过上海、南京、常州及杭州市的滨江区、江干区等地的邀请，各地争抢“国千”人才进入了白热化阶段。

4. 高端资源不足，城市品质有待提升

一是目前余杭区还没有真正叫得响的商业综合体。目前在建的有理想银泰城、华元欢乐城、海港城、永旺梦乐城、宜家家居等重点商贸项目。仅余杭区未来综合体趋于白热化竞争的场面已隐约可见，但其品质如何还有待考究。二是与主城资源共享不彻底。在撤市设区的 10 多年来，余杭与主城区还是貌合神离，许多公共服务政策始终没有统一，尤其是事关民生的户籍、社保、教育、医疗等重点领域，造成了余杭区与主城区空间上的距离、心理上的隔阂。

三、向都市圈经济转型的建议

都市圈经济转型发展的关键是要整合系统优势，要用系统思维来指导发展。

(一)临平、良渚、余杭三大片区各有发展特点，城市品牌、人才、文化建设既不脱离又能反哺主城区

整合各片区发展动力，准确定位区域功能。按照智慧型都市经济的总体定位以及资源环境条件、对外交通条件的区域差异等确定功能区块，以主城区为轴心，形成以临平、良渚、老余杭为中心的城东、城北、城西三大片区。

1. 城东片区

城东片区为城市未来发展重点地区，积极引导以高新技术产业、现代制造业为主的第二产业向该地区集聚，并在公共服务、居住配套以及相应的教育培训等方面提供支持和保障，形成余杭区第二产业集中发展的区域。

2. 城北片区

城北片区为城市重点生态屏障区，在维护生态环境的前提下，积极引导高新技术研发与服务、旅游休闲、会议培训，适当发展无污染的都市型经济。

3. 城西片区

城西片区为创业创新核心区，一要着重发展高新产业研发、企业孵化、高端服务、金融保险等第三产业。需要注意的是，“双核、一镇、一谷”空间布局已展开，但更要“软硬兼施”地做好配套工作。一是引进私募基金、公募基金、信托、券商资管等机构，引进银行、投行、律师事务所、会计师事务所等专业服务机构，做好产业配套。二是引进高端健康管理机构，建设美式私立学校、公立学校、高端休闲度假场所，以及便利的购物场所、健身运动场所等服务设施，形成舒适的生活配套。制定包括降低准入门槛、税收奖励、提高服务绩效等在内的专项扶持政策，形成完善的政策配套。

二要做好城市品牌营销，提升城市竞争力。与企业发展一样，城市要想吸引人们居住和生活，吸引企业家投资，更需要营销城市品牌，显示城市的优势、实力、形象和风采。一是以优美生态吸引人。我们要充分发挥现有的生态资源优势，切实保护好山河湖漾和数万亩错落有致的乔木、灌木、茶园、竹林等生态资源，在一定范围内保持精致细腻的小城特色，积极打造一个又一个与主城区可亲可近的生活副城、田园小镇。二是以特色旅游吸引人。作为主城的重要组成部分，我们要借势国际风景旅游城市的品牌，重视旅游产业发展的战略地位。要进一步整合旅游资源，依托良好的城市环境，改变旅游产业低、小、散的格局，形成宣传余杭，塑造城市品牌的金字招牌。三是以优秀文化吸引人。充分利用良渚文化、径山禅茶文化、运河文化等历史文化资源，积极宣传“平安余杭”、“法治余杭”、“清洁余杭”、村级基层民主政治等品牌载体，结合阿里巴巴开创的全新的商业文明、未来科技城引领的新城市文明，积极宣传余杭新人文精神，提升城市的精神气质和品牌影响力

三要集聚高端要素，积极培养城市经济人才。城以才兴，才因城聚，人才等高端要素是地区创新发展的中坚力量，是产业转型升级的重要保障，是

城市经济的核心内容。要引进人才、留住人才，从满足人才的需求出发，积极解决人才工作存在的问题。尤其是针对高端金融产业和创新创业精英，我们要积极树立办公环境绿色生态、高智能、私人定制，居住空间亲近自然、优雅安逸、高品质的服务理念，让那些财富人群和精英人士真正可以工作在余杭、生活在余杭。同时，在做好义务教育的基础上，适应城市产业结构优化的需求，引导各方资金投入到多元教育体系中，积极引进和提升职业教育质量，在引进高端产业人才（以"国千"、"省千"为代表）的基础上，主动接轨企业，协助企业人才培训，培养金融、物流、咨询、策划等中介人才。

（二）通过打造智慧经济、发展先进制造业等提升产业层次，优化三产结构

一是利用信息化培育、发展战略性新兴产业。利用未来科技城（海创园）独特的研发优势和创新环境，努力引进新兴高科技工业中的管理、研发、营销等价值链高端部门。以智能制造为重点，推进信息化与工业化深度融合，把信息技术嵌入到产品制造中去，提升产品附加值。用信息技术改进流程工艺，使生产线智能化、数字化，利用大数据和仿真模拟实现全数字化设计，提高研发设计的效率质量，通过信息化与自动化的深度融合，争取早日实现制造业的智能化、数字化、网络化、服务化。

二是利用信息化积极发展生产性服务业。利用余杭三面拱卫杭州主城区的优势，以未来科技城、乔司国际商贸城、勾庄物流园区为样板，将智能化由制造业扩展到金融、交通、物流、商贸、基础设施等领域，提升经济社会的信息化水平。发挥阿里巴巴行业领军的优势，大力推进大数据、云计算等技术支撑，同时结合园区改造提升和创新园区建设，鼓励区内企业大力开展网络营销，发展跨境电子商务，加快电子商务技术服务区和集聚区的形成。

三是利用信息化促进传统产业的改造升级。以电子信息技术为手段，将余杭家纺的传统产业优势转变为经济发展的活力。借助现代互联网平台，通过品牌渠道建设，加强研发设计，创新销售模式，将有关文化元素融入布艺、服装等产业中，建设完整的产业生态链，不断提高余杭家纺的知名度和影响力，着力将余杭打造成中国家纺布艺总部基地，推动余杭家纺产业的转型升级。此外，以信息化带动农业现代化，积极发展农村电子商务，培育淘宝村、电商村，把塘栖枇杷、鸬鸟蜜梨、径山茶叶等余杭特色农产品放到网上销售，拓宽农民增收渠道。

(三)体制机制全面接轨,实现同城效应,推进资源高效利用

一是积极主动,争取一体化发展的政策扶持。积极争取国家、省、市产业基地(园区)建设、项目布局、资金安排等经济发展方面的政策支持,使智慧经济、战略性新兴产业等专项资金和财政科技经费向余杭区倾斜。同时梳理现有的政策和制度,统一规范和协调招商引资的政策,取消与融入杭州主城区相悖的政策制度。

二是基础设施建设虚实结合,实现共建共享。一方面通过地铁、快速公交、城市轻轨的建设,建设更高效快捷的交通网络。另一方面,大力推动网络平台建设,深入推进余杭政务平台与杭州市政务云平台融合,建立智慧政府公共服务平台,最大限度地达到信息共享。

三是加大重点领域改革力度。在浙江省由扩权强县向扩权强镇推进的大背景下,用足政策资源,无论是在全区层面上,还是在试点小城市建设层面上,尝试推进大部制改革,整合行政审批部门职能,规范区—组团—镇街审批人员编制使用等问题,建立适合于都市经济发展的行政审批机制。

关于促进余杭区信息经济发展的思考

内容提要 信息经济作为一种新型经济形态，已成为近年来带动经济增长的主要引擎和重要动力，成为未来新的经济增长点。本文首先分析了余杭区信息经济发展的整体情况，并对其主要特征进行了归纳。接着本文又从县域发展的视角，深入分析了杭州市余杭区信息经济发展存在的问题。最后，根据存在的问题，从智力建设、产业供给能力等方面提出了若干对策建议。

关键词 信息经济；县域发展；生态系统；智力建设

伴随着信息技术创新、扩散、融合、渗透所带来的国民经济生产效率和组织效率的提升，信息经济作为一种新的经济形态，正逐渐成为结构转型升级的驱动力量和抢占未来发展制高点的战略选择，稳定经济发展前景的最优路径。加快发展信息经济，是余杭区在已经具备良好的发展条件和先发优势的基础上，进一步抓住新一轮科技革命和产业变革机遇，深入实施创新驱动发展战略的必然要求，也是加快转变经济发展方式，建立现代产业体系，促进经济社会转型升级的重要途径。

一、余杭区信息经济（智慧经济）发展整体情况及特征

1. 信息经济总量及占比快速提升

2015 年余杭区信息经济（智慧经济）实现增加值 619.15 亿元，同比增

【作者】冯利斐，杭州市委党校余杭区分校讲师。

长超过29.9%，显著高于当年GDP 11%的增速，占GDP比重为50.1%。全区239家规模以上信息经济单位共实现主营业务收入(剔除重复)1428.42亿元，增长58.6%。信息经济已经成为近年来带动余杭区经济增长的重要动力。余杭区的信息经济对GDP增长的贡献率不断增加，接近甚至于超越了某些发达国家的水平。根据中国信息通信研究院的测算，同期美国、日本、英国的信息经济对GDP的贡献率分别为69.39%、42.21%、44.21%，信息经济在余杭区经济发展中的地位不断提升。在当前经济发展进入新常态的大背景下，信息经济正逐渐成为促进余杭区经济转型升级的主要引擎。

2.信息经济发展综合评价高

根据省经信委、省统计局发布的2014年浙江省各县(市、区)信息经济综合评价结果，在全省90个县(市、区)中余杭区的信息经济总分为146.31，仅次于滨江区，位列第二，处于第一梯队，同时余杭区信息经济的核心产业优势明显，得分为178.99，与位列第一的滨江区相差无几(见表1)。

表1　2014年杭州各县市区信息经济发展情况比较

地区	核心产业		总指数	
	得分	位次	得分	位次
滨江区	182.84	1	169.86	1
余杭区	178.99	2	146.31	2
西湖区	156.39	3	146.18	3
上城区	76.98	5	138.2	4
下城区	60.48	8	125.91	5
拱墅区	75.75	6	113.01	6
萧山区	70.42	7	98.34	7
富阳区	99.21	4	95.87	8
江干区	31.12	9	95.41	9

3.信息经济发展与演进特点显著

一是信息经济高速增长。以2010年至2014年为区间，以信息传输、计算机服务和软件业的生产总值为例，2010年的生产总值为291928万元，到2014年已增长为3464665万元，呈现年平均增速高达61%的增长率。这一

增长速度显著高于 GDP 增速(见图 1)。

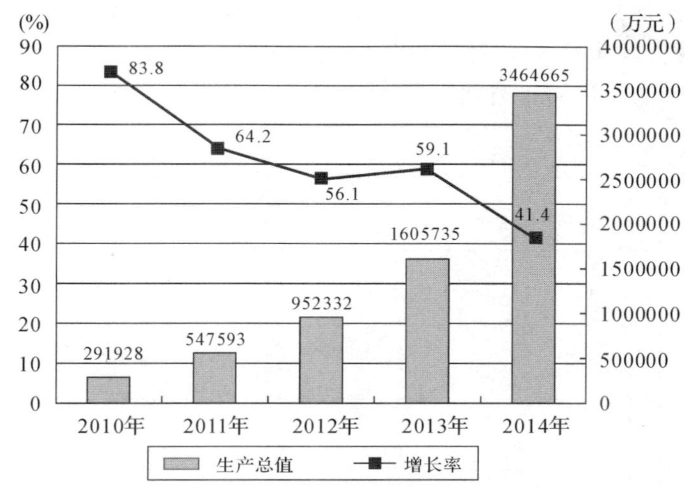

图 1　余杭区信息传输、计算机服务和软件业的生产总值及增长率

二是信息经济占 GDP 的比重迅速提升。2010 年信息经济占 GDP 的比重仅为 4.6%,到 2015 年占 GDP 的比重已经达到 50%多(见图 2)。近年来余杭区经济能保持健康稳定的发展,与信息经济的快速发展密不可分。

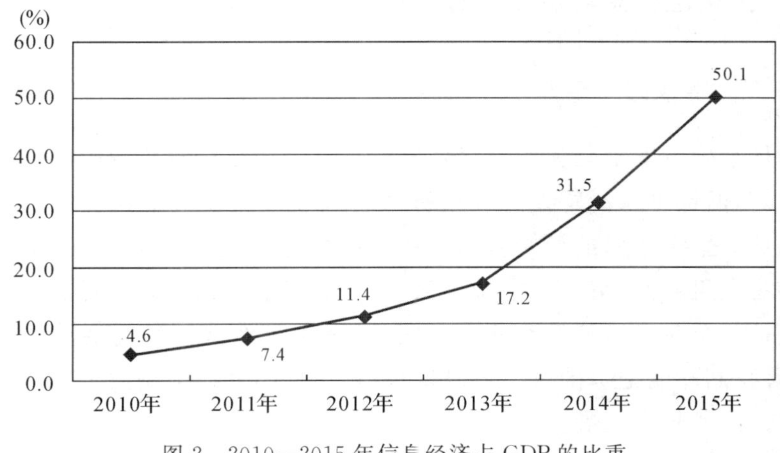

图 2　2010—2015 年信息经济占 GDP 的比重

三是信息经济发展潜力大。信息经济高比重的研发投入为创新能力不断提升提供了重要支撑,为区域经济长远发展奠定了坚实的基础。在 2014 年的固定资产投资中,余杭区信息传输、计算机服务和软件业投资额为

203192万元，在杭州七县（市、区）中位列第一，是位列第二的临安的投资额的2倍多，其他县（市、区）对于信息传输、计算机服务和软件业的投资则比余杭区的投资额少得多。对信息经济的重视和对信息经济投资的不断加大，为余杭区的经济转型升级及持续发展奠定了坚实的基础（见图3）。

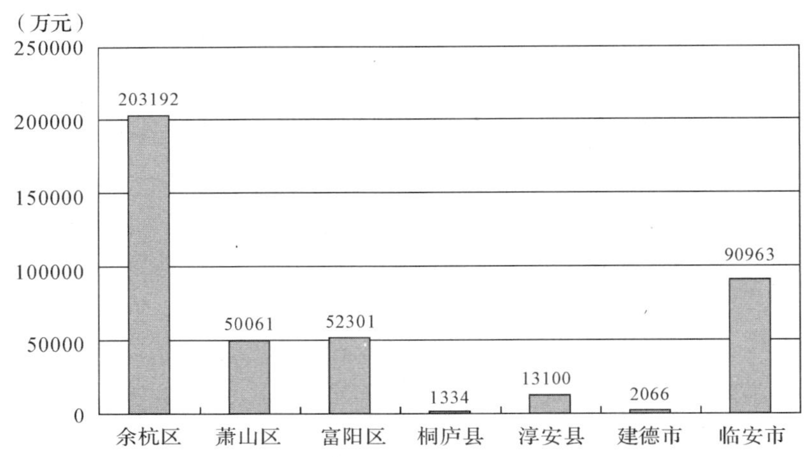

图3　2014年杭州各县市区信息传输、计算机服务和软件业投资额情况

二、余杭区信息经济发展过程中存在的问题

（一）发展基础不够坚实

一是基础设施不完善。虽然余杭区信息经济在全省范围内发展的综合得分较高，但也可以清楚地看到余杭区基础设施建设短板比较明显。根据省经信委、省统计局的测评结果，余杭区信息经济的基础设施得分只有143.9，在杭州各县（市、区）中排名第6，连中等水平都未达到（见图4）。基础设施是一个时代经济发展的先行资本，承载了经济与社会活动的方方面面，如果我们不能把基础设施建设这块短板补好，最终会制约余杭区信息经济智慧经济的长远发展。

二是创新人才支撑不足。余杭区智慧型人才大多集中在信息技术服务企业，工业企业中信息经济发展的高端人才、管理人才、既懂业务又懂信息技术的高级复合型人才尤其缺乏，不利于工业企业信息经济发展、智慧应用的整体布局。企业研发投入少、集成创新和二次创新能力不足，产业共性技

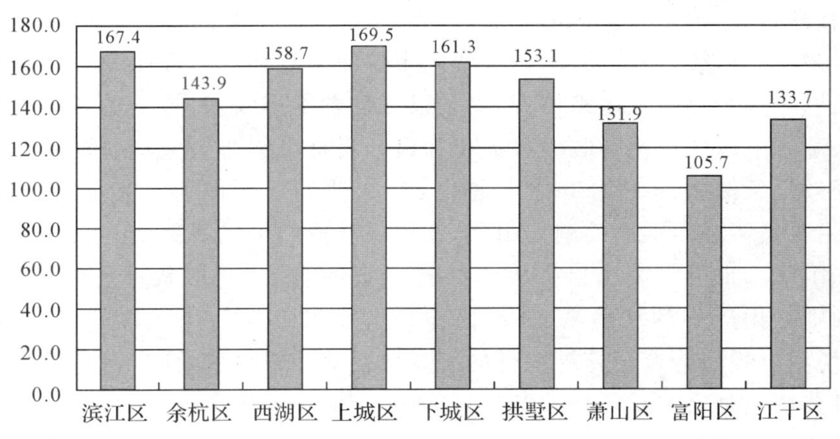

图 4　2014 年度杭州市各县市信息经济基础设施建设情况

术、关键技术支撑力不够,科技成果转化慢,与高校、科研院所的产学研合作创新主要停留在技术咨询、技术转让、共同开发、委托开发等较低层次的合作上,企业主要追寻一些"短、平、快"项目,缺乏从长远的战略观点考虑构建企业长效技术创新体系。

(二)发展水平欠平衡

一是经济形态不平衡。余杭区信息经济发展缺乏"丛林"式的经济形态,尤其是信息产业企业规模差异较大,阿里巴巴的淘宝城、电信运营商等大企业占信息产业总量95%以上,而小企业经济效益较低。具有较好成长性和培育价值的中型企业缺位,导致余杭区信息产业企业梯队不完整,不利于信息产业健康发展。加快余杭信息经济发展,要积极打造一种"丛林"式的经济形态。所谓丛林,也就是既要有大树,也要有灌木。余杭信息经济的发展不仅需要有阿里巴巴这样的世界级"大树",同样也需要一个个小阿里巴巴等成长型的中小微创业企业成为经济丛林中的"灌木"。

二是区域发展不平衡。目前,信息经济主要集中在未来科技城、余杭经济技术开发区等主要平台,更多的政策、资金、人才集聚在这些区域,而镇街由于客观约束和主观因素,对发展信息经济要么心有余而力不足,要么积极性、主动性并不高,对信息经济的重要性认识不足,部分镇街尚没有信息经济发展的意识,同时政府的规划引领作用也不够明显。

三是物质待遇和精神享受不平衡。信息经济的从事者主要是那些有激情、有梦想、追求个人价值的年轻人，他们不仅以经济、财富、物质来衡量经济行为，更是以发展劳动文化、实现人生价值为目标。表现在劳动者收入不仅仅以工资等物质成果来体现，更是以劳动者精神收入，甚至是在一定经济收入基础上以实现精神收入最大化为最高目标。华盛顿大学的教授们在该校任教只领取美国平均工资水平的80%，他们之所以愿意接受较低的工资，主要是留恋西雅图的湖光山色，在这里教授们可以观看到美洲著名的雷尼尔山峰。也可以说华盛顿大学教授工资的80%是以货币形式支付的，20%则是由美好的环境来支付，这即是雷尼尔效应，表明了智慧经济的特征，说明了物质待遇与精神享受的统一性。对照雷尼尔效应，当前无论是未来科技城还是余杭经济技术开发区，在满足从业者精神享受方面的配套都还是比较缺乏的。

（三）融合度相对不高

一是“信息孤岛”的现象未完全突破。工业化、信息化、城镇化、农业现代化“四化同步”发展方面还不够融合，在经济发展领域、社会民生领域、政务服务领域、城市公共治理领域未实现智慧应用的共享，“信息孤岛”的现象未完全突破。事实上，信息经济并非只是信息产业，而更多的是指信息技术的跨界融合应用。据中国信息通信研究院发布的中国信息经济发展报告，信息经济跨界融合带来的溢出效应总量大约等于信息产业自身规模的3倍左右。全区推进信息经济、智慧应用还没形成一盘棋，各自为政，缺乏联动合作机制，缺乏合理的统筹和系统的规划，资源难以共享，形成大量信息孤岛，造成人力、财力、物力的巨大浪费。

二是系统公共服务平台建设滞后。余杭区三大产业平台、工业园区、科创园等建设初具规模，但存在“重视硬件投入、忽视软件建设”的问题，特别是公共平台建设严重滞后，为企业提供公益性产品开发、信息咨询和其他配套服务不够，这在很大程度上制约了信息产业的发展，亟待整合企业、市场、政府资源，大力建设满足信息产业共性需求的技术研发、检验检测、专业孵化、培训、推介、咨询等公共服务平台。

三是生产性服务业有待加强。“加工制造”主导的发展模式使余杭区产业发展陷入了价值链的“低端锁定”，社会化、市场化、专业化的生产性服务业体系尚未建立，研发设计、咨询管理、检验检测等生产性服务业在数量和质量上都难以满足产业链发展的需求。

(四)应用体系不够完善

企业是信息经济、智慧应用的主体,当前余杭区工业企业对信息经济、智慧应用的重要性认识仍然不足。

一是部分企业发展积极性不高。企业"互联网+"的思维还不够开阔,信息经济企业尤其是软件企业、生产性服务业发展程度不高,规模以上信息软件服务业营业收入主要依赖"淘宝"及相关企业的增长。

二是信息化应用不足。余杭区 2014 年工业应用指数仅为 24.51,列全省第 39 位,远低于总指数排名,成为两化融合短板。同时根据省经信委、省统计局的测评结果,虽然 2014 年余杭区信息经济综合得分高,但是个人应用和企业应用都低于总指数的分数,差距分别为 2.2 分和 37.9 分,尤其是企业应用这一块得分较低,企业是市场的主体,如果企业对推动互联网应用动力不足,最终会阻碍信息经济的发展(见图 5)。而且从四大领域对信息经济发展的贡献来看,剔除权重因素影响,信息化应用对信息经济发展的拉动作用最为显著,贡献率最高,是信息经济发展的主要"发动机",其次分别是基础设施、核心产业。鉴于信息化应用的重要性及发展空间的广阔性,加大信息化应用应成为当前推动信息经济发展的主要战略举措。

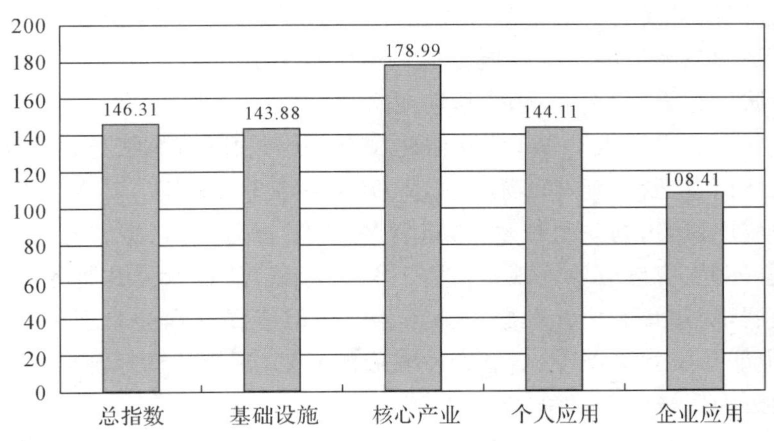

图 5 2014 年余杭区信息经济综合指标及各领域发展情况

三、夯实基础、融合创新,加快余杭区信息经济(智慧经济)发展

面对信息经济(智慧经济)发展不断呈现出诸多新形势、新特点,余杭区

若要在信息经济(智慧经济)发展上拥有强劲的比较优势,始终快人一步、先人一步,需要从产业供给、行业应用、政府引导等多维度进一步提升基础产业支撑能力,推动产业智慧化和智慧产业化的融合应用,促进信息资源开放共享,加强信息经济智力建设,强化信息经济的发展保障。

(一)夯实基础,切实加强发展信息经济的保障

一是加强领导,全面提高信息经济发展的首位度。要始终把信息经济作为"一号工程",明确"三个第一",即第一技术是信息技术,第一产业是信息产业,第一经济是信息经济。全面加强对全区各层面的信息经济宣传和贯彻,尤其是提高企业和各部门最高领导、业务骨干以及科室负责人对信息经济的认识和理解,形成领导层对信息经济发展的主体驱动力。采取各种手段广泛宣传加快推进信息经济发展的重要性和紧迫性,为全区信息经济发展提供强大的舆论支持。

二是加快基础设施智能化,大力推进智慧城市建设。首先要重视和支持加强信息基础设施建设。发展信息经济首先要把信息基础设施这条"路"修好。基础设施是一个时代经济发展的先行资本,承载了经济与社会活动的方方面面,虽然当前余杭区信息经济的发展在全市乃至全省有一定的比较优势,但如果我们不能把基础设施建设这块短板补好,最终会制约余杭区信息经济智慧经济的长远发展。第一要加强网络升级改造。加快推进全光纤网络城市建设,加快 4G、5G 移动网络深度覆盖。第二要推进通信基础设施共建共享。大力推动 WIFI 联盟建设,充分利用现有有线宽带资源,建设固移无缝衔接、紧密互补的无线区域,实现网络高效利用。其次要扩大基础设施的应用,运用物联网技术,推进智慧交通、智慧电网、智慧医疗、智慧市政、智慧环保、智慧应急管理、智慧安保、智慧城管、智慧公共服务等方面的应用发展,构建智能化管理服务体系。这不但能提升社会管理服务智能化水平,也能夯实智慧城市、信息产业发展的基础,还能拉动经济增长,有利于提升城市和区域综合竞争力。

三是提高政府的执政服务能力。一要进一步推进行政审批制度改革,建好和完善网上政务大厅,诸如设立"首席数据执行官"职位,专门负责统筹管理政府各部门信息数据的收集,使得各部门数据不存在自留地,实现各部门的数据共享共用,最大限度地消除信息孤岛、信息壁垒。二要不断提高政府的创新服务能力。可以面向全国征集 3～5 个创业团队入驻政府,进行为

期3～6个月的创业“孵化”。这些团队的任务是:分析我们政府机构面临的各类技术问题,然后设计相应的产品或服务,或完善提升他们既有的产品或服务。在这3～6个月内,创业团队有机会与政府人员一起工作,了解政府部门本身工作中的具体创新需求,从而提供针对性的服务,提高政府服务的质量和效能。三要建立开放共享的政务信息资源网。政府本身就是一个庞大数据库,要让数据透明化,把这些大样本、多元化数据开放给所有企业。鼓励社会化第三方力量对政府数据资源的再开发利用,探索政府数据公开的2.0模式。鼓励数据资源的所有方以互联网的思维、充分借助第三方专业团队,把原始的数据信息(如交通信息、医疗信息、环保、食品药品安全、行政审批等)变成对市民生活生产有帮助作用的惠民信息,并以互联网的形式有针对性地推送给有需求的市民。

(二)创新引领,全面提升信息经济产业供给能力

一是大力发展“互联网+”新业态,培植信息经济核心产业。不断深化信息通信技术在经济、社会等各领域的广泛应用,促进互联网跨界融合渗透,创新发展“互联网+商务”、“互联网+金融”、“互联网+物流”、“互联网+健康”、“互联网+教育”、“互联网+旅游”等新业态。在信息经济核心产业方面,大力推进核心关键技术创新,积极培育发展电子信息制造业、信息服务业、电子商务、智慧应用服务、物联网、大数据、云服务等新一代信息产业,构建具有较强核心竞争力的智慧产业体系。同时以区内特色小镇、信息经济示范基地等建设为契机,加快优化信息经济核心产业发展载体和平台建设。

二是加快推进信息经济的应用进程。以龙头企业、总部型企业为重点,开展贯彻信息化和工业化深度融合管理体系标准试点,形成示范带动效应;加快企业信息化应用的进程,推进企业信息化从基础应用、单项应用向集成应用、创新应用、产业链协同应用转变;针对中小微企业多样化、个性化需求,帮助中小微企业深化研发设计、生产制造、经营管理、市场营销等核心环节的信息化应用。加快发展新兴产业,优化发展生产性服务业,在农业、制造业、物流业、商务等领域率先构筑智慧应用体系,推动研发设计智能化、生产过程智能化和企业管理智能化,形成智慧产业链和产业集聚区。

三是积极推进信息技术与传统产业融合发展。加强移动互联网、云计算、物联网与工业、交通、能源等基础设施融合对接,持续深入推进以信息技术为主的高新技术对传统工业的改造。传统企业要加快“互联网+”的进

程，这既是采用互联网技术提质增效的过程，其实也是进一步优化甚至重塑企业价值链的过程。传统产业应结合研发创新、营销服务、生产制造和产业链协同等需求，利用互联网新技术，推动企业网络化和数字化水平，并向智能化迈进，从而打造新经济形态下的转型升级新优势。

（三）营造良好生态系统，构筑信息经济“生态圈”

一是建设更具活力的“产业生态系统”。加强技术研发支持，打通产业链核心关键环节，促进产业链向多领域、多模式、多业态发展。吸引国内外互联网企业和配套服务企业入驻，建设电子商务、互联网文化创意等一批集多功能、多业态为一体的信息经济集聚区，形成特色鲜明、布局合理、协同发展的信息产业发展格局。

二是完善更有激情的“创业生态系统”。继续推进有余杭特色的创业创新平台建设，以梦想小镇、梦栖小镇和艺尚小镇等特色小镇建设为载体，建立新一代信息技术产业的创业集聚地和孵化平台，培育扶持更多成长型的中小微创业企业，构建具有余杭特色的“信息经济丛林”。

三是构建差异化的“区域生态系统”。由于区内各平台技术研发能力、应用基础、产业园区等自身条件各有差异，更要科学定位本地信息经济发展的目标和路径。坚持在未来科技城和余杭经济开发区等信息化基础较好的地区强化信息技术研发、产业化和示范应用，而在信息经济相对较弱的地区则可以侧重推广成熟的信息技术应用模式和商业模式，各取所需，协调错位发展。

（四）人才引领，切实加强信息经济的智力建设

强化人才创新支撑，积极引进信息经济复合型紧缺人才，加大对信息经济高层次人才，特别是行业领军人才和团队的引进，完善配套政策措施，提供良好的工作环境和生活条件，让余杭成为国内最具有吸引力的人才新城。鼓励院校、企业紧密合作培养高素质技能型人才，加快信息经济专业人才培养，强化在职人员技能培训。创新办学理念，探索建立互联网大学等新平台，优化职高学科和专业设置，加大复合型人才培养力度。加大对具有自主知识产权的新技术、新产品和新服务的政府采购力度，激励科技创新。提升企业自主创新的研发平台支撑，支持企业自办或与国内外大专院校、科研单位联办企业研究院、重点实验室、博士后工作站、工程技术研究中心和中试基地等研究开发机构，完善自主创新的基础条件和技术装备，实现科技成果的转化。

推进信息经济发展的政策评估研究

——以Y区为例

内容提要 政策评估是推进政府职能履行科学化、法治化、现代化的重要手段。以政策评估工具来分析推进信息经济发展的政策，首先必须建构适合评价推进信息经济发展政策的指标体系，然后确定评估步骤、方法，最后得出结论，并提交决策者完善决策参考。以Y区为例，能够实证地展开这个重要问题。

关键词 信息经济；政策评估；指标体系

政府真的知道自己出台政策意味着什么吗？知道怎样出台政策吗？知道自己出台的政策是好还是坏吗？知道如何判断自己出台的政策是好还是坏吗？这些问题貌似简单，其实非常复杂。如果要科学地而不是靠自负或经验回答这些问题，那就要依赖政策分析工具，尤其是政策评估工具。政策评估是将政策作为一门科学来进行研究的必然结果，也是政府管理现代化的重要手段。鉴于政策评估的科学性、专业性，其任务一般交由社科研究机构或者政策研究类智库来承担。反过来，建立政策评估指标及其体系，也是建设一个出色的政策类智库所必须满足的前提条件和必须做的基础工程。政策有广义和狭义之分，广义的政策不仅包括政府出台的规范性文件，而且包括党委甚至人大出台的规范性文件；狭义的政策仅指政府出台的规范性文件。本文只研究后一种情况。同时，本文以余杭区为基础，根据研究需要

【作者】郭人菡，杭州市委党校余杭区分校高级经济师，南京师范大学法学院博士研究生。

【基金项目】浙江省社科联2015年度研究课题"依宪执政的法理研究"(2015N015)。

虚拟了一个Y区，以便于研究从实证上进行阐释。[①]

一、评估标准的选择

评估，就是根据特定标准对特定的评估对象进行衡量、检查、评价和估计，以判其优缺的活动，而政策评估就是根据某些权威的标准去判断某项公共政策发挥实践效力的价值导向（目标导向）、机理和效果等。[②] 因此，政策评估，第一步是确立标准。评估标准与评估活动的成败密切相关。关于政策评估的标准，不同的学者有不同的观点。笔者以为，评价推进信息经济发展的政策可以从以下几个方面来设定指标。

（一）合法性

现代国家基本上都是追求法治目标的国家，因此，合法性是当今绝大多数国家和地区出台政策应考虑的首要因素。满足合法性条件是政策获得政策对象服从的正当性前提，是政策有效性的基础。换句话说，在依法治国的语境里，任何与法治精神、现有法律条文和上位政策相违背的政策，不仅缺乏政策对象服从的正当性前提，也没有任何有效性可期待。从信息经济领域看，主要有以下指标。

1. 层级匹配指标

下位法政策必须与上位法政策相一致，这是一种纵向一致性要求。根据我国宪法规定：党必须在宪法和法律范围内活动，党的政策必须依法制定，不得与宪法、法律相违背，并且只有经过民主程序转化为国家法律后才能对一般公民和组织发挥效力；国务院制定行政法规以及其他规范性文件也应依据宪法和法律；国务院所属各部门则可依据法律、行政法规制定部门规章和其他规范性文件；省、市人大及其常委会在和宪法、法律不抵触的情况下可制定地方性法规和其他规范性文件；各省、直辖市、自治区人民政府可依据法律、行政法规和本省（市、区）的地方性法规制定行政规章和其他规范性文件；县（区）、乡镇（街道）只能根据法律法规和上级政策或授权制定一般规范性文件；社区（村）不是一级政府，不能出台任何“土政策”。以上若有抵触，有关机关将予撤销。推进信息经济发展的政策也要符合层级匹配要

---

① 注意：余杭区与分析样本Y区并不完全等同。

② 参见胡平仁：《政策评估的标准》，载《湘潭大学学报（哲学社会科学版）》2002年第3期。

求。不过，由于信息经济不属于公民基本权利范畴，因此只要不是只能由全国人大以法律规定的保留领域，地方政府通常都可以做出政策扶持。

2. 范围匹配指标

范围包括政策内容及其适用范围，必须与其身份相符合，这是一种横向一致性要求。不同层级政府可出台的政策内容是不一样的，适用范围也不一样。比如，县政府可就人才工作制定财政奖励政策，并在全县范围内适用，而作为派出机构的街道管委会，一般无权就人事工作制定财政奖励政策，并且其有限的政策内容也只能限于本街道内适用，超出范围要么无效，要么需要县政府授权或统一协调。这里尤其需要注意的是，不少事项只能由法律规定，目的是保证公民的基本权利不会因行政权的扩张而受到损害。[①] 比如限制公民人身自由的事项只能由法律规定，不得另行授权。至于限行限牌等会减损公民权利的政策，虽然 2015 年 3 月立法法修改时并未做出改变，地方性政策予以规定仍合法，但按法治精神也宜由法律规定，一般法规和政策等规范性文件不宜作出规定，这是一种发展方向。推进信息经济发展的政策，也必须按照范围匹配要求，在内容与适用范围两方面吻合法治要求。这里比较容易出错的是在内容（扶持举措）上采取越权举措。

3. 程序合规指标

政策制定程序是否正义、是否标准非常重要。任何一项政策，必须是基于调研等掌握基本情况的基础。没有调查，就没有发言权。同样，没有调研，就没有政策制定权。必须通过调研，找准出台政策的必要性，政策调整的范围、对象，举措的针对性等。如果是涉及直接调整对象或第三方利益的减损政策，还应该采取听证等必要程序。当今世界利益和文化都多元化，合理分歧普遍存在。这种情况下，政策制定应采用“重叠共识”模式，努力寻求公众参与，通过广泛地、公开地商谈等方式达成一致。推进信息经济发展，必然涉及土地指标调整、财政扶持调整等。有领域得益通常就有领域受损，要实现政策制定的程序正义，就必须十分注重程序的规范性。

需要说明的是，第一，合法性虽有权重，但不是简单地按权重来判断合法性程度的，合法性中有的是一种非此即彼的“一票否决”型指标（如法律保

① 参见沈晓燕：《高等学校与学生关系的法治化视角——论学生管理法律关系中的法治原则》，载《连云港师范高等专科学校学报》2004 年第 4 期。

留事项)。设定权重是在合法前提上来探讨合法的技术强度,比如两个指标方面法言法语表述的专业性、严谨性等。第二,层级指标与范围指标在特定情况下有一定交叉性,比如法律保留事项,一方面,由于法律只能由全国人大及其常委会制定,因此,属于一种层级要求,另一方面,法律保留又涉及对权利规定的范围问题,从这个角度上又是一种范围要求。

(二)实用性

政策不是理论,虽然它需要以理论为指导,但归根结底政策要靠实践说话,实践效果是检验政策好坏的核心标准。毛泽东指出:"中国的一切政党的政策及其实践在中国人民中所表现的作用的好坏、大小,归根到底,看它对于中国人民的生产力的发展是否有帮助及其帮助的大小,看它是束缚生产力,还是解放生产力。"[①] 所以,政策评估重点在于政策影响(policy impact)而不是政策输出(policy output);政策影响不同于政策输出,评估前者时不能仅仅满足于衡量政府的行为。[②] 政策输出这一概念会使人们集中关注物质层面的内容,比如扶持信息经济的财政投入数额、信息经济税收总量、建设的科技园区等。一般来说,输出比较容易进行加总与统计分析。在立法者以及利益集团等各方面追求结果的压力下,政府及其部门容易专注于政策输出,而非专注于政策影响,企图制造出虚假统计数据以满足各方急功近利的要求。[③] 因此,必须将实用性、满足性而非表面的数据作为政策评估的真正追求。实用性主要从客体角度考察政策影响。从这点看,应主要考察以下几点。

1. 效率指标

效率指标(产出投入指标)主要涉及特定水平的收益与实际付出的成本之间的关系。它所考虑的问题是:为了得到有价值的结果付出了多大代价?具体的指标通常包括如下几个方面:单位成本(资金的来源与支出、物资和信息的调配与使用、决策者和执行者的数量与工作时间等)、净收益和成本

---

① 《毛泽东选集》第3卷,人民出版社1991年版,第1079页。

② 参见谢明、张书连:《试论政策评估的焦点及其标准》,载《北京行政学院学报》2015年第3期。

③ 参见詹姆斯·E.安德森:《公共政策制定(第五版)》,谢明等译,中国人民大学出版社2009年版。

收益比等。[①] 单从经济学视角分析，一项政策如果能以最低成本实现最大收益就被视为是最有效的政策。

2. 可行性指标

可行性包括及时性、可操作性等方面的考量。经济基础决定上层建筑，因此，只有与经济基础相一致的上层建筑，才能反作用于经济基础。政策作为一种上层建筑的产物，也不例外。及时性要求政策的拟定必须及时回应经济发展的需求，如果时过境迁，就没有出台的必要；如果过于抢前，有可能事与愿违。比如，在市场经济时代出台关于对信息经济发展实行指令性计划的政策，就不具有可行性；在“专车”刚出台时就出台规范政策，就可能扼杀创新。出台政策，还必须考虑自身财政实力、举措是否是“干货”等，要具有可操作性。

（三）满足性

上面已经提及，实用性是从客体角度判断政策影响的，而满足性就是从主体角度判断政策的影响，其主要考察一项政策对于主体从物质到精神的实际满足程度。满足性主要包括以下指标。

1. 公平性指标

公平性的评估一般涉及分配方面的政策，它与法律理性和社会理性密切相关。某一项政策或许完全符合合法性、实用性等评估标准，但如果它造成了不公平的分配结果或者有这方面的可能性，就容易成为难以被人接受的政策。[②] 实际上，公平性的考量不仅仅限于公共服务方面的政策。“当一个决策会影响到社会中两个或两个以上的人时，‘公平分配’就成为决策者必须面对的问题。”[③]所以，推进信息经济的政策也同样会面临公平性的追问。一方面，不同的人有不同的价值观，等质等量的分配不一定给人同样的感受；另一方面，资源的稀缺性决定了在不同对象间进行不等额的分配是常态，这也必然带来公平感的问题。从社会角度来看，一项公共政策，其目标不是使个别的人或者个别的群体的利益最大化，而是要促进社会福利或者说社会共同体总体满意度最大化。对此，有以下不同选择：(1)个人福利最

---

① 参见谢明、张书连：《试论政策评估的焦点及其标准》，《北京行政学院学报》2015年第3期。

② 同上。

③ 同上。

大化(maximize individual welfare);(2)保障最低福利(protect minimum welfare);(3)净福利最大化(maximize net welfare);(4)再分配福利最大化(maximize redistributive welfare)。① 这种功利主义哲学选择标准,虽然在某种程度上也能促进公平,但缺陷也是显著的。公平的标准必须从程序正义和实质正义甚至人的心理等方面做更仔细的考察。

2. 针对性指标

针对性标准是指政策供给对特定群体需要、偏好或价值的吻合程度,关注政策供给维度与需求维度在种类(质)上的匹配度。它考虑的问题是:政策举措是否真正反映了特定群体的需要?具体的指标是:与民意调查的一致性程度,突出民意测验的反馈作用。比如,推进Y区的信息经济发展,如果2015年需要在园区建设、税收减免等十个领域出台举措,出台政策实际上涉及了几个领域,就直接关系到针对性指标的判断结果。

3. 适当性指标

针对性标准是指政策供给对特定群体需要、偏好或价值的覆盖程度,关注政策供给维度与需求维度在量上的一致性。比如,推进Y区的信息经济发展,如果2015年需要在园区建设方面投入3000万元,那是否足额投入就直接关系适当性指标的判断结果。还有,这项政策是否直接创造了更多的就业岗位还是只是增加了GDP总量,给人民的获得感是完全两样的。

二、评估步骤、方法与结果

(一)评估步骤

1. 遴选评估机构

专业评估出自专业团队。因此,首先要由委托机构(如Y区政府或主管部门)通过招标或定向邀请遴选具有资质的评估机构,这是做好评估工作的第一步。考虑到信息经济政策的复合性,评估机构应当拥有足够多的具有法学和经济复合背景的专业人才,其对政策指标有一定理论研究,且熟悉

① 参见谢明、张书连:《试论政策评估的焦点及其标准》,载《北京行政学院学报》2015年第3期。

党、政等实务工作。[①]

2. 商谈、敲定评估工作细节

评估机构选定后，应当组织评估机构与委托方的对接，进行深入的、全面的讨论，就开展评估工作的原则、要求与关键细节达成一致，从而保证事关评价成败的各种依据能及时、全面、准确地收集。信息经济政策评估的依据主要分为两大块：一块是现有政策，包括省（市、区）以及典型的其他地区的政策；另一块是基础数据，主要是政策出台前后发展情况的对比数据。

3. 整体分析、确定行动纲要和人员分工

以 Y 区为例，评估机构应系统分析 Y 区信息经济政策的总体情况，找出需要收集的材料，以及这些材料掌握在哪些部门手中或需要自行调研等，然后拟订工作计划和人员分工。

4. 统计与分析

对收集到的所有规范性文件与发展数据的材料，按评分标准进行分类整理，并逐个打分、交叉复核、统计。

5. 反复修正

在开展评估打分的过程中，应当就打分工作中遇到的问题，尤其是交叉复核中出现的得分差异，及时会商讨论，查找原因，根据原始资料和评估方法进行修正。

6. 撰写评估报告

依据定性分析和定量分析的结果撰写评估报告，阐述得分、失分原因，对历年得分进行纵向比较，总结该区推进信息经济发展的政策成效，分析政策施行中出现的问题与挑战，提出完善建议。同时，对整个评估工作的其他方面也进行深刻的总结，复印相关资料存档。

7. 成果移交

向委托方呈交评估报告，并应委托方要求予以详细阐释，递交有关资料原件供委托方整理存档。

---

① 杨寅、陈琦：《法治评估指标体系的编撰与操作——以上海市静安区依法治区评估指标体系(2015)为例》，《行政法学研究》2015 年第 6 期。

(二)评估方法

评估方法的科学、先进与否,直接关系到政策评估的质量高低。通过调取材料和数据、问卷调查、访谈等方式获取基础资料后,按以下两种办法评估。

1. 定量评估

定量评估建立在对基础数据的理性的、客观的分析基础上,主要依靠打分。因此其适用领域是可数据化或可试验化的事物。打分标准有加分制与减分制两类。正面评价就加分,负面评价就减分。加分制是依据每项指标独立的打分标准得出相应的得分,再将同级别所有指标的得分相加,层层递进,最后得出评估总分。① 评估打分可以按百分制,也可以按 1000 分制,或者其他分值。一般将评估起评分设为 0 分,满分设定为 100 分。在有多级指标的情况下,通常按最低一级指标逐个打分,最后逐级汇总。

2. 定性评估

定性评估是一种社会科学独有的研究方法。定性评估就是对研究对象进行"质"向度的分析,运用演绎和归纳、综合与分析以及概括与抽象等方法,对获得的各种材料进行思维加工,从而去粗取精、去伪存真、由此及彼、由表及里,最终认识事物本质,揭示内在规律。② 比如,对 Y 区推进信息经济发展政策的合法性进行分析,就需要主要依靠定性评估。

三、Y 区推进信息经济发展政策的实证分析

(一)基本信息的设定

我们假定,为推动信息经济发展,2014 年 5 月,Y 区所在 Z 省出台了《Z 省人民政府关于加快发展信息经济的若干意见》,从指导思想、主要目标、大力开展信息基础设施建设(宽带、三网融合、云计算中心)、优先发展信息产业(电子信息制造业、软件和信息技术服务业、应用电子产业、大数据和云服

---

① 杨寅、陈琦:《法治评估指标体系的编撰与操作——以上海市静安区依法治区评估指标体系(2015)为例》,载《行政法学研究》2015 年第 6 期。

② 李晓鹏:《政治学研究中定性方法与定量方法的探析》,载《高等函授学报(哲学社会科学版)》2010 年第 12 期。

务产业、数字内容产业、网络安全产业、电子商务应用和模式创新、智慧物流体系建设、互联网金融、居民信息消费、智慧城市、电子政务)、推进信息化和工业化深度融合(企业信息化水平、行业信息化、各类园区信息化)、优化发展环境(组织保障、要素保障、财税金融支持、人才创新支撑、引进项目、信息安全保障、评价机制)及贯彻落实等方面提出了扶持举措和要求。Y区所在的H市将信息经济列为该市"一号工程",予以重点扶持。2014年7月,出台《中共H市委 H市人民政府关于加快发展信息经济的若干意见》,从重要意义、总体要求、发展目标、加快信息基础设施建设(宽带、云计算服务平台、政府信息服务平台)、抢占信息经济和智慧产业发展制高点(国际电子商务中心、全国云计算和大数据产业中心、全国物联网产业中心、全国互联网金融创新中心、全国智慧物流中心、全国数字内容产业中心)、提升产业智慧化水平("两化"深度融合、制造业智能化改造、服务业智慧化、农业智慧化)、大力推进智慧应用服务(城乡公共治理智慧化、社会民生智慧应用、各类智慧应用试点)、优化完善产业空间布局(核心区建设、重点特色园区、拓展区建设、重点战略合作、智慧产业项目、行业优势企业、政务和公共信息资源共享与开放、信用H市、发展模式创新、信息安全管理体系、法规和标准化建设)、强化保障措施(组织领导、强化统筹规划、政策引导、人才支撑、考核评价)等方面做出规定。2014年年底,Y区为推动本区信息经济发展,也出台了《关于加快发展信息经济的实施意见》,并从指导思想、基本原则、发展目标、空间布局(提出"双核一镇一谷"为重点的多元化空间布局)、实施举措(抓平台发展、抓协同创新、抓基础建设、抓推广应用、抓政策扶持、抓成果保护、抓工作保障)等方面做了规定,而且,还在附件部分列出了《Y区信息经济发展行动计划》。

我们假定,可以从公开渠道得知的是,Y区信息经济(智慧经济)2015年全年实现增加值619.15亿元,较2014年增长29.9%,占GDP比重达到50.1%。全区有239家规模以上信息经济单位,共实现主营业务收入(剔除重复)1428.42亿元,增长58.6%。其中,信息软件、数字内容、电子商务、移动互联网、云计算与大数据等主导产业限上主营业务收入增长均超过30%。

(二)评估展开与问题界定

1. 政策特点分析

通过比较,我们会发现,省级政策富有宏观性,最具微观性的是区级政策。一般来说,越微观越具有可操作性,这是政策可行性的重要考量方向。省、市、区三级政策依次逐级出台,体现了中国一元政治体制模式特色。而实际上,《Y区信息经济智慧应用总体规划(2015—2020年)》等相关规范性文件,也应纳入有关政策评估考量的范畴。这是我们在正式评估时需要注意的地方,即关联性、规范性文件的收集与分析。

2. 指标化研究

三级政策没有明显违反国家法律法规的地方,合法性较好。但我们在准备做实用性研究时,会发现由于缺乏Y区2014年及以前信息经济年度数据,很难做实用性分析。一般来说,我们可以通过求助该区统计局、发改委、经济和信息化局等部门获得。但由于信息经济是近年才单独提出的,所以这方面的历史数据并不成系统。这是在做政策评估时常遇到的难题,也是不同于法治评估的一个显著区别。三级政策各要素都比较齐备,在针对性上具有较好的满足性。在适当性上,还必须做面上分析,并结合案例分析,才能得出结论。但在公平性等判断上,我们必须保持科学的、理性的态度,进行谨慎的推敲。这可能还需要更多的数据,比如财政补贴在各产业中的调整变化情况;也可能还需要更多的调研,包括到受信息经济影响的行业(包括寄生行业和竞争行业)进行深入的考察,并对公平的含义做多角度的解释,方能得出接近"重叠共识"的结论。

如果各方面的信息都能获得,或者说,主要信息都能获得,我们就能就该区促进信息经济发展的政策,按照我们建构的指标体系及权重,得出评估结论,并在此基础上,找出该政策存在的不足,提出下一步改进或完善的意见建议。

关于大力促进余杭区有效投资的路径分析

内容提要 政府投资有助于弥补市场失灵和调节经济结构,有利于经济持续健康地发展。本文首先介绍了政府投资的特点、政府投资效率的概念和衡量政府投资效率的相关经济理论。接着以余杭区为例分析了地方政府投资的现状和存在的问题。最后针对地方政府投资存在的不足,提出了要在政府投资制度建设、考核机制等方面加以改进等对策。

关键词 政府投资;投资效率;协同发展;智力建设

当前余杭区经济社会发展正处在转方式、调结构、惠民生、促和谐的重要时期,扩大有效投资是加快发展且高质量发展的重要手段,是经济工作的重中之重。今天的投入就是明天的产出,不管形势有多复杂,抓有效投资的决心不能有丝毫改变。同时,扩大有效投资是促转型的有力支撑,当前的投资结构决定着未来的产业结构和发展方式。日本、韩国经济转型的历史都表明,一个国家或地区的发展,要到经济转型基本实现、工业化进程基本完成、城市化水平一般超过72%以上时,投资率才开始下降。倒是掉到“中等收入陷阱”里面的一些国家,特别是拉美的一些国家,在人均GDP水平约3000美元后,就出现了投资锐减的问题,经济发展失去了动力。因此,我们要进一步认清形势,统一思想,认真贯彻落实区委区政府关于扩大有效投资的一系列决策部署,全力在扩大有效投资上下工夫、求实效。

【作者】冯利斐,杭州市委党校余杭区分校讲师。

一、余杭区投资发展的基本情况

近年来,区委区政府高度重视投资的发展,积极采取各种有效措施,投资呈现较大幅度的增长态势。

(一)余杭区投资运行情况①

2015年,余杭区完成固定资产投资920亿元,增长17.0%,增速高于全省、全市平均3.8和4.8个百分点。其中完成工业投资139.67亿元,增长4.1%,分别较上年同期提高1.5个百分点;完成房地产开发投资466.45亿元,增长33.1%,占全区固定资产投资总量的50.7%,占比较上年提高6.1个百分点;全区民间投资总量为572.95亿元,增长16.6%,高于国有投资6个百分点,占总投资的比重为62.3%,占比较上年基本持平。

(二)余杭区投资的特色亮点

1.投资总量不断攀升

2012年以来,余杭区以"打造产业余杭、建设创新强区"为目标,通过抓招商、抓重点、抓平台、抓服务、抓协调,持续扩大有效投资,成效明显。从图1中可以看出,余杭区2009年的固定资产投资总额不到300亿,经过短短5年的时间,到2013年度固定资产投资总额已超过600多亿,翻了一番。

2013年,余杭区完成固定资产投资631.2亿元,增长23.3%,增速位居全省17个经济强县(市、区)首位。其中,产业投资216.82亿元,增长16.2%,其在投资中的比重达34.3%。固定资产投资特别是产业投资的快速增长为余杭产业转型升级打下了坚实的基础,将有助于余杭经济的健康、快速和可持续发展。

2.投资增速名列前茅

从表1可以看出,余杭区固定资产投资总量在萧山之后,在七县(市、区)中位居第二,但是余杭区固定资产投资增速高达23.6%,在七县(市、区)中排名第一,比萧山区高出13个百分点。由此可以看出,余杭区固定资产投资势头强劲,大有赶超萧山之势。工业投资总量在七县(市、区)中排名

① 数据来自余杭统计局。

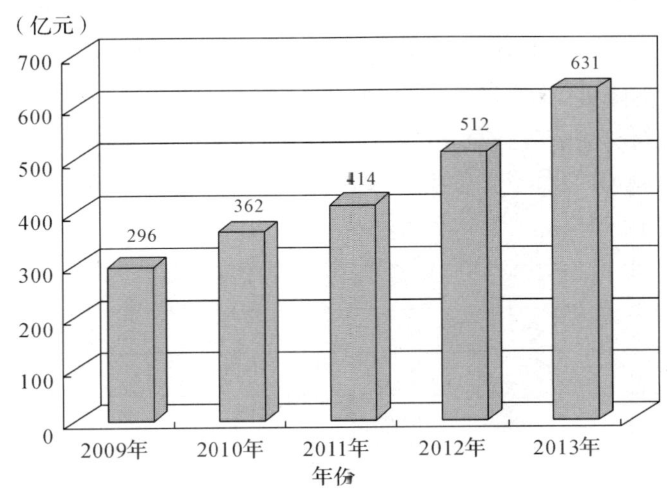

图 1 2009—2013 年余杭区固定资产投资总额

第二,但是与排名第一的萧山差距较大,不足萧山工业投资的一半,同时工业投资增速为 0.6%,远低于萧山工业投资 2.9%的增速,因此余杭区的工业投资压力还是比较大的。

表 1 2014 年 1—6 月杭州市七县(市、区)固定资产投资完成情况表 ①

	固定资产投资(万元)	增速(%)	增速排名	工业投资(万元)	增速(%)	增速排名
合计	31869185	16.7	—	3293712	-6.2	—
萧山区	3772858	10.6	7	1446647	2.9	2
余杭区	3293508	23.6	1	568388	0.6	4
桐庐县	826715	17.1	2	276258	12.6	1
淳安县	548552	13.3	6	131358	-1.5	5
建德市	449085	16.3	3	161411	-19.1	6
富阳市	1371234	15.9	4	538134	2.8	3
临安市	741921	13.9	5	171516	-33.2	7

3. 投资结构更趋合理

2013 年度,余杭区共完成固定资产投资 631.2 亿元,其中产业投资 216.82 亿元,增长 16.2%,其在投资中的比重达 34.4%;工业投资 130.80 亿

① 统计数据来自临安统计局。

元，增长8.5%；民间投资413.55亿元，增长28.4%，占总投资的比重为65.5%；浙商回归项目到账资金63亿元。国有投资和民间投资的比重从2009年的41∶59下降到2013年的29∶71（见图2）。长江汽车、中青影视、宜家、永旺、银泰及红树林酒店等一批重大产业项目顺利落地。[①] 投资结构的日趋合理为余杭产业转型升级打下了坚实的基础，更有助于余杭经济的可持续发展。

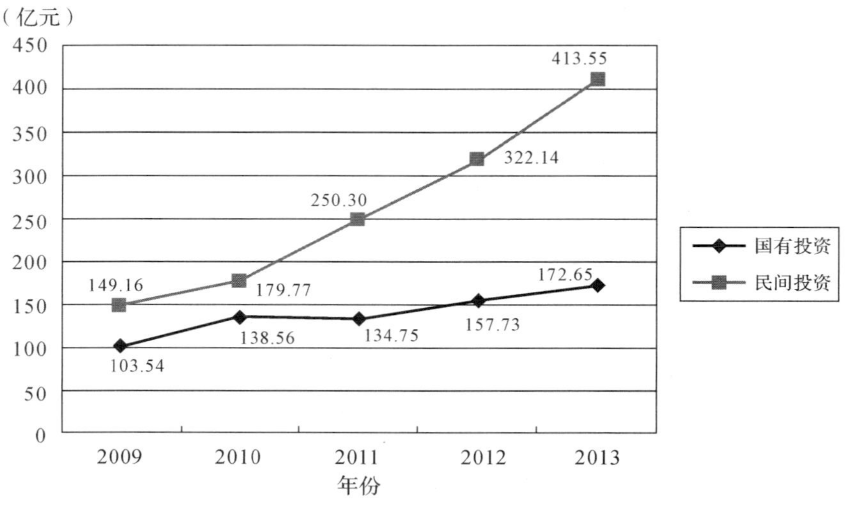

图2　2009—2013年余杭区国有、民间投资总额

4. 投资空间格局不断优化

近年来余杭区结合区位优势和产业基础，把打造产业平台与推进城市化有机地统一起来，对余杭区的产业结构和空间结构做了一系列重大调整，将未来科技城（海创园）、杭州北部新城、高新企业城（杭州余杭经济技术开发区）、乔司国际商贸城、临平新城、仁和先进制造业基地这"五城一基地"列为余杭未来发展的六大引擎，以重点区域的集聚开发建设统筹带动其他区域的发展，实现余杭城市发展和产业发展互荣共辉的并进格局。

二、余杭区有效投资存在的问题

虽然余杭区过去的投资发展取得了不俗的成绩，但是仍存在诸多问题。例如，尽管余杭区投资总额不断提高，但投资效率不高；投资的构成中，房地

① 余杭区《情况通报》，中共杭州市余杭区委办公室，2014年1月20日。

产占了很大部分;工业投资始终是短板,不论总量还是增速在杭州七县(市、区)中排名都比较靠后。从深层次原因上分析,余杭区投资情况主要表现出以下几个问题。

(一)理念未完全转变,有待进一步开阔思路

有效投资,顾名思义就是指有效益的投资。那何为有效益呢?如果产出大于投入,那就是有效益吗?答案并非如此。在注重投资本身收益的同时,我们还要考虑该收益的“外部性”。那种高污染、高能耗、高排放的项目,收益再高,也不能投资;已经办的,要么改进,要么关停。还有高物耗、高成本的,也要严格管理。我们在计算收益时,不能只用产出做分子、投入做分母,两者一除,就得出结论。我们还要用物耗来作为分母。一家企业创造了100 万元的 GDP,但占用了比别人多得多的能源、原材料等,或者占用了更多的土地资源和水资源,那从全社会的层面来看,就很难说是高效益的,这个 GDP 是高成本的,是不可持续的。当前我们的主要任务是加快转变发展方式,促进产业转型升级,因此转变有效投资的理念显得尤为重要。

(二)资源利用效率低,投资效益不高

1.资源利用效率偏低

2013 年余杭区规模以上工业增加值为 275.98 亿元,比上年增加 25.34 亿元。规模工业增加值率为 18.96%,比上年提升 0.71%。2013 年规模工业能源消费总量比上年减少 3.73 万吨标煤,工业用水量比上年减少 795 万立方米。余杭区规模以上工业单位工业用地增加值、单位水耗工业增加值指标值相比上年虽有一定提升,但仍落后全省平均水平,资源要素单位产出效率仍然偏低。

我们知道,经济增长率=投资率(全社会固定资产投资/地区生产总值)×投资效率[①]。在投资效率不变或者下降的情况下,持续加大投资总额占国内生产总值的比率,亦可提高经济增长率。从表 2 中我们可以看到,2008 年余杭区的投资率是 49.30%,而到 2013 年余杭区的投资率高达 67.55%。尽管投资加速增长,但是我们发现余杭区的经济增长速度却在放缓,这意味着,

① 王海波:《对党的经济纲领的历史考察》,中国社会科学出版社 2012 版。

庞大的投资对经济增长的拉动作用越来越小，这也说明投资效率在降低。由此可知，近几年余杭区投资总额虽一直处于增长状态，但是投资效果却是不理想的，一旦投资到达临界点，就可能面临经济放缓乃至停滞的危险。

表2 2008—2013年余杭区生产总值、固定资产投资总额①及两者之比

指标名称	2008年	2009年	2010年	2011年	2012年	2013年
地区生产总值/亿元	501.03	527.33	628.77	738.72	834.93	934.41
固定资产投资/亿元	246.99	296.13	361.67	413.53	512.12	631.23
固定资产投资与地区生产总值之比/%	49.30	56.16	57.52	55.98	61.34	67.55

2. 低效传统产业挤占大量环境空间

虽然最近几年余杭区产业结构逐步调整，但传统产业占比仍然偏高。余杭区2013年产值前十大行业分别为通用设备制造业、电气机械和器材制造业、非金属矿物制品业、纺织业、纺织服装服饰业等行业，其中有三大行业劳动生产率低于全区平均水平，5个行业主营业务收入利润率低于3%。2013年余杭区规模以上工业全员劳动生产率为13.36万元/人，33个行业大类中有7个行业劳动生产率低于10万元/人，主要是皮革毛皮羽毛及其制品和制鞋业、纺织业、纺织服装服饰业、家具制造业、木材加工和木竹藤棕草制品业等行业。2013年纺织业、纺织服装服饰业两大产业增加值合计占规模工业总量的16.8%，但从业人员年平均人数达到5.48万人，占规模工业总量的26.5%。

（三）工业投资比例偏低，影响未来综合实力提升

纵向比较来看，2011—2013年，余杭区工业投资分别增长17.0%、14.0%和8.5%，增速逐年下滑，工业投资占全部固定资产总额的比重也呈下滑态势，2008年工业投资占全部固定资产总额的比重是32%，到2013年下降到只有20.7%（见图3）。②

横向比较来看，从表3中可以看出，余杭区2014年1—6月工业投资增幅在七县（市、区）中排名第四，桐庐县工业投资增幅为12.6%，在七县（市、

① 部分数据来源于《2013年余杭统计年鉴》。

② 数据来自《2013年余杭统计年鉴》。

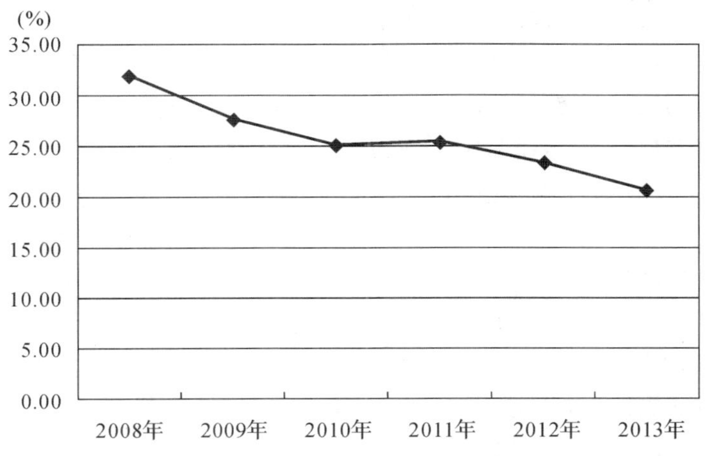

图 3　2008—2013 年余杭区工业投资与固定资产投资之比

区）中排名第一。同时应该看到，余杭区的工业投资在 2014 年前五个月都处于负增长，直到第六个月才实现了正增长。

表 3　杭州七县（市、区）工业性投资增幅对比情况①

县市名称	工业性投资增幅（%）		增幅排名
	2014 年 1—5 月	2014 年 1—6 月	
桐庐县	9.6	12.6	1
萧山区	2.6	2.9	2
富阳市	−4.6	2.8	3
余杭区	−0.8	0.6	4
淳安县	−0.7	−1.5	5
建德市	−41.2	−19.1	6
临安市	−44.2	−33.2	7

（四）投资不足与投资过度并存，需整合调整投资的结构性矛盾

近几年，随着余杭房地产市场的升温，余杭区外资房地产实际利用外资占比不断提高，2013 年，外资房地产项目占全区实到外资的 68.9%，而制造业项目实到外资仅占 10%。全年新批的 12 个制造业项目中，合同外资

① 数据来自杭州统计局。

1.45 亿美元,仅占新批项目合同外资总额的 12.8%,并且总投资在 1000 万美元以上项目只有 5 个,缺乏高质量、有带动作用的工业大项目。同时,目前余杭区在建的重点商贸项目有理想银泰城、华元欢乐城、海港城、永旺梦乐城、宜家家居等,对于余杭区来说商业综合体在今后一段时间将处于饱和状态。面对商业综合体的饱和、滥建,杭州市政府将对现有的商业综合体布局进行调整,将采用"四个一批"的方式:"退出一批"指的是禁止城北(运河新城)与城东新城新增大型商业综合体开发,对局部过度饱和区域进行严格控制;对市中心和以钱江新城为代表的成熟商圈,则要"提升一批",提高其商业品质;"整合一批"是在说控制三墩、申花、转塘等板块的开发规模与开发速度;与此同时,杭州将重点开发社区型商业综合体,适当在滨江、西溪、下沙大学城等板块进行增加,实现"新建一批"的目标。

(五)投资空间总体上较分散,产业聚集力难以发挥效应

一是产业规模普遍偏小,集聚区内单体规模较大的骨干企业数量不足,带动性不强,缺少大企业、大项目的支撑。此外,集聚区中除龙头企业外的规模以上企业项目偏少,特色不够突出。二是集聚区企业关联度不强,产业发展缺乏上下游产业和相关产业支持,成长性差,不能形成较为完善的产业链和集聚规模效应。三是产业层次不高,企业门类比较分散,特色不突出,层次低,项目带动力弱。一些集聚区主导产业不明显,企业创新能力差,产品技术含量低,没有自己的核心技术,企业自主创新能力、创利能力和市场竞争力严重不足。

三、促进余杭区有效投资的建议

有效投资对推动地方经济社会发展至关重要,是稳增长的重要举措、促转型的有力支撑。对余杭而言,扩大有效投资正是加快发展、高质量发展的基础,是实现经济转型发展的重中之重。本文在以上分析的基础上,为促进余杭区有效投资提出一些意见建议。

(一)集中精力抓项目,优化服务促投资

在市场化配置资源的基础上,建议政府要集中精力抓项目、促投资,确保扩大有效投资目标落实到位、服务协调到位、要素保障到位、考核监管到位。

1. 强化重大项目带动和抓实中小项目孵化

一方面建立健全重大项目滚动实施机制，保持项目的可持续性。区政府有关部门应重点研究引入产业大项目，并结合能源消耗总量、环境容量配置等指标给予财政奖励创新投入、财政收入增收奖励等优惠措施，不断提高重特大产业项目在总投资中的比重。谋划一批民营资本与大项目对接的平台和项目，做好项目“打包”、“串联”、“包装”工作，将一批功能类似、重点突出的项目归类集成，争取储备一批能进入国家、省级的重特大项目。探索以产业链招商的方式，量体裁衣，筑巢引凤，吸引高质量、高效益、高带动的投资项目，加快从块状产业向现代产业集群转变。另一方面，抓大不放小，抓实中小项目的孵化。大项目固然事半功倍，但是投资动辄成千万上亿元的大企业、大集团毕竟数量不多，众多中小型投资者“积少成多”，同样可以造就一方经济的繁荣。再说，凡事都有由小到大的过程，一些确有实力的企业在进行新的投资时，往往也会先以小额投资作为试探，获得良好发展后才追加更大金额的业务。从长远看，小额投资未必小，背后隐藏着很大的潜力。因此，在推介大项目、为大项目服务的同时，不妨花点精力吸引中小企业的中小额投资。

2. 激发活力抓招商，优化服务促投资

一是重项目招商。结合余杭区的产业特点，加强对工业项目、生产性服务业项目的招商引资，围绕重点产业、盯住重点企业、奔赴重点地区。加强与国土、科技等部门的通力合作，按照每月都有主题招商活动的要求进行策划，重点在长三角、珠三角、环渤海和欧洲、美国、日本，以及我国香港和台湾地区，策划举办先进装备制造、生物医药、新能源、信息软件、现代金融等为主题的一批招商活动。同时，排定目标企业、目标项目，积极开展小分队敲门招商活动，主动上门推荐宣传，获取项目信息，推进在谈项目，从“项目找上门”转变到“上门找项目”，有效提升项目质量，助推产业结构调整。二是重项目落地。充分发挥招商信息平台在推动部门和平台联动、招商信息互通、整合招商资源等方面的积极作用。落实招商引资“责任制”，按照区四套班子领导对“五城一基地”及重点镇街的年度招商引资考核指标，重大在谈项目分包负责推进，实行“一对一”跟踪落实，做到责任项目、责任问题、责任单位、责任领导、责任时间“五个明确”，完善招商引资工作长效机制，进一步发挥主平台的主导作用。认真做好重点项目土地报批、政策处理、招投标等相关工作，抓紧开工、及早见效。三是重项目服务。加强对投资项目的跟踪、服务、协调和督查，及时帮助解决项目推进中出现的困难和问题，进一步提升支持企业创业创新工作的服务水平，畅通企业投资的通道。尤其要做好区四套班子领导对“五城一基地”及重点镇街的年度招商引资项目的落实和跟踪服务，及时协调解决重大项目推进中的矛盾和问题。要优化审批服务，简政放权，进一步推进投资项目审批时限提速、审批程序简化。要强化责任落实和考核，定期督查通报各地投资完成情况，建立重大项目推进、有效投资任务完成情况与用地、财政奖励挂钩的机制，营造各级各部门合力推进项目建设的良好氛围。

(二)加强要素保障，健全工作机制

1. 重视土地对投资增长的制约

投资的增长需要建设用地的保障，土地稀缺性已经成为制约余杭区发展的一个重要因素。政府拆迁难度加大、补偿成本提高，导致项目推进遇阻、企业用地成本上升。因此，要结合“三改一拆”总体工作，深化园区提升改造工作，促进“空间换地”、“腾笼换鸟”，把有限的土地资源集中在符合产业政策、有发展潜力、高附加值、高效益、高亩产、低排放的战略性新兴产业项目上。一要做好土地储备工作，加大已批未供、已供未用土地的清理力度，全面推进低效利用建设用地二次开发；二要加快产业升级的步伐，节约建设用地，提高单位土地产出效率，逐步改变粗放型投资增长模式；三要强化考核，建议每年制订实施闲置和低效利用土地二次开发计划，并以亩均GDP产出率、亩均固定资产投入率等作为土地利用目标管理考核指标，建立相应奖惩机制。

2. 重视资源、环境对投资增长的制约

余杭区是能源缺乏型城市：煤炭、原油、天然气消费几乎全部依靠外省调入和进口，区域性、时段性电力供需矛盾，在夏季用电高峰时仍会出现。同时，余杭区的水污染、大气污染问题也较严重，区政府已将打好“五水共治”攻坚战纳入2014年的重点工作。而一些高耗能、高污染、高排放投资项目，虽然投资量大、工期长、产值高，但其在建设和生产过程中对资源、能源消耗多，对自然环境破坏大。因此，不能单纯追求投资规模，而忽视了投资效益。

3. 重视劳动力成本对投资增长的制约

近年来，受多方面因素影响，余杭区劳动力市场整体工资水平上升，部

分传统行业出现了用工荒。这一方面压缩了企业利润空间，另一方面也限制、影响了企业的投资意愿。因此，政府需加强引导和支持有条件的企业进行转型升级，鼓励企业调整组织结构，加快技术和设备升级步伐，大力开展自主创新，着力培育核心竞争力，努力形成以技术和创新为主的竞争优势，从而逐渐摆脱对低成本优势的依赖。

防止政府投资的"挤出"效应。政府投资对其他部门投资的挤出效应，既体现在资本领域，也体现在劳动力领域。一方面，政府投资会占用大量资金，因为政府投资往往获得资金比较容易，不用付或者只付很低的市场利率。政府投资占用了大量资金，而资金总量是有限的，当大量资金投入到政府投资项目时，市场可支配的资金量就减少。市场可支配的资金，通过市场机制来匹配需求，市场资金利率就提高了。另一方面，政府投资项目往往对初级劳动力需求很大，而对民营部门来说，也是需要有初级劳动力的，但农民工工资因政府投资项目而提升了，这既导致很多制造企业难以为继，也导致一些企业弱化了对大学生的就业吸纳能力，因为大学生和农民工不是替代而是互补的关系，这弱化了余杭区对人才的吸引力和集聚力。

(三)创新投资方式，优化投资结构

1.提高工业有效投资

工业是实体经济的主体，是区域经济增长的主要动力。我们知道，在次贷危机爆发后，奥巴马政府几乎是完全听任房价的下跌，没有出台刺激房地产发展的政策，也没有把金融业复兴作为他的施政重点，而是提出了重振制造业发展的宏大目标，以实体经济的健康发展为虚拟经济的复苏奠定基础。奥巴马政府坚持不懈地发展制造业，是因为奥巴马已经认识到，制造业是实体经济的核心，是一国经济保持可持续发展的基础，把有限的资源引向制造业，不仅可以增加就业岗位，也有利于促使经济结构重新回归健康的状态。

2015年，余杭区工业固定资产投资才增加了8.48%，而房地产开发投资则增加了39.13%，工业投资占固定资产投资的比重仅为20.72%，是历年来的最低，而且近年来工业投资占固定资产投资的比重一直在下降。所以，要推进工业的有效投资，必须抑制房地产的过多投入，否则引导社会资金投入工业只能是一种奢望。因此，一要着力招引能促进工业经济较快发展的大项目、能促进产业生态系统形成的关键项目、有市场竞争力的高新技术项目和战略性新兴项目，提高工业项目质量。二要强化项目化管理，对全

区重点工业项目进行排查摸底，逐月跟踪进度，及时掌握投资项目的新情况、新问题，增强趋势研判、对策研究。三要关注重点项目推进节点，紧盯审批、开工、投产等关键环节，切实做到“前期项目抓报批、开工项目抓进度、竣工项目抓投产”，最大限度挖掘工业投资。

2. 创新投资方式

要提升投资有效性，增加投资投入产出比，还必须积极创新投资方式。比如，可以由政府牵头设立天使投资基金、创业投资引导基金，采取政府带头、民间跟进的投资方式，实现“政民合一”，吸引更多的社会资金配套进入，加大对科技型中小企业的金融服务和支持，从而达到“事半功倍”的效果。再如，可以学习借鉴北京市中关村发展集团首创的“集群投资”，实现国有资本投资从“点对点”向“点对链”的延伸，从而大大提升政府投资效益。

（四）加快自主创新，促进产业转型升级

1. 强化创新驱动

积极推动各类创新要素、高科技项目、科技活动向杭州未来科技城、省级生物医药高新技术产业园区等产业平台集聚，着力推动科研成果跨平台产业化。深入实施科技创新“523”计划，推进企业科技创新，促进产学研合作，促进更多的规模工业企业设立研发机构。倒逼企业加快转型升级，引导企业退出原来的低小散或高耗能、高污染、利润薄的传统低端产业，促进不同行业资源整合，引导更多的企业发展新兴产业，提升产业层次和产品附加值。引导企业加强管理，强化成本费用控制，努力实现增收节支，提高经营效益。

2. 促进产业转型升级

一是积极发展高新技术产业。利用未来科技城（海创园）独特的研发优势和创新环境，吸引集聚“千人计划”中各产业的领军人物和科研项目，大力推进生物医药、先进装备制造、电子信息等产业的发展。二是大力发展服务经济。利用余杭三面拱卫杭州主城区的优势，以未来科技城、乔司国际商贸城、勾庄物流园区为样板，加快现代物流业、金融业、旅游业、现代商贸业、楼宇经济等特色综合体建设。充分认识休闲旅游和健康服务产业的战略价值，着力打造高品位的新型休闲旅游和健康服务业态。三是促进传统产业转型升级。家纺业是余杭区传统的优势产业，具有较好的发展基础，要引导企业通过品牌渠道建设，加强研发设计，创新销售模式，不断提高知名度和

影响力，着力将余杭打造成中国家纺布艺总部基地，推动余杭家纺产业的转型升级。同时，以家纺为模板，按照技术研发、延伸产业链、树立品牌与创新商业模式等路径，推进其他产业的转型，发展高附加值的传统优势产业。

3. 提升企业质量意识

加快品牌培育、名品带动，强化产品质量监管，完善产品质量保障体系，强化企业质量提升服务，突出质量竞争新优势，提高工业企业的产品质量，对采标率偏低的行业进行引导与规范，促进企业质量意识的提升，提高主导产品生产执行标准，推动全区工业企业产品采标率整体提升。

4. 引领创新文化系统建设

产业结构转型、升级的阵痛期，特别需要一大批创新能力强、敢闯敢干、具有战略思维能力和能打硬仗、大仗的政企人才。制度安排向创新者倾斜。创新文化系统建设可从政府内部展开，建立公务人员创新绩效管理机制，改变公务人员群体由于工作的相对稳定性而具有天然的求稳、保守倾向。鼓励企业根据员工职业生涯规划建设创新奖励薪酬制度。以政府创新、企业创新带动社会创新，形成“鼓励创新、宽容失败”的创新文化系统。

（五）发挥区域空间优势，推进城市与产业双转型

随着高铁、地铁和综合交通工程的实施，使“环杭州半小时优质生活圈”的圈层基本涵盖余杭区。余杭区应利用好杭州市城市外扩中具有无缝对接的天然优势，密切关注杭州政策性投入倾向区块，在未来三五年集中财力、物力，重点规划建设“五城一基地”。距离主城区较远的临平新城、高新产业城以及塘栖小城市建设应确立大城市建设方向，分不同时期，分步实施发展重点区域，形成“两城一市”能够共享的相对成熟的商业、教育区块，为高新产业城、钱江经济开发区人才引进提供完善的配套服务，从而促进当地产业转型发展①。未来科技城、乔司商贸城、现代物流城应充分利用主城区所能

① 与未来科技城相比，临平新城、高新企业城、塘栖小城市等“两城一市”因距离主城区较远，在人才引进等问题上不如更易享用主城区资源的未来科技城等地，健全的生活设施、较为高端的服务环境将是决定“两城一市”城市发展的重要因素。与处于“生产—消费”综合空间转变的苏州工业园区不同，从余杭区当前高新企业城规划（三年行动计划）、钱江经济开发区建设来看，园区发展在 3～5 年内仍将定位于单纯的制造业空间，因此，城市生活、城市消费还将更多地由临平新城来提供。

提供的优质生活服务，将企业引进放在更加突出的地位，有序地推进城市建设。与杭州市主城同城化时代的到来，是余杭区加快主副城一体化步伐、推进城市与产业双转型的突出特色和优势。

（六）推进社会管理创新，创建优质投资环境

政策优惠短期内可能在一定程度上能够缓解国家宏观调控政策所带来的影响，但毕竟不是长久之计，因为这些措施和办法周边地区也都正在或将要实施，到头来还是回到那种“拼土地、拼资源”的低级竞争方式中，而且地方政府还要冒着极大的政策风险。同时，地价越低也意味着企业的质量越低，当周围地区有更低地价的时候这一类企业最终还是留不住。从近年余杭区引入的优质大企业、大项目来看，他们看重的是优质的基础配套设施，高效廉明、诚信公正的政府服务，而不再是低地价或优惠措施。因此，笔者认为，今后发展经济的思路要转到改善消费和投资环境、完善相关法规和体制，即着力培育地方的“软实力”上来。

1. 主导行政审批制度改革

加强与企业互动，加快行政审批体制改革创新的步伐，分行业、建设区域设计不同的许可准入标准，探索、优化联合审批服务、并联审批标准化机制。加快推进网上审批建设步伐，强化网上审批监管机制建设。取消区级前置审批条件，创新审批机制，赋予“五城一基地”区级审批权限，简化审批流程和审批环节，实现行政审批标准一体化、环节整体化、进度同步化、过程透明化。

2. 健全多元公共服务体系

健全的基础设施和成熟的教育、医疗、社会保障等公共服务体系为培养大批产业人才奠定了基础。在做好义务教育的基础上，根据未来十大产业布局，适应城市产业结构优化的需求，引导各方资金投入到多元教育体系中，提升职业教育质量，在引进高端产业人才（以“国千”、“省千”为代表）的基础上，主动接轨企业，协助企业人才培训，加强对就业人口特别是外来务工人员的职业教育，培养多层次产业人才，特别是“五城一基地”配套建设所需要的金融、物流、咨询、策划等中介机构人才。在条件具备的情况下，升格余杭区职业教育层次或引进高等职业院校，须知如临平副城（临平新城、高新产业城、塘栖小城市）等未来城市综合体更需要高等院校的人才支撑。

(七)解放思想,树立协同发展理念

1. 本地发展与省、市的发展协同

余杭区的发展既要靠自身的努力,同时要把本区域的发展纳入事关全省、全市发展的大局中来。纵观各国经济发展史可以看出,区域间均衡发展大多是政府一厢情愿的政策安排,实际上,往往是区域间的非均衡发展造就了现代经济强国、强区,同时也缩小了区域间的贫富差距。余杭区应利用好与杭州市城市外扩无缝对接的天然优势,密切关注杭州政策性投入倾向区块,在未来三五年集中财力、物力,重点规划建设未来科技城、临平新城、北部新城等,根据地区资源特色配套、互补式发展区域中心镇。充分利用省、市发展的有力政策,把握发展机遇,在练好内功的同时借势、借力发展。消除管理上受行政区域限制的顾虑,将更多的资金投入到产业发展中去,保证城市发展与产业结构转型升级的匹配,充分利用经济发展不受行政区域限制的"溢出效应",辐射带动本区域经济的发展。

2. 区内发展协同

在地区经济发展中,由于区位条件、资源禀赋与产业基础等的差异,部分地区具有经济发展的先发优势,并且形成产业发展高地与地区经济增长极,进而辐射与带动地区经济发展,这类地区就是重点发展地区。因此,区内发展既要特色发展又要错位发展。结合余杭区城市重点区域建设,集中资源要素,有力推进余杭经济开发区、未来科技城、乔司国际商贸城、勾庄物流园区和仁和先进制造业基地等五大产业平台建设,尤其要明确未来科技城和余杭经济技术开发区各自的职能定位。同时要兼顾区内其他区块的发展。鉴于资源的有限性及产业集群发展的客观约束,其他地区可以作为未来科技城和余杭经济技术开发区的承接功能,为其上游或者下游提供服务。这样不仅可以避免同类竞争,形成不同层级、功能各异、互动发展的格局,而且可以在本区域范围内构建较为完善的产业生态链。

第二编 民主法治

街道民主制度建设的创新与完善

——基于余杭区街道民主协商议事会议制度的研究

内容提要　党的十八届三中全会把推进协商民主广泛多层制度化发展作为政治体制改革的重要内容。协商民主制度的完善是一个复杂的系统工程,通过基层协商民主制度建设实践来推动这个制度在基层的不断完善,并使协商内化为基层的一种政治习惯后,再以此推动上级协商民主制度的健全,将是一条相对容易的发展路径。本文以余杭区正在推行的街道民主协商议事会议制度作为研究对象,通过分析其主要做法、运作成效、存在问题及原因提出对策建议,对其进行经验提炼和实践引导。

关键词　协商民主;制度

党的十八届三中全会把推进协商民主广泛多层制度化发展作为政治体制改革的重要内容。从基层治理的角度看,基层协商民主的发展开辟了社会公众有序政治参与的新途径,对于改进和完善基层党和政府的执政方式、社会治理方式和决策方式,增进社会共识,增强社会凝聚力和促进社会和谐稳定意义重大。就制度建设本身而言,党的十八大报告明确提出完善协商民主制度的建设要求。协商民主制度的完善是一个复杂的系统工程,通过基层协商民主制度建设实践来推动这个制度在基层的不断完善,并使协商内化为基层的一种政治习惯后,再以此推动上级协商民主制度的健全,将是一条相对容易的发展路径。为此,本文选择余杭区正在推行的街道民主协商议事会议制度作为研究对象,以对其进行经验提炼和实践引导。

【作者】章秀华,杭州市委党校余杭区分校讲师。桂祖武,杭州市委党校、余杭区的党副校长。

一、我国基层协商民主制度的发展及经验启示

协商民主理论最早出现在20世纪80年代的西方，90年代后开始被介绍到国内。西方协商民主理论的奠基人哈贝马斯将协商民主的基本形式归纳为两种。他说协商民主“一方面是在议会党团的制度化的协商形式中实现的，另一方面又是在社会公众及民间团体的政治上的语言交往网络中实现的”①。他将协商分为政治组织间的政治协商和社会公众与权力部门间的社会协商两类。西方的协商民主理论要求通过建立社会协商制度，确保公民参与和自身利益相关的公共决策的机会，来实现社会生活中的实质民主。借助西方的协商民主理论分析我国基层协商民主制度，我们发现，从功能上讲，我国的基层协商民主制度更侧重于保障公民在公共事务中的知情权、表达权、参与权和监督权，探索基层社会的治理之道，更多表现为一种社会协商。

我国从20世纪90年代开始，在党的大力推动下，也从理论和实践两方面开始了建立和完善社会协商制度的艰苦历程。② 在国家层面，从党的十三大开始提出建立社会协商制度的任务。1987年党的十三大指出：“建立协商对话制度的基本原则是发扬‘从群众中来，到群众中去’的优良传统，提高领导机关活动的开放程度，重大情况让人民知道，重大问题经人民讨论。当前首先要制定关于社会协商对话制度的若干规定，明确哪些问题必须由哪些单位、哪些团体通过协商对话解决，对全国性的、地方性的、基层单位内部的重大问题的协商对话，应分别在国家、地方和基层三个不同的层次展开。各级领导机关必须把它作为领导工作中的一件大事去做。要进一步发挥现有协商对话渠道的作用，注意开辟新的渠道。”而后，历次党代会都对建设社会协商制度做了要求。其中，党的十五大第一次系统地提出了社会协商制度应包含的主要内容，党的十六大提出建设社会协商制度的总体要求，党的十八大强调要将健全社会主义协商民主制度，作为当前我国推进政治进度和政治体制改革的基本任务之一，明确提出要“完善协商民主制度和工作机制，推进协商民主广泛、多层、制度化发展”。从地方层面看，从20世纪80年

① 哈贝马斯：《民主的三种规范模式：关于协商政治的概念》，靳希平译，引自中国学术城网。

② 王建军、唐娟：《中国协商民主制度的历史演进》，载于《中共四川省委省级机关党校学报》2013年第1期。

代,特别是90年代以来,随着村民自治、社区居民自治等基层民主自治制度的确立和发展,我国城乡社会兴起了许多协商民主的实践形式,如民主恳谈会、民主评议会、居民论坛等。下面对其中的几种典型进行简要介绍。

1. 民主恳谈会

民主恳谈创始于1999年6月在温岭市松门镇开展农业农村现代化试点教育中所采取的一种互动式沟通的方式。此后,经过不断的发展、改进和创新,演变为以“对话、协商”为特征,鼓励、引导社会公众制度化参与地方政府公共政策制定和公共事务决策的民主治理模式。其核心内容是基层党委、政府或农村自治组织在公共事务做出决策前,先在干部和群众或群众代表中间,决策者与利益相关者之间,对公共事务了解不多、知识不多的人与具体处理相关问题经验和相关知识人之间,开展完全平等、自由、公开、坦诚、双向和深入的讨论,交流思想,分析利弊,论证观点,辩明事理,相互说理,形成一定共识后,再通过一定程序,由基层党组织、政府、基层人大或人民群众自己做出决定。①

2. 公民评议会

1998年,沈阳市的“市民评议政府”活动开了我国公民评议的先河。之后,北京、上海、浙江、广东、江苏等地区的许多市、区都开展过不同形式的公民评议活动。公民评议从内容上分主要有两类,一类是由评议代表对国家权力机关、党群机关、行政机关、人民团体、事业单位、国有企业等单位就“履行职责、办事效率、服务质量、加强廉政建设”等进行评价,对评价结果进行排名比较并进行相应奖惩,同时要求被评议单位在规定的时间内对评议主体的意见或建议进行回应与反馈;另一类是由评议代表对地方干部业绩进行评价,评价结果会影响地方领导和干部的政治前途与奖金。

3. 公民听证会

在我国,听证会被广泛用于行政和立法领域。行政领域的听证会主要是指相关职能部门就某项公共事务的决策依据、前提和目标,邀请相关团体、公民和专家进行辩论、咨询。听证会的目的在于通过开设听证会由利益相关者反映自己的利益诉求,为政府决策提供依据,缓解利益冲突,维护社会稳定。

---

① 王浦劬:《民主恳谈,是一种原创性的民主载体》,载于慕毅飞主编:《民主恳谈:温岭人的创造》,中央编译出版社2005年版。

挖掘以上几种基层民主创新之所以能够出现并得以持续发展的原因，可以得出一些基本经验。

第一，坚持党的领导是基层协商民主制度建设的根本保证。从各地基层协商民主制度的创新实践看，尽管协商民主的具体形式可以自发生成，但协商民主的制度建设却需要强有力的政治组织来推动。以温岭的民主恳谈会为例，1999 年 6 月，松门镇举办的"农业农村现代化教育论坛"取得非常好的效果，引起了中共温岭市委的高度重视。中共温岭市委及时总结松门镇思想政治工作的新经验，并出台文件加以规范和完善，进而推广到全市各镇，使民主恳谈迅速在温岭市各个镇开展起来。而后，温岭市就民主恳谈下发的多个规范性文件涉及民主恳谈的指导思想、核心原则、组织领导、议题范围、运行程序以及考核奖惩和监督反馈等各方面内容。① 正是由于基层党组织的组织领导作用和监督保障作用的有效发挥，基层协商民主才能保持正确的发展方向，分步骤、有秩序地推进。

第二，规范化、程序化是基层协商民主制度建设的基本途径。制度产生约束力。各地基层协商民主制度创新的实践证明，协商民主要取得预期的效果，需要制度化、规范化和程序化。无论是民主恳谈会还是公民评议会，其协商议题的确定、协商各方主体的选择、协商时间地点的告知、协商过程的公开、协商成果的运用等，都需要一套具体、规范、科学的制度设计。只有建立长效机制，才能避免操作的随意性和形式化。

第三，对现实需求的有效回应是基层协商民主制度建设的社会基础。任何一项制度的创新都源于现实的需要。以上各地基层协商民主制度的创新实践源于老百姓对民主权利的追求和解决当地经济社会发展现实问题的需要。当地的党委政府顺应时代发展的要求，求真务实，因地制宜地进行基层民主创新，并且所进行的基层民主创新符合人民群众的利益诉求，有助于实现他们的经济利益和政治权利，才推动创新的顺利实现并得以持续发展。

第四，吸收和鼓励公众参与是基层协商民主制度建设的基本方法。参与是民主的基础，公众的参与程度是协商民主能否取得成功的关键因素。民主协商的顺利开展，不仅有赖于党委、政府的有力推动，更在于公众的积极参与。党委、政府等公共权力部门通过创设有效的制度环境和营造浓厚

---

① 程同顺、邝利芬:《温岭民主恳谈的意义及局限》，载于《重庆社会主义学院学报》2014 年第 2 期。

的社会氛围，吸收和鼓励公众通过协商民主这样的平台合理、有序地表达意见，并积极与其他主体进行沟通，形成具有民意基础的决策并保证其实施，最终实现基层公共事务治理的较佳效果。

二、余杭区街道民主协商议事会议制度的实践

(一)建设背景

余杭区自2001年撤市设区以来城市化进程快速推进，2011年，全区9个镇乡撤并建街，乡镇一级原有的党代会、人代会随之取消，街道层面党员群众参与公共事务的渠道减少，街道党工委、办事处与群众沟通、接受群众监督的途径缺失。如何在街道现有的体制下充分保障党员群众的各项民主权利，探索基层社会治理体系和治理能力的现代化成为当务之急。为此，2013年余杭区在街道一级探索试行了民主协商议事会议制度。

2013年1月，余杭区委组织部和余杭区人大常委会办公室联合发文，在南苑和仓前两个街道试行街道民主协商议事会议制度，让党员代表、村(居)民代表、共建单位、区级及以上"两代表一委员"等各层面人员就经济社会发展重大问题和与群众切身利益相关的问题进行广泛协商。通过半年试点工作的实践证明，民主协商议事会议制度有效弥合了党员群众参与街道事务的体制"断层"，有效保障了党员群众的知情权、参与权、表达权和监督权，有效提高了街道决策与群众意愿的对接度和同步性。2013年6月，在总结试点经验的基础上，余杭区出台了全面试行街道民主协商议事会议制度的实施意见，在全区14个街道全面试行街道民主协商议事会议制度。

(二)主要做法

街道民主协商议事会议制度是指在街道党工委的领导下，街道民主协商议事会议代表(后文会进行具体阐释)按照民主协商运行规则和相关工作制度，讨论商议发展事项、参与民主管理、落实工作监督的制度。下面，笔者从组织架构、代表产生和运行模式三方面对余杭区街道民主协商议事会议制度做一介绍。

1. 组织架构

良好的组织架构是制度运行的有力保障。余杭区街道民主协商议事会议制度突出党委的领导作用，注重街道办事处、人大工委、政协联络工委等

职能统筹和资源整合。在区级层面建立街道民主协商议事工作推进领导小组，由区委副书记任组长，区委常委、组织部长和区人大、区政协分管领导为成员，形成工作推进机制，加强面上工作督导。在街道层面由各街道建立民主协商议事工作领导小组，由街道党工委书记任组长，街道办事处主任、分管党群的副书记、人大工委和政协联络工委的负责人任副组长，街道其他相关领导班子成员为成员，主要负责街道民主协商议事会议制度的组织领导。民主协商议事工作领导小组下设办公室，由分管党群的副书记兼任办公室主任，负责民主协商议事会议的召开、日常活动的组织安排、议事代表的联系。

2.代表产生

街道民主协商议事会议主要通过议事代表广泛协商进行。因此，代表的选择非常关键。为此，余杭区街道民主协商议事会议制度就议事代表的构成、条件、产生和职权均进行了规范。在代表的构成上，该制度要求以党员代表为主体，比例一般不少于70%，并安排一定数量的辖区单位代表、流动党员代表、外来人员代表、区级及以上党代表、人大代表、政协委员中的代表，以保证代表构成的广泛性和代表性。目前，全区共有议事代表946人，其中中共党员734人，占77.6%。在代表的条件上，要求议事代表具备思想政治素质好、熟悉基层情况、有较强的议事能力、办事公道正派等基本条件。实行议事代表资格联审制，联合纪委、政法、计生、城建等部门开展资格审查，对有违反计划生育政策、醉酒驾车等不适宜担任议事代表情况的人员，实行“一票否决”。代表的产生实行民主推荐制，采取上下结合、充分酝酿的方式，由各基层党组织根据多数党员群众的意见，提出议事代表人选，经所在党组织审查同意后，报街道党工委审查批准。议事代表实行任期制，任期一般为5年，与区级“两代表一委员”任期相同，同时明确代表资格终止、代表调整和增补的具体办法。在代表的职权方面，围绕保障议事代表的知情权、参与权、建议权、监督权，对代表的权利与职责进行了明确规定。

3.运行模式

余杭区街道民主协商议事会议制度作用的发挥主要通过两个载体来实现：一是会议，包括街道民主协商议事会议和专题协商会议；二是闭会期间街道及议事代表的履职活动。

(1)街道民主协商议事会议。街道民主协商议事会议是整个制度的重要内容和主要实现形式，一般每年召开2次，年中和年末各一次，由街道党工委召集并主持。会议的主要任务是听取和讨论街道党工委和办事处的半年度工作报告、人大工委的半年度工作汇报，听取议事代表意见建议办理落实情况的汇报，议事代表就街道涉及党情民意重点议题进行主题交流发言、进行现场询问并由街道有关领导进行现场解答，议事代表对街道党的建设和经济社会发展若干方面的工作情况进行阶梯式评价。

(2)专题协商会议。专题协商会议是指在街道民主协商议事年中和年度会议之外，围绕街道重大事项执行或党员群众关心的热点、难点问题召开的会议。与街道民主协商议事会议相比，它具有针对性强、灵活简便的特征。从运行来看，各街道对其重视程度在逐渐提高，2014 年，围绕着“五水共治”、社会养老和物业管理、完善公共服务设施配套等议题，已有南苑、仓前、余杭等 3 个街道召开过专题协商会议，还有 5 个街道计划召开。

(3)闭会期间街道及议事代表的履职活动。根据制度的规定，在闭会期间，街道通过定期组织议事代表视察重点项目进展情况，邀请议事代表参与重大项目的立项、招标、验收等，组织议事代表对街道内重点、热点等问题进行实地考察和专题调研来发挥日常工作的功能。议事代表具有加强与党员群众的联系，及时听取和收集党员群众的意见建议，做好上级政策和街道重大事项的宣传、解释工作等职责，通过代表小组活动、联系接访等，实现经常性发挥议事代表作用的目的。

(三)运作成效

据调研的情况看，街道民主协商议事会议这项制度创新所取得的成效是多方面的。就制度本身来说，其成效主要体现在以下方面。

一是建构了一个比较规范的民主治理模式，促进了公共治理的多方参与，提升了基层社会自身的治理能力。余杭区街道民主协商议事会议制度通过搭建沟通协商的平台，鼓励、引导党员群众参与公共事务的治理，让“街道的事情大家商量着办”，打破了党政部门在公共事务治理中传统的“封闭—单一”模式，开始向“开放—多元”的方向演进，一定程度上改变了基层权力的运行方式。通过有效协商，让公众的诉求和合理化建议得到及时、有序、充分的表达，又让公众知晓和理解党委政府等公共权力部门的决策动机和决策过程，在政府和公众间构建起了良性的上下互动机制，这不仅有利于增强政府的效能和责任感，也有利于提升基层政权的合法性。仓前街道的“仁爱家园”工疗站的建设就是基层党委政府、企业和群众各尽所能、各尽其智，协助处理公共事务的典型案例。2013 年 1 月议事代表王良富在街道召开的民主协商议事会上，提出了关于“建立‘仁爱家园’工疗站，为更多的残障人士提供方便”的议案。而后，街道依托原敬老院的基础耗资 150 万元建成仓前“仁爱家园”工疗站，对智障人士进行集中照管。同时，工疗站与企业进行对接，让工疗员们做些简单的产品加工，并支付报酬。工疗站的建设在保障了智障人士的生活和安全的同时，又维护了街道的和谐稳定。

二是有效处理了党的领导、人民当家做主和依法治国的关系，在坚持党的领导的同时，也提升了微观治理的民主程度和依法治理水平。余杭区街道民主协商议事会议始终坚持党的领导，注重在区委组织部和街道党工委的领导和指导下开展工作。同时，这一制度的建立也注重体现人民当家做主的要求，在区人大的指导下，参照镇人代会的运作模式，每年都会有一些例行的代表会、协商会，保障人民群众参政议政的权利，为公众进行诉求表达、利益协调和民主监督搭建了平台，弥补了城市基层党员群众参与街道党组织事务的制度设计空白，有效保障了群众知情权、参与权和监督权的落实，增强了老百姓的主人翁意识。此外，此项制度自始至终都注重体现依法治理的要求，科学设计工作流程和制度，并注重发挥工作计划的导向功能，提升了制度执行的效率。

三是促进了民生热点问题的解决。对公众诉求的积极回应是本项制度创新的突出特色。它能进一步提高党执政的合法性，夯实党的执政基础，体现了一种实质民主。以余杭区临平东湖街道小区停车难问题的解决为例。社区想结合“三改一拆”项目增加小区的停车位，但遭到部分没有私家车的居民的反对，理由是会减少绿化和增加消防隐患。在临平东湖街道召开的社会养老和物业管理专题协商会议中，相关利益方就该问题进行理性协商，最终决定由街道对社区进行资金帮助，采用更换草种和建设停车草坪的方式进行改造，赢得了各方的满意。在这个案例中，作为公共权力部门的街道通过协商的方式，让利益各方进行充分的表达和争辩，进而了解各自的立场和理由，在相互理解和体谅的基础上形成彼此接受的妥协方案，既切合实际地解决了问题，又实现了微观层面的民主。

(四)主要问题

1. 运行实效问题

作为一种社会协商制度，“帮助群众解决实际问题”应是基层民主协商制度的重要目的。实践中，余杭区街道民主协商议事会议制度的重心仍然聚焦在年中和年度会议上。对于最能凸显民主协商本质的专题协商会议，虽然各街道的重视程度有提高(在2014年上报的工作计划中不少街道计划召开专题协商会议)，但是实际召开的街道仍是少数，在有效解决民生热点、难点问题上的作用发挥不够大。而作为承载该制度日常功能发挥的闭会期间街道及议事代表的履职活动，由于活动机制不够健全、街道和议事代表精力有限等原因，在闭会期间开展的履职活动也不多，作用发挥不显著。

2. 制度本身问题

一是“先天不足”。余杭区的街道民主协商议事会议制度作为余杭区委的一种制度创新，从产生、试点到全面推广，余杭区委发挥着突出的领导统揽作用，可以说，没有基层党组织的自觉推动和有力保障，就不会有这项制度。在性质上，我们可以将其视为基层党组织提高自身能力建设的一种主动创新，它没有法律地位，也不具备法律约束力。当领导的意志和决心成为决定该制度能否生存和发展的关键因素时，如何避免“人走政息”局面的出现，实现可持续发展将是该项制度面临的重要考验。二是完善不够。这表现为：首先，代表的构成不够合理。在确定协商的参与主体时，利益相关方是最重要的判断标准。然而在实践中存在专题协商议事会议中利益代表缺失的情况。比如在仓前街道召开的就业专题协商议事会议中，作为最相关的利益群体——失业人员就没有参加会议。其次，绩效评估难以落实。虽然在制度设计上专门提出要街道对推进民主协商议事会议制度的绩效进行评估，但是什么时候评估、以什么样的标准评估、评估的结果如何运用等都没有明确，实践中，截至目前，也没有街道开展过绩效评估。再次，缺乏激励和监督机制。激励和监督机制的缺失导致街道和议事代表的履职行为随意性大，容易流于形式。

3. 延伸拓展问题

目前，余杭区街道民主协商议事会议制度运行还只停留在街道层面。纵向上，区、街道、社区(村)三级缺乏互动，表现为：一方面，区级部门和街道缺乏互动机制，议事代表所提的意见和建议中涉及街道无法解决的，街道不能直接提交区级相应机关办理，而要通过区“两代表一委员”间接反映；另一方面，街道层面的民主协商议事会议制度也没有与社区(村)层面的民主自治制度有效衔接。横向上，该制度没有向镇级延伸。因此，如何与基层党的民主集中制度、基层人大制度、基层民主自治制度等相关制度加强联系和对接，丰富和完善基层协商民主体系，形成系统效益是该制度发展的重要议题。

余杭区街道民主协商议事会议制度生存和发展所面临的问题与当前我国的政治环境和民主发展程度密切相关。首先，制度上缺乏法治的有效保障和支撑。在国家层面，除了选举法中规定了特殊的协商程序，其他基本法律中还没有协商民主的明确规定，也没有针对协商民主制度的专门实体法和程序法；在地方层面，也没有关于民主协商制度的地方立法。法治的缺失严重影响了制度的约束力、权威性和执行性。其次，公民社会发展不完整。公民社会是协商民主的社会基础，其宽容与平等、多元主义、团结与合作等价值观，体现出平等、自由、参与和合作等协商民主的特征，对协商民主的运行具有极为重要的作用。[①] 民间组织的独立性和合法性的不充分，使民主协商的发展缺乏相应的社会基础。再次，缺乏民主政治的传统。中国几千年的封建历史让我国公民的主体意识、权利意识和参与意识都比较淡薄，导致现实中民主参与的力度不大、能力不强。而公民的公共协商精神的培育、参与能力的培养都需要一个很长的历史过程。

三、完善街道民主协商议事制度的建议

(一)完善自身建设，加强规范程度

1. 内容上，突出“务实管用”

将制度的重心聚焦于具体的利益诉求，帮助公民解决实际问题。一是要重视并加强专题协商议事会议的召开，进一步完善议题的确定、代表的选择、决策的执行等方面的制度设计。二是要进一步丰富活动内容，推动街道和议事代表日常功能的发挥。

2. 形式上，突出“高效便民”

要根据基层治理的特点，针对不同的事务科学设计不同的协商方式，尽可能降低协商民主的成本，提高协商民主的效率。以简单、高效的方式吸引

---

① 张爱军、高勇泽：《协商民主的内在关联性及其定位——基于中西方协商民主发展的环境视角分析》，载于《中央社会主义学员学报》2008 年第 5 期。

利益相关主体参与协商,形成习惯,并最终内化为一种生活方式。

3. 程序上,突出“规范完备”

一是要合理调整议事代表构成,严格议事代表履职规范;二是要建立绩效评估体系,通过专业、独立、定期的绩效评估了解制度运行的状况、检视制度在运行中的不足并不断加以完善;三是要建立奖惩机制,以此解决街道和议事代表履职行为的随意性和形式化问题。

(二)加强与现有法律体系和国家治理体系衔接

在现阶段制度建设还未完全成熟、定型的情况下,积极探索该制度与基层党的民主集中制度、基层人大制度、基层民主自治制度以及党委议事规则、政府决策程序等相关制度的有效衔接,为制度发展争取时间、空间与制度资源。在此基础上,及时对制度进行规范、完善并推广试验,在条件成熟的情况下,由省或市人大及其常委会适时出台地方性法规予以明确。

(三)加强拓展延伸,推动体系建设

横向上,深入研究推动基层协商民主向镇延伸。注重整合统筹镇党代会、人代会等现有镇级的民主管理资源,增强两个会议的协商议事功能,探索更加生动、更加开放的民主协商议事途径。在两会之外,全面推行镇级专题协商议事会议,达成镇级重大事项广泛共识。纵向上,建立区、街道(镇)、社区三级互动机制。在区级层面,通过转办单、反馈单等形式,打通区级与镇街一级问题解决途径。在村(社区)一级,借助农村“五议两公开”、社区“协商议事共建会议”等民主管理载体,延伸协商民主触角,建立形成制度化、常态化的协商议事机制,最大限度包容、吸纳基层各种利益诉求。

参考文献

[1] 陈家刚. 协商民主与政治发展[M]. 北京:社会科学文献出版社,2011.

[2] 陈剩勇,何包钢. 协商民主的发展[M]. 北京:中国社会科学出版社,2006.

[3] 邹宗根. 基层协商民主:功能、过程与建构[J]. 中共济南市委党校学报,2012 (2).

[4] 贺善侃,邓志锋. 推进基层政府公共决策中的协商民主[J]. 理论探索,2011(2).

[5] 郎友兴. 商议式民主与中国的地方经验:浙江省温岭市的“民主恳谈会”[J]. 浙江社会科学,2005(1).

农村民主治理的路径研究

——以杭州市余杭区为例

内容提要 农村治理是基层社会治理的重要组成部分，不仅关系着党在农村的执政基础，也关系着中国特色社会主义基层民主自治制度的实践。本报告首先从治理理论出发，通过分析治理的概念和特点，指出治理的核心在于多元主体的参与，关键在于各主体间的有效互动。因此，农村民主治理的困境在于各主体的功能障碍和相互间关系的不协调，出路则在于各主体功能的准确定位和相互间关系的有效协调。在此基础上，结合余杭区通过农村治理主体功能调适推进农村民主治理的实践，提出农村民主治理中各主体的功能定位及实现路径：(1)推动村级党组织功能转型；(2)推动基层政府职能转变；(3)加强农村自治力量培养；(4)建立多样化的协商治理机制。

关键词 农村；治理；民主；路径；功能

一、治理理论视阈下的农村民主治理

(一)治理的概念与实质

“治理”一词源于古希腊语，原意有控制、引导和操纵。[①] 20 世纪 90 年代，随着公民社会的发展和第三部门力量的壮大，各类非政府组织积极参与

【作者】章秀华，杭州市委党校余杭区分校讲师。

① 王强：《政府治理的现代视野》，中国时代经济出版社 2010 年。

公共事务的管理，承担起社会的某些管理职能，并与政府机构建立起了合作治理的伙伴关系。“治理”作为一种政治概念为学者所重视，并被赋予新的定义。治理理论的权威格里·斯托克认为，治理意味着一系列来自政府但又不限于政府的社会公共机构和行为者，政府有责任使用新的方法和技术来更好地对公共事务进行控制和引导。[①]

区别于传统的统治与管理，治理有以下突出特点：(1)从主体看，强调多元参与，尽管核心主体仍然是政党和政府，但远远不止于政党和政府。(2)从方式看，除必要的政府强制外，强调通过协商、沟通来达到最大限度增进公共利益的目的。(3)从过程看，强调多元主体间的互动共治。

从治理概念产生的背景和学者对它的定义可以看出，治理的核心在于多元主体的参与，关键在于各主体间的有效互动。它强调在一个特定的时间和空间内，各主体准确定位自身的功能，有效协调相互间的关系，通过互动实现自身功能的最大限度发挥。

(二)农村民主治理中主体的功能定位：挑战与影响

目前，农村民主治理的参与力量主要有五类：村级党组织(指农村社区中处于领导地位的党委，下同)、基层政府、村民委员会、社会组织以及作为个体的村民等。治理理论强调治理过程中各主体自身功能的准确定位和相互间关系的协调，根据这一要求审视当前农村民主治理，其困境主要在于各主体的功能障碍和相互间关系的不协调。

1. 村级党组织的功能定位无法有效回应农村民主治理的需求

改革开放前，在“党政合一”的体制下，村级党组织集政治组织、经济组织和管理组织于一体，采用直接干预、命令控制的方式管理农村社会。改革开放后，农村治理出现多元主体，村级党组织面临的政治生态发生重大变化，对村级党组织的功能定位与调整提出严峻挑战，不少学者提出村级党组织要进行功能转型，逐步回归政党本身。然而，基于组织结构、制度体系、行为惯性等原因，村级党组织的功能回归并未充分实现，无法对农村民主治理的需求进行有效回应。这主要表现为两个不适应：从外部看，村级党组织的组织结构与农村治理结构不适应。目前的农村治理结构中存在着村级党组

---

① 格里·斯托克、华夏风：《作为理论的治理：五个论点》，载《国际社会科学杂志(中文版)》，1999年第1期。

织、村民委员会、村经济合作社等多元主体，在运行过程中，由于职能交叉重叠，各主体间的权力角逐时有发生。这一现象突出表现为村主任和村党委书记之间的角力。同时，随着村经济合作社等的逐渐发展，部分村庄出现了党员在社员面前没有话语权的现象，村级党组织和村经济合作社的关系处理成为新问题。从内部看，村级党组织的功能发挥与农村治理需求不适应。农村治理对村级党组织在推动经济发展、维护社会稳定、引领先进文化、引导参与治理等方面均提出了要求。然而，相当多的村级党组织无法有效回应这些需求。一方面，部分村级党组织的领导班子能力不强，习惯于上级党委安排部署的工作方式没有改变，能利用的资源少，无法带领村庄发展；另一方面，党员队伍的老龄化、流动性和基本素质偏低等现象使党员在农村治理中的引领、示范作用无法体现或是体现不充分。

2. 基层政府行政职能的无限延伸掣肘村民委员会和社会组织功能的发挥

制度上，《村民委员会组织法》对村民委员会和政府的关系有着清晰的界定：村民委员会是村民自我管理、自我教育、自我服务的基层群众的自治性组织，主要工作任务有办理本村的公共事务和公益事业，调解民间纠纷，协助维护社会治安，向人民政府反映村民的意见、要求和提出建议等。乡、民族乡、镇的人民政府对村民委员会的工作给予指导、支持和帮助，但是不得干预依法属于村民自治范围内的事项。村民委员会协助乡、民族乡、镇的人民政府开展工作。① 实践中，由于基层政府主要依靠村民委员会来贯彻落实各项政策，村民委员会实际上扮演着基层政权"代理人"和村民利益代言人的"双重角色"。在传统权力模式的惯性作用下，村民委员会的行政职能不断被强化，出现行政功能取代自治功能的错位发展现象。同时，尽管转变政府职能的改革呼声日盛，改革进程也一直在推进，然而基于传统行政体制的惯性和维护自身声誉的影响，基层政府还没有做到对基层社会组织完全放权，难以激发基层社会管理的生机与活力。②

3. 村民自治的实现程度不高

村民自治的实现主要取决于自治制度的执行、村干部作用的发挥和村

---

① 参见《中华人民共和国村民委员会组织法》第 2 条、第 5 条，中国人大网，http://www.npc.gov.cn/huiyi/cwh/1117/2010-10/28/content_1602777.htm.

② 孙荣：《社会组织如何融入基层治理创新》，载《人民论坛·学术前沿》2015 年第 2 期。

民参与的程度，从调研看，这三方面的结果都不理想。

第一，村民自治参与程度不高。村民在现有的国家法律制度体系内参与政治生活，是农村民主治理的重要内容，也是提升农村政治现代性、民主性的有效途径。但从笔者的调研看，受参与意识、参与能力所限，村民参与民主治理的主动性仍显不足，并且，在参与内容上重视民主选举而对选举之后的民主管理、民主决策、民主监督等村级民主治理普遍缺乏热情。

第二，自治制度执行力度不足。村民自治制度的执行力度很大程度上能反映出村民自治在农村民主治理中的作用发挥。调研情况显示，《村民委员会组织法》规定的村民自治的四项内容的相关制度不同程度上存在落实难的情况。民主选举是村民自治四项内容中相对执行得最好的一项。村委会选举已经成为惯例，民主选举制度的完善度、程序的规范性都得到了加强。但是，选举成本较高。以余杭为例，通过发放投票误工补贴的方式以提高村民选举的热情，已成为各村的通常做法，这给经济薄弱村造成很大负担。同时，贿选以及利用宗族、自然村归属进行拉票等不正当竞争的情况依然存在。而民主决策、民主管理和民主监督这三项内容，虽然各地一直都在通过制度和程序的完善来推动落实，但是效果很难令人满意。村民会议被村民代表会议代替、村民自治被村干部自治代替，民主管理停留在口号阶段，“不敢监督、不愿监督、不会监督”等现象都有不同程度的存在。

第三，村干部作用发挥不力。作为农村发展的直接推动者、组织者和实践者，村干部在农村民主治理中的作用不言而喻。然而农村社会发展需求的变化和村干部的角色冲突使村干部的功能发挥陷入困境。具体而言，理论上，村干部由村民选举产生，应该代表村民的利益，而事实上，村干部的工作安排、绩效考评、工资待遇全部由乡镇等基层政府承担，是上级政策的落实者。在这样的体制下，村干部扮演着既要代表乡镇政府又要代表本村村民利益的双重角色。这种角色冲突常常导致村干部在完成乡镇政府交办的各种任务和维护村民的利益的过程中出现领导不满意、村民也不满意的“两头不讨好”局面。此外，保障激励机制的缺失、村民经济发展需求增长和农村发展资源有限的矛盾、村民公共服务需求增长和农村公共服务发展滞后的矛盾等发展矛盾的存在，也影响着村干部干事创业的激情和后备力量的培养。

4. 社会组织发展不成熟

作为农村治理的主体之一，农村治理的推进不仅要求社会组织能承接政府职能转变中部分社会管理和公共服务职能，更进一步要求社会组织以农村治理主体的身份与基层政府、村民委员会等其他主体协作互动，主动参与农村治理。然而由于总体处于发展初期，我国的社会组织还普遍存在过度依赖政府、定位模糊、缺乏制度保障、自身能力不足以及管理监督不规范等诸多不成熟的地方，掣肘着社会组织在农村民主治理中的主体作用的发挥。

5.治理主体的沟通互动机制的缺失

农村民主治理的实现基础在于治理主体进行准确的功能定位，关键在于主体间沟通、协调机制的建立。从实践看，农村民主治理的主体沟通协调机制还处于地方实践探索中，尚未形成成熟、定型的机制。

二、余杭的实践：农村治理主体功能调适与农村民主治理的推进

近年来，围绕着农村治理主体功能调适，余杭区进行了积极探索，通过明确各主体在农村民主治理中的功能定位和互动机制，有效协调了农村治理的各种力量，提升了农村治理的法治化、民主化程度，取得了较好的治理实效，一定程度上破解了农村民主治理的困境。主要有以下做法。

（一）以党建统领农村治理

2015年，余杭区委专门出台《关于全面加强基层党建完善基层治理的决定》，明确坚持以大党建为统领，通过深化基层党建主体工程，完善基层社会治理大联动机制，推动基层治理水平的全面提高。在农村治理上，着重通过发挥村的主体作用和激发党员的主体意识来推进。

第一，围绕发挥村级党组织的战斗堡垒作用，全面提升村级党组织的创造力、凝聚力和战斗力。这主要通过三方面的措施加强：一是通过全面强化基层党建示范点建设、加强软弱落后基层党组织的整转、优化党组织设置、探索将二级支部直接建在基层网格上等措施来加强村级党组织的组织建设。二是，通过深化“领头雁”工程、实施基层干部“底线管理考核”、加强村下属支部书记和村民小组长队伍建设和加强农村后备干部队伍建设等措施来加强村干部队伍建设。三是通过深化“党员先锋指数考评”机制，严格规范党员发展，强化党员教育培训、推动党员志愿服务等措施加强党员队伍建设。以此，达到提升村级党组织领导、服务农村发展能力的目的。

第二，突出基层党组织的政治属性和服务功能，实行“党建＋”工作方

式。"党建+"工作方式是指突出基层党组织的政治属性和服务功能，以党建工作引领推动农村经济、生态、综治、文化等各项事业全面发展的工作模式，是一种将基层党建工作有机融入农村经济社会发展的各方面、全过程的系统思维。目前，余杭区的"党建+"方式主要包含"党建+生态、党建+民生、党建+产业、党建+人文"四方面内容。

第三，完善村组织运行机制，实行村"两委"联席会议制度，即由村党支部和村委会联合组成村"两委"联席会议，作为村里的最高决策机构，村里的重大事务必须经过"两委"联席会议审议通过，以此协调村党支部和村委会这两个农村治理权威组织之间的关系。

(二)推动政府协同治理

协同治理是指在政府发挥主导作用的同时，充分尊重社会的主体地位和独立性，通过构建制度化参与平台，在多方协商、讨论的基础上实现政策的认同，促进协同行动。[①] 协同治理要求政府在农村民主治理中发挥主导作用，承认和尊重社会自治，并且建立政府治理与社会自治互动衔接。围绕着这一要求，针对政府部门间条块分割和政府的行政权对村民委员会自治权挤压导致农村社会自治功能扭曲的现实，余杭区采取了改造政府核心职能、开展基层权力清理、建立政府与自治组织互动等创新做法。

1.运用"互联网+"先进理念，改造政府核心职能

2015年，余杭区建立基层社会治理大联动工作机制[②]，应用现代信息技术，打造一套归口收集、分流交办、答复反馈、监督制约、考核奖惩的信息系

① 李慧风.制度结构、行为主体与基层政府治理[J].南京社会科学，2014(2).

② 大联动治理机制是指通过建立区、镇街和村社网格三级"王"字形运行机制，实现基层治理的信息共享、资源整合、条抓块保和整体联动。在区级层面，建立区社会治理大联动中心，作为综合指挥平台，发挥统筹、协调、指挥、督查职能。在镇街层面，以原有的社会服务管理中心为承接大联动的指挥平台，与综治、市场监管、综合执法、便民服务等平台对接，同时整合镇街现有承担监管职能的人员、区级部门派驻机构的人员、未设派驻机构的区级部门下派的执法人员，探索建立联合执法、综合执法工作模式，由镇街统一领导。在村社区层面，以党建网、综治网为基础，依照城市型、城郊型、农村型、专属型网格分类标准，把全区划定为1341个网格，逐步叠加综合治安防控、城管执法、环境监管、安全监管、税务征收等工作。网格长由村(社区)两委班子成员担任，承担思想引领、信息传递、隐患排查、矛盾调解、民生服务等五项职责。

统,打破部门壁垒,整合综合治安防控、城管执法、环境监管、安全监管、税务征收等执法管理资源,使政府基层治理逐渐从条块分割向协同合作转变,提升政府管理和服务的效率和质量。

2. 理清政府行政权力,厘清政府治理、社会自治的关系

2014 年 3 月,余杭区下发《关于开展村(社区)"机构挂牌、考核评比、创建达标"情况清查整治的通知》,2014 年 9 月,又下发《关于深入整治村(社区)"牌子多"等问题的通知》,采取"牌子下墙"、"考核限行"、"台账电子"等措施,有效减轻了村的行政性负担。为保障清理成果,2014 年 9 月,余杭区出台《余杭区村(社区)工作事项准入实施意见》,明确了准入村(社区)的余杭区直单位工作任务 29 项和 22 个准入的盖章事项,规定其他需要进村(社区)的组织机构、工作任务、考核评比、盖章证明等相关事项的准入程序。在此基础上,余杭区进一步制定《杭州市余杭区人民政府关于开展政府部门职权清理 推行权力清单制度的通知》,在清理了 31 家部门的行政权力的基础上形成并公布了政府行政权力清单。此后,又进行了政府行政责任清单编制,并在余杭区政府门户网站上公布。

3. 建立委托管理和购买服务制度,建立政府与自治组织的互动

在厘清政府治理、社会自治的关系的基础上,余杭区建立了委托管理和购买服务制度,对确实需要村自治组织协助政府办理的具体行政事务,按"权随责走、费随事转"的原则,实行委托和购买服务的方式,由政府各部门与镇(街道)协商,确定工作要求和落实项目经费。镇(街道)统一与村自治组织签订委托和购买服务协议,明确工作要求、目标任务和经费支付方式。

(三)健全村级民主自治运行机制

余杭区以巩固和深化"民主法治村(社区)"创建为载体,推进村级自治的制度化、规范化和程序化。一是完善民主选举模式。探索实行村级党组织无候选人带职直选、村民委员会自荐直选、村级经联社社员直选、村民代表直选和组长直选。二是完善民主管理制度。2014 年,余杭区编制《村务公开和民主管理工作规范》,进一步加强村务公开与民主管理规范化建设,成为全国首个村务公开和民主管理规范的地方标准。三是落实民主决策制度。严格执行"六步法"决策程序,充分发挥村民会议或村民代表会议的议决功能,把知情权、选择权、决策权真正交给广大党员群众。四是健全民主

监督制度。严格按照党务、村务、财务公开目录、公开程序、公开方式的要求实行公开，并通过经常性的监督检查制度，解决好全公开、真公开和及时公开的问题。

（四）培育社会组织

农村民主治理离不开成熟和专业的社会组织。余杭区一直重视社会组织的培育，在支持、规范、引导上进行了有效的思路创新和措施创新。2012年，余杭区下发《关于加快培育发展社会组织的实施意见》，大力培育发展慈善类、服务类等社区社会组织，推进"三社联动"。2014年，余杭区建立社会组织孵化基地，为初创期公益机构提供公共空间、管理咨询、能力建设、资源对接等服务。2015年，余杭区出台《关于政府向社会力量购买服务的实施意见》、《余杭区政府向社会力量购买服务指导目录》和《社会组织承接政府转移职能和购买服务推荐性目录》，加快政府职能转变，激发经济社会活力，提高公共服务供给效率和质量。

（五）建立有序参与社会治理的机制

农村建设的主体是村民，村民参与是推进农村民主治理的关键所在。在推进农村民主治理的实践中，如何搭建参与平台、推动各方参与，已成为党和政府以及社会力量服务公民、实现治理的难点所在。余杭区在这方面也进行了一定的探索。一是建立和完善街道民主协商议事会议制度。在建立街道民主协商议事会议制度的基础上，推动民主协商向行政村、自然村、村民小组延伸，围绕群众关心的重大事项和热点、难点问题开展专题协商，将协商中收集到的意见、建议及时融入基层党组织决策部署，提升科学决策、民主管理的能力和水平；二是全面制订、修订和实施村规民约，用村规民约的形式规范和引导村民实现自我管理；三是重视家庭、家教、家风，广泛开展"立家训、树家风"等乡风评议活动，积极培育基层文明道德风尚。

余杭区的农村民主治理实践围绕着各治理主体的功能调适，针对农村民主治理的需求调整各主体的功能定位，有效协调农村治理的各种力量，提升了农村治理的法治化、民主化程度，取得了较好的治理实效。首先，明确党在农村民主治理中的领导核心地位，通过加强村级党组织的自身建设，提升村级党组织在农村民主治理中的领导和服务能力，同时创新党的领导和服务方式，通过"党建＋"工作方式将党建工作有机融入农村经济社会发展的各方面、全过程，提升服务的实现程度，提升党的威信，巩固党在农村的领导地位。其次，通过改造政府核心职能、开展基层权力的清理、建立政府与自治组织互动，不仅体现了政府对村民自治主体性的尊重，更是发挥了政府在农村民主治理中的主导作用，实现了政府功能的有效归位。再次，对村民自治运行机制的完善和对社会组织的培育体现着党和政府对村民自治的引导，是党、政府和自治主体有效互动的生动实践。最后，农村治理的主体应是农民，因此培养农村的民主法治意识、锻炼农民的参与能力、让农民实现民主治理应是农村民主治理的落脚点。余杭区建立"群众有序参与社会治理"机制，为农民参与公共事务提供了有效条件，让广大农民在参与中学习参与，在民主中学习民主，对于农民法治观念、公共精神的培养，以及参与能力的锻炼起到了较好的推动作用。

三、农村民主治理中各主体的功能定位及实现路径

正在探索中的余杭区农村民主治理实践，可能存在着不足和不够完善的方面，但是它为其他地方开展农村治理提供了一定的视角。结合余杭农村民主治理的实践，从农村治理的主体出发，笔者认为农村民主治理的实现，可以进一步从以下四个方面探索。

(一)推动村级党组织功能转型

中国共产党的执政地位赋予了村级党组织在农村治理中的领导地位。然而，在多元治理结构中，村级党组织要保证和实现其领导权，需要村级党组织及时进行功能转型，逐步回归政党本身，即应根据中国共产党的性质和宗旨以及农村经济社会发展的实际，承担起农村党组织为巩固党的执政地位而应承担的功能[①]。为此，对村级党组织提出了三方面的要求。

一是在工作方式上，村级党组织应从治理的基本要求出发，注重与其他治理主体间的沟通、合作与互动，以平等协商方式来实现党的领导。要正确处理好村级党组织与其他治理主体之间的关系。重点是要处理好村级党组织与村民自治组织、村级党组织和农村经济合作社这两对关系。要厘清村级党组织、村民自治组织和农村经济合作社各自的职权范围，在坚持村级党

---

① 吴梅芳、陈定洋、玄富春:《论农村基层党组织的功能变迁》，载《理论视野》2008 年第 6 期。

组织的领导地位的同时，要明确村级党组织的领导不是对村民自治组织和农村经济合作社工作的微观干预，而是进行宏观上的规范、引导与服务。

二是在作用途径上，村级党组织应从回应农村的发展需求和村民的诉求出发，通过引领、带动、融入、统筹等途径推动农村发展，将党的领导扎实体现在党对群众的经济、文化、政治等服务中。

三是在自身建设上，村级党组织要不断进行自我更新和强化，包括：按照有利于党员教育管理和作用发挥、适应农村治理结构的要求，进一步优化和规范村级党组织的结构，实现组织的有效、全面覆盖；通过加强村级党组织领导班子培养和建设、加强党员队伍建设，提升村级党组织的服务能力，提高服务的实现程度。

(二)推动基层政府职能转变

1. 加强政府整体性作用的发挥

探索有效机制，消除政府部门间的条块分割对治理造成的不经济，提高政府的履职效能，发挥政府在农村民主治理中的主导作用。

2. 明确政府的权力边界

要落实好政府及其工作部门权力清单制度，通过编制和公开权力清单，明确基层政府的权力边界，实现“政务”和“社务”的有效切割，建立政府与自治主体的互动基础。

3. 建立与社会组织的公共服务转移衔接机制

一方面，在社会管理和公共服务职能转移前，就要对将来可能承接的社会组织进行物色并开展针对性的培养.通过提供专业培训、技术孵化、投资融资、管理咨询等服务进行孵化，使其具备承受能力；另一方面，对转移给社会组织承担的职能事项，转出职能的政府部门应设立相应的指导期，切实加强对社会组织的资质审查、跟踪指导、服务协调和绩效评估，及时发现并解决问题。以此，加快政府职能的转移和让渡，实现现代化的公共治理模式。

(三)加强农村自治力量培养

1. 完善村民自治机制

通过调整村级权力系统的内在结构，明晰村级组织的权责，规范村级组织之间的关系，优化决策权、执行权和监督权的运行机制。一是规范村民或代表会议的决策权。凡涉及村民切身利益的重要村务均由村民会议或村民代表会议进行决策。通过告知决策事项并征求群众意见,会议表决通过重要事项,听取和评议村委会决策执行情况报告来规范。二是落实村民委员会的执行权。通过制定实施决议的方案,负责组织实施各项决议,报告决议执行情况等途径来落实。三是保障监督权。监督权由村务监督委员会实施,通过参与重要事项决策,全程监督村务决策执行情况,收集反馈群众意见、建议等途径行使监督权。

2. 进行社会组织功能再造

一方面,要结合农村治理的需求对社会组织的服务功能进行精确定位,以服务的专业性和精准度确保社会组织作用的发挥;另一方面,要按照现代社会组织的要求,完善社会组织的内部治理结构,规范运作。

3. 加强农民民主教育

农民的民主教育不能光停留在宣传层面,要通过积极开展民主恳谈、听证会、专题协商会议等方式积极创造条件,在民主实践中培养村民的公共精神、法治观念、宽容和妥协的精神,训练民主技巧,学习民主方法,提高民主参与的程度和实效。

(四)建立多样化的协商治理机制

农村民主治理的实现要求各主体间相互尊重各自的主体地位和独立性,通过构建制度化参与平台,在多方协商、讨论的基础上实现政策的认同,促进协同行动。因此,需要提供一个公共平台供多元主体进行利益博弈,通过理性的利益表达、协商,实现多元利益主体的谅解、妥协和互信。

“省直管县”政策下地级市“撤县设区”行为研究

——以浙江省为例

内容提要　离开“撤县设区”行为，单独分析“省直管县”政策，我们便无法理解浙江省通过升级“省直管县”政策来驱动县(市)社会经济向都市经济发展，实现市县共赢的改革实质。文章通过对“撤县设区”前后浙江省15个市县社会经济发展情况的实证分析，试图回答在加入“撤县设区”这一内生变量后，“省直管县”政策有效克服了市县之间由于信息横向传递不畅而导致的竞争无序问题。

关键词　省直管县；撤县设区；信息传递；浙江省

如何优化“省直管县”政策，发挥政策红利的最大效应，使得地级市及其所辖区县获得双赢是摆在相关市县面前亟待解决的问题。2001年前后，杭州市、宁波市采取在保留“省直管县”政策的条件下，对萧山、余杭、鄞州等地进行了“撤县设区”行政区划调整。2013年，绍兴县、上虞市“撤县设区”成为绍兴市的新城区。2015年，富阳区挂牌成立，成为杭州市第九个区。

一、“省直管县”政策的发展历程及理论研究

20多年来，浙江省“省直管县”政策与“一县一品”的县域产业发展模式

【作者】单凯：杭州市委党校余杭区分校讲师。

【基金项目】浙江省社科联立项课题《“省直管县”政策下地级市“撤县设区”行为研究——以浙江省为例》(2014B010)的阶段性研究成果。本文刊发于《杭州市委党校学报》，2015年第3期。

相得益彰，并极大地释放了浙江民间的创造力。陈剩勇(2009)等学者认为，正是浙江民间的创造力、市场经济的活力与政府制度创新的齐头并进，锻造了浙江经济社会在全国“先行一步”的体制优势，成就了浙江社会经济30年的高速发展，并实现了现代化起飞的“浙江奇迹”。可以说，浙江省在以“省直管县”为代表的政治体制改革上，走在了全国前头，并极大地推动了其他省份“省直管县”政策的落实。

目前在理论界，无论是基于新制度主义的分权理论，还是从公共政策视角探讨政府间关系，抑或是结合历史过程分析文化结构，对“省直管县”政策的研究可谓是汗牛充栋。在定量研究方面，针对“省直管县”政策的研究设计从过去注重对县和省的个案研究转向比较研究和实证统计研究，理论模型建构被更多地采用。如徐竹青(2006)等以浙江省的实践为案例进行专题研究；刘佳(2012)从公共物品供应角度对河北136个县进行比较分析；傅光明(2006)等人则对浙江、江苏、湖北等省份不同的“省直管县”具体执行模式进行了区分和归纳，指出“省直管县”政策存在路径依赖问题。

无论是建构理论还是选择案例进行实证分析，大多数学者积极肯定“省直管县”政策对促进县域发展、更好地为当地居民提供公共产品的积极作用。如罗植(2013)等人通过利用浙江和福建两省的县域面板数据建立双差分(DID)模型，通过构造一个自然实验，检验“省直管县”体制对经济绩效的净因果效应，结果表明，“省直管县”体制对县域经济具有显著、持续的积极影响。另一方面，也有学者注意到了“省直管县”政策对地级市和区县的发展有正负两方面影响。如缪匡华(2013)等人提出，“省直管县”将使得地级市面临更加激烈的外部竞争，势必影响到市级中心城市的发展与壮大。才国伟(2011)等在分析财政“省直管县”、“强县扩权”对地级市和区县不同影响的基础上提出，我们不能笼统地断定“省直管县”改革一定会有损地级市的利益、阻碍城市化的进程，应深入地研究各项改革措施的利弊得失，做到综合运用、扬长避短。

综合现有研究成果，当前的理论研究特别是以浙江省为案例的实证研究暴露出的主要问题，在于对“省直管县”政策的静态研究，其表现为三个层次。

一是静态分析“省直管县”政策。多数学者简单地定量分析“省直管县”政策在某个时间段所取得的成果，而缺乏对“省直管县”政策的延续性和长期适用性的动态跟踪分析。仅仅将“省直管县”作为一个常量来分析20余年来其对市县经济社会发展的影响，容易忽视“省直管县”在不同时期的实施范围、实施内容和发挥效果的差异性。

二是忽视地级市“撤县设区”行为。影响浙江县域经济发展的“省直管县”政策本身处于不断发展中，并不是一个分析常量。尤其是2001年前后出现的“撤县设区”这一变量，对“省直管县”政策的实施产生了更为深远的影响，而这些却被学术界有意或无意地忽视了。包括萧山、余杭、鄞州等“撤县设区”区县仅仅作为三个“设区”的例外，被一些学者简单地归类到其他“省直管县”县市中。事实上，不将萧山等新区单独分类研究，便无法将浙江省的“省直管县”政策与其他省的“省直管县”政策完全区分开来，也就无法理解浙江省通过“省直管县”政策的调整驱动县域经济向都市化经济发展的改革实质。

三是将“省直管县”政策的效用简单等同于区县GDP增长。一些学者直接用GDP作为定性或定量分析“省直管县”政策效应的分析基础。如李葳等人通过“囚徒困境”理论分析出“省直管县”政策赋予县市有别于周边地区的政策优势，对县市经济发展的推动会反映在GDP的显著增长上[①]，但事实并不完全如此。如广州顺德等县市，在“省直管县”后县域经济反而出现“倒退”情况。

理论研究中的不足，导致在现实中无法回答为什么在其他省份纷纷学习浙江“省直管县”政策、壮大地方县域社会经济实力的同时，浙江省有关地级市却开始选择“撤县设区”行为，走大城市发展战略？如果没有被并入主城区，余杭、萧山、鄞州等副城区是否会发展得更好？等问题。总而言之，“省直管县”政策在浙江等省份是否还有旺盛的生命力，可以一如既往地推动县域经济发展；抑或是否已经遇到制度红利瓶颈，需要对其进行政策调整，及时推动发达的县(市)全面融合主城区；现行的“撤县设区”行为是否能够解决“省直管县”政策落实中遇到的困境等，这些问题在目前理论研究中还是空白。

自1992年浙江省首次推行“省直管县”政策以来已过了20年，自杭州、宁波首次对萧山、余杭、鄞州等县(市)在保留“省直管县”政策的基础上“撤县设区”也已过了10年。浙江省多年的历史实践为本文进行长时段的对比

---

① 如李葳等人认为，当一个地级市范围内只有一两个扩权县的时候，该县经济增长反映到GDP上的优势肯定是非常明显的。(参见李葳：《“省管县”体制对县域发展的影响——基于浙江省面板数据的双重分析》，浙江大学学位论文，2012年。)

研究提供了丰富的实证样本。下文选择从“省直管县”政策下地级市“撤县设区”行为研究角度出发，通过理论建构与实证研究，试图分析浙江省各地级市“撤县设区”行为的动机、特点和行为结果，回答“省直管县”政策是否具有持续的活力，以此为浙江省部分地级市开展或扩大“撤县设区”范围提供决策参考，同时丰富“省直管县”理论研究成果。

二、地级市“撤县设区”行为的历史动机、行为模式及对象选择

(一)地级市“撤县设区”的动机分析

地级市“撤县设区”行为是在“省直管县”的背景下展开的，其主要目的或动机就是解决从省到市、县的发展难题。

1. 省域竞争发展的需要

“省直管县”政策有力地壮大了浙江省的县域经济。但自进入“2 万亿元俱乐部”后，浙江省的发展速度开始慢于江苏等地。近年来，不仅中心城市的发展速度相对落后于江苏，13 个经济强县的 GDP 综合亦不如江苏江阴、昆山、张家港等 5 个县区的综合。也就是说，“省直管县”政策边际效用已开始递减，迫切需要出台一套政治组合拳。

2. 中心城区发展的需要

在一些具备强大经济辐射力、空间需求大的中心城市，简单实行“省直管县”政策会加剧区域发展、环境保护、资源集约利用等方面的矛盾，也严重制约中心城市的发展。而由于主城区面积较小，中心城市弱等原因的存在，这个问题在浙江省表现得更为严重。有关地市采取“撤县设区”行为即是希望能解决中心城市与郊区县(市)之间无序竞争的问题。

3. 县(市)发展的需要

“省直管县”后，县级财政无须向市缴纳，有利于壮大县级经济，形成浙江特色的县域经济；同时县级体制有利于更好地解决“三农”问题。“撤县设区”即是希望在保持县域经济活力的同时，对县域城市化发展产生积极的正面影响。

(二)地级市“撤县设区”历史模式

浙江省“撤县设区”存在着三种模式，即“市直管区”、“省直管县”和“义

乌模式”。

1.“市直管区”模式

2001年前后，金华（2000年）、衢州（2001年）撤县设区。但与余杭、鄞州等地不同，在“撤县设区”后，金华市、衢州市由一城一区变成一城两区，新区由市直管。该模式不作为本文主要研究案例。

2.“省直管县”模式

1998年，在大量调研后，浙江在全国率先实施城市化战略及城镇体系规划，提出培育杭州、宁波、温州三大中心城市。萧山、余杭于2001年，鄞州于2002年“撤县设区”，分别成为杭州、宁波的副城区。2013年，绍兴市的绍兴县、上虞市也实现“撤县设区”。与市直管区不同，五地在改区之前已成为县级市，而金华等三地则是由县直接过渡到区。此外，2013年，温州洞头县与瓯江口新区合并成为温州市第四个区，即洞头区。洞头区在过渡期采用“省直管县、市直管区”财政双轨制，并最终实现“市直管区”模式。

3.“义乌模式”

义乌是“省直管县”政策中的一个特例，是浙江省“省直管县”政策的试点地区。与萧山、余杭等地“改名不改权”相比，义乌是“改权不改名”。作为金华这个地级市下属的一个县级市，其在2002年拥有全部地级市的经济管理权限后，又在2006年第四轮“强县扩权”中获得部分社会管理权限；至今义乌拥有经济社会管理权限618项，成为中国权力最大的县。可以说，义乌已实际成为浙江第十二个“地级市”。

（三）地级市对区县的选择

“县改市”受县欢迎，“县改区”受地级市欢迎，两者存在利益的博弈。金华县、衢县、吴兴县与所属地级市属于“弱市弱县”类型；市县同城的结果，便是吸引弱市兼并弱县以扩大地级市实力、拓展城市发展前景。洞头区则属于“强市弱县”的类型，其GDP总量在温州各县市中倒数第一，其“撤县设区”的重要目的在于满足温州城市东扩需要，壮大温州山海经济。鄞县、余杭、萧山则属于“强市强县”范畴，因此在地级市“撤县设区”时，保留了强县的权力。而同属市县同城的绍兴、作为例外的义乌则属于“弱市强县”的类型。与它们相似的，是湖州市的长兴、台州市的温岭等地。由于没有处理好县市博弈关系，浙江省还有台州黄岩区长达10年之久的“留守政府”。地级市选择某个拟“撤县设区”的县(市),主要考虑以下因素。[①]

1. 经济因素

金华县、衢县、吴兴县的撤建是金华、衢州、湖州撤地建市的一个延续动作,重点解决一市一区及市区面积过小等问题。从表1、表2的数据可以看出,同为一市一区的绍兴,因绍兴县本身经济实力较强,“撤县设区”同时保留了“省直管县”的政策;另一方面,绍兴市与绍兴县的博弈呈现出一个折中的结果,即保留绍兴县,使其可以继续享受“省直管县”政策带来的红利,同时绍兴县将其五个镇划归越城区。而同样是“弱市强县”的湖州市和长兴县,在是否保留或保留多少长兴县因“省直管县”政策带来的权力这一问题上,市县间仍然存在着分歧或不信任,导致“撤县设区”行为受到了县市的抵制。而萧山、余杭、鄞州经济实力较强,呈现出“强市强县”的特征,“撤县设区”推进顺利。

表1　金华、衢县、吴兴县等“撤县设区”前一年有关数据

(单位:亿元;万人)

地区	GDP	人口	地区	GDP	人口
金华市	500.11	444.33	衢州市	161.93	242.60
金华县	38.36	55.20	衢县	24.40	52.27
占比	7.67%	12.42%	占比	15.07%	21.55%
地区	GDP	人口	地区	GDP	人口
湖州市	1661.97	261.4	绍兴市	3620.1	440.83
吴兴县	371	64.2	绍兴县	1008.8	72.72
占比	22.3%	24.6%	占比	27.9%	16.5%

表2　萧山、余杭、鄞州等“撤县设区”前一年有关数据

(单位:亿元;万人)

地区	GDP	人口	地区	GDP	人口
杭州市	1382.56	621.6	杭州市	1382.56	621.6
萧山区	226.59	114.19	余杭区	137.06	79.18
占比	16.4%	18.4%	占比	9.9%	12.7%

① 本文以下所用数据主要采集于浙江省统计局、江苏省统计局以及杭州市、绍兴市、宁波市、湖州市、南京市、无锡市、萧山区、余杭区等市县(区)统计局。

续表

地区	GDP	人口	地区	GDP	人口
宁波市	1278.75	543.34	金华市	2958.8	473.35
鄞州区	154.87	73	义乌市	883	74
占比	12.1%	13.4%	占比	29.8%	15.6%

2.人口因素

余杭、萧山、鄞州三地在"撤县设区"之前，人均收入与主城区相当，非农人口比例达到20%左右，而经济实力同样较强的慈溪等地非农人口比例一直处于低位。详见表3、表4、表5。

表3 杭州市县2000年数据

2000年	非农人口占比(%)	城镇居民可支配收入(元)	农村居民人均收入(元)
杭州全市	37.80	9668	4496
萧山市	21.10	10513	6152
余杭市	22.50	8697	5839

表4 宁波市县2001年数据

2001年	非农人口占比(%)	城镇居民可支配收入(元)	农村居民人均收入(元)
宁波全市	26.10	11991	4764
鄞县	19.10	—	5531
慈溪县	14.50	11262	5998

表5 绍兴市县2012年数据

2012年	非农人口占比(%)	城镇居民可支配收入(元)	农村居民人均收入(元)
绍兴全市	35.5	33273	15861
绍兴县	—	40805	21813
上虞县	36.9	37981	17686

3.地理因素

浙江多山区，"一县一品"经济特色与其地理环境有关。慈溪、长兴等地，尽管在经济实力上与萧山、余杭等地情况相似，但与主城区之间有山区横亘，与城区之间对接难度大。而无论是实行"市直管区"的金华等地，还是实行“省直管县”的杭州等地，区县与主城区之间处于无缝对接的地理状态，“撤县设区”相对容易。

4. 文化因素

中国上千年的县文化沉淀，在“撤县设区”中起到一定的作用。特别是在当地群众的接受心理上，设区较为成功的宁波与鄞州、杭州与余杭的例子可以佐证。

5. 财政体制上的例外

由于地级市的行政级别以及地方财政实力原因，不同的地级市也采取了不同的“撤县设区”模式。如宁波作为计划单列市，鄞州在撤县设区后，市县财政体制并没有发生变化。余杭、萧山等地财政体制在“撤县设区”后保持不变，仍然由省直管。而绍兴县、上虞市在建区后，原先交给省里30%的财税现在交给了绍兴市，其余70%依旧留在本区。财税体制分配上的差别直接影响地级市实现县区“同城待遇”的意愿和能力。

根据以上因素分析，我们将地级市选择“撤县设区”的基本条件归纳为六项：一是非农人口占比达到20%；二是GDP占地级市比重至少为10%左右，且地级市的经济实力能够带动区县发展；三是居民可支配收入与农民人均收入超过全市平均水平，与市区水平相近；四是地理位置上的无缝对接，没有山区、大险的阻隔；五是文化一致或相近，因为这有助于形成文化融合，而文化不一致则可能会形成文化阻力；六是财政体制差异会影响到地级市行为模式以及实现县区“同城待遇”的意愿和能力。

三、地级市“撤县设区”行为的理论假设与实证分析

（一）“撤县设区”行为的理论假设

在对地级市“撤县设区”的动机、历史模式、对象选择进行分析后，本文提出“省直管县”政策下“撤县设区”行为的理论假设。

第一，“省直管县”是一种分权行为，政策实施过程符合边际效应递减规律。“省直管县”政策实施是一种对市县的分权行为。得到扩权的县市因对本区域的资源禀赋、本地居民对公共产品的偏好等具有更为全面的信息认知

而拥有竞争比较优势，即分权可以让县市更好地发挥信息纵向传递优势[①]。但随着每一次放权的深入，“省直管县”政策对县市经济增长的激励作用会逐步减小。

第二，“撤县设区”行为着力解决“省直管县”分权行为带来的政府间信息横向传递失效问题。一方面“省直管县”有助于推进行政组织的结构性变革，依凭信息技术和网络技术平台，缩减行政层次，构建更为扁平化的行政组织。另一方面，分权后的县市，成为与地市“平行”的竞争主体，GDP 考核导向驱使地方政府采取有意或无意的信息保护行为，导致县市与地市之间出现信息横向传递失效——也就是说，市县竞争无序行为之间存在着“信息之幕”(幕后充斥着防备与不信任)。与“省直管县”将地市的权利分权给县市以获得县市地方政府的信息优势相比，“撤县设区”则是在保障县(市)权力的同时，进一步优化地市级政府与县(市)政府之间的信息沟通，以解决市县间因分权带来的地方利益保护问题。

第三，在“省直管县”分权基础上采取“撤县设区”行为，即能在保证县(市)地方政府信息纵向传递优势的基础上优化政府间信息横向传递效用，以实现以下几个目标(见图 1)。

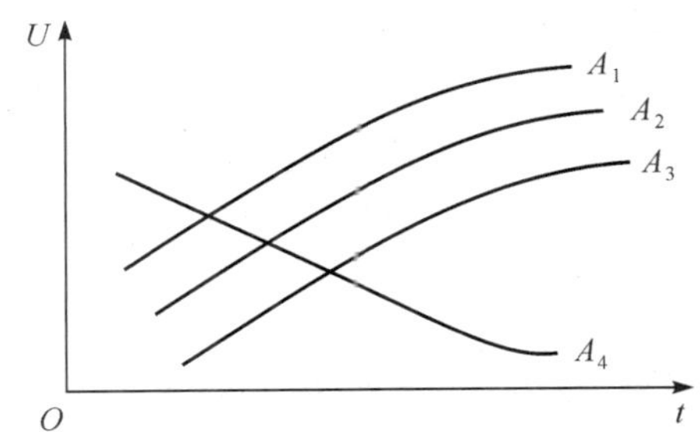

A_1—市县 GDP 增长率；A_2—区县非农人口增长率；A_3—区县人均收入；A_4—区县城乡收入比；t—时间；U—效用

图 1 “撤县设区”理论假设图

① 如马斌等人提出在处理集权与分权关系时，涉及全局性的政策与法律执行和利益平衡，适宜采取垂直管理的集权体制，以达到社会公正的最大化；涉及处理地方事务和地方公共产品供给的权利，适宜下放给地方政府，以达到公共资源配置的最优化。(参见马斌：《政府间关系：权力配置与地方治理——基于省、市、县政府间关系的研究》，浙江大学出版社 2009 年版，第 270 页。)

(1)地级市社会经济发展更快；

(2)区县与主城区之间城乡一体化加速；

(3)相比其他县市，区县的经济社会发展更快，城市化水平得到较大提高；

(4)区县城乡居民收入比会因县级财政的增长和城市产业结构优化的共同作用进一步缩小。

正如前文所述，除金华等个别地市的“市直管区”模式外，浙江省“省直管县”政策与地市“撤县设区”行为相依相行，通过“撤名不撤权”，在保持区县政府与本地居民间信息纵向传递优势的基础上，优化市区政府间信息横向传递，最大限度地发挥两类政策红利。

信息横向传递主要通过三种方式：一是人事制度的破立。作为全国少数“人事省直管”的浙江，一般县市的县级干部由省管。杭州、宁波等地则突破了这一框架，区县行政级别提升半级，当地党委书记进入地级市的领导班子，这有利于市区政府之间的信息传递，特别在协调市区统筹发展时，之前模糊的双向施压行为变得更加透明。二是城市发展的统一规划。如杭州制定了《杭州市城市总体规划(2001—2020)》，萧山区、余杭区以两个副城区、六个组团形式融入城区建设，较好地解决了之前市县存在的土地规划混乱、生态保护无序等问题。三是从县域块状经济向都市产业圈发展。浙江县域经济占据全省 GDP 的 70%左右，但同时也遇到发展瓶颈，而市区产业同样面临着结构调整问题。“撤县设区”有助于市区之间产业转移与承接，协调市区之间产业同质竞争问题。

(二)“撤县设区”行为实证对象及内容选择

在实证对象选择方面，本文选取了 10 个 2013 年度浙江省经济发展强县(区)和 5 个地级市。以萧山、余杭、鄞州等 2001 年前后“撤县社区”的区县为第一组；以绍兴(柯桥区)、上虞(上虞区)等 2013 年前后成功设区的区县为第二组；以义乌、慈溪、长兴等未成功设区且经济较为发达的区县为第三组；以临安、富阳等近年有可能设区、经济相对不太发达的区县为第四组；以杭州、宁波、绍兴、湖州、金华、南京、苏州等地级市为第五组。文章首先对各县(市、区)实施“省直管县”、“撤县设区”前后的社会经济发展状况进行对比分析(分为 1978—1991 年、1992—2000 年、2001—2013 年三个阶段)；然后将第一组区县自“撤县设区”后的发展情况与其他三组县市发展数据

(2001—2013 组数据)进行对比分析。最后,再对 2001 年以来,杭州、宁波等地级市的发展情况进行比较研究。

在分析指标方面,其中 GDP 增长率、区县占地级市 GDP 比重、第三产业占比等用以研判在"撤县设区"前后地级市和各区县的经济发展是否有变化,以考量"撤县设区"行为对地级市和区县经济发展产生的正负影响;非农人口比例、城乡居民收入比等则考量在"撤县设区"后,地级市与区县之间城乡一体化水平以及区县的城市化水平(户籍人口)有无变化。

(三)"撤县设区"行为的实证分析

1."省直管县"政策下区县 GDP 周期增长曲线

"省直管县"政策的红利释放显著,并且实施时机与经济增长曲线显示一致。第一轮正值社会主义市场经济体制建设启动;第二轮"省直管县"政策出台与东南亚金融危机时间一致;第三轮"省直管县"与"撤县设区"时间一致;第五轮"省直管县"放权与世界金融危机发生时间一致。每一次"省直管县"政策的实施,都为随后几年带来区县一轮较大幅度的经济增长(见图 2)。

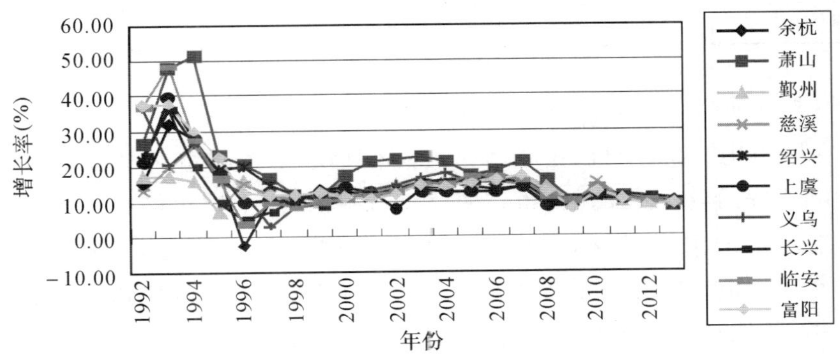

图 2 "省直管县"政策下区县 GDP 周期增长曲线

在全国积极财政政策和较为宽松货币政策的大背景下,"省直管县"政策实施后,各区县 GDP 增长率从第一阶段(1978—1991 年)的平均 15%以下,基本跃升到第二阶段(1992—2000 年)的平均 15%以上(具体见表 6)。整体上,五轮次的"省直管县"政策对经济的推动作用呈现出 1992—1994 年的高速增长、1998—2007 年的中速增长以及 2008 年后的中低速增长三个阶段。可以说,"省直管县"政策帮助区县渡过了两次经济、金融危机,实现了经济软着陆,这对依赖外贸出口的浙江省各区县尤为重要。

而由于世界金融危机的影响,以及各地经济转型升级带来的改革阵痛,无论是"撤县设区"的萧山、余杭等区县,还是义乌、长兴等县市,GDP 增长曲线大都处于下行线的位置,并逐渐趋向一致,在 10%左右波动。也就是说,实施五轮后,"省直管县"政策对县市经济社会发展整体推动作用有所下降,相关县市增长速率放缓。

表 6 三阶段各区县 GDP 平均增长率 单位:%

阶段	余杭	萧山	鄞州	慈溪	绍兴
1978—1991 年	12.83	18.69	13.12	14.08	12.74
1992—2000 年	15.60	25.70	14.44	14.90	19.30
2001—2013 年	12.76	16.42	13.24	12.59	12.45
2008—2013 年	10.60	11.32	11.00	10.23	9.77
阶段	上虞	义乌	长兴	富阳	临安
1978—1991 年	12.41	13.40	10.82	12.87	13.04
1992—2000 年	18.51	18.09	14.60	20.90	19.20
2001—2013 年	11.20	13.18	13.01	12.29	12.87
2008—2013 年	10.03	10.48	11.22	10.22	10.80

2. 地级市对副城区的城市化辐射作用明显

在城市化方面,余杭、萧山等地在"撤县设区"后非农人口比例大幅上升,相对领先于未设区的县(市)(见图 3);绍兴县、上虞市同样由于和主城区无缝对接的关系,同一时期非农人口比例上升相对较快,这为两地在 2013 年"撤县设区"打下了坚实基础。而除了"第十二个地级市"义乌外,至 2013 年,其他县(市)非农人口占比均不及 30%。

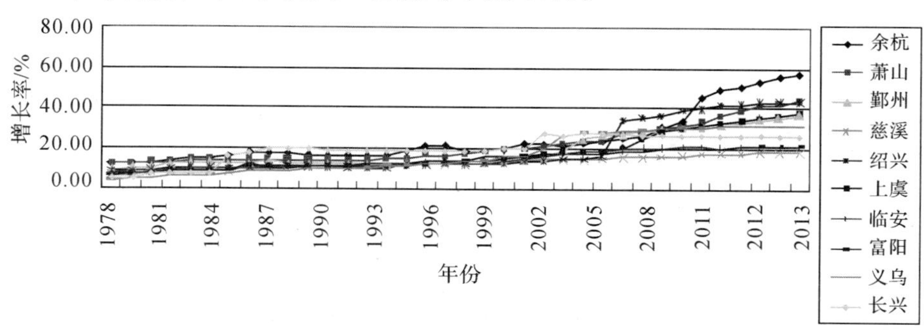

图 3 各区县非农人口增长情况

在非农人口大幅上升的同时，区县的城乡收入比与其他县(市)相比，共同呈现出先升后降的趋势，且近年来农民纯收入增长率要高于居民可支配收入增长率，并跑赢 GDP 增长率；同期峰值却低于大多数县(市)(见图 4)。这说明萧山、余杭、鄞州一方面充分运用"省直管县"政策中的县级财政优势，重点解决"三农"问题；另一方面，各区产业结构随着城市化推进而进一步优化，不仅增加了居民/农民收入绝对值，同时随之而来的专兼职就业机会为农民增加收入提供了更多的选择。

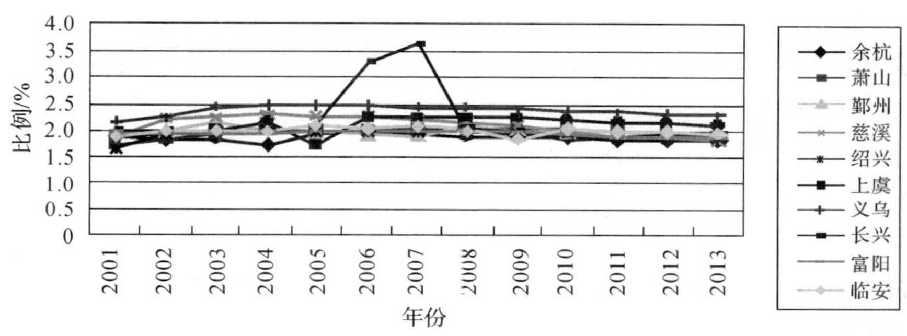

图 4　各区县城乡收入比

尽管受制于"省直管县"政策下市区财政不统一格局，因"撤县设区"后城区建设统一规划，同城化在公共交通、医疗卫生教育等方面得到了一定的体现。设区后萧山等地的城市化发展成绩有目共睹。而与主城区无缝对接、市和区同步规划建设的鄞州区表现得更为突出①，这在很大程度上得益于宁波是计划单列市，鄞州区"市直管区"的财政体制。需要指出的是，早年便直接转为"市直管县"的湖州南浔地区，经济发展速度反而受到了抑制，相对实力羸弱的中心城区发展对下属县区的财政制约作用同样明显。

3. 区县经济增长突出，经济结构因地级市带动而更加优化

在第一阶段(1978—1991 年)，各县市经济增长率不相伯仲。到第二阶段(1992—2000 年)，即实施"省直管县"政策后，特别是在 1992—2000 年期间，余杭、萧山、鄞州等"省直管县"县(市)与同城其他县(市)相比，GDP 增长率处于相对落后位置，GDP 绝对值差距反而缩小了，这与部分学者通过

① 自 2002 年撤县设区以来，鄞州区在城区一体化建设方面取得了较大的成绩。(参见程刚：《中国撤县建区的新探索：宁波鄞州模式实证研究(2002—2012)》，经济科学出版社 2011 年版。)

“囚徒困境”理论分析得出的“扩权强县”后县(市)GDP 增长率好于周边县(市)的情况并不完全吻合。事实上,如萧山、余杭等区(县)在 1997 年第二次扩权(即单独针对萧山、余杭在建设、技改、金融、土地等方面的扩权)后,GDP 平均增长率才逐渐超出其他未扩权县(市)。这一方面反映出“省直管县”政策对 GDP 增长影响的滞后性,另一方面则说明该政策在不同阶段赋予县(市)的政策优势并不一致。至第三阶段(2001—2013 年),即“撤县设区”后,区(县)GDP 增长率整体上略胜于其他县(市),与同城其他县(市)相比,GDP 绝对值差距又逐渐拉大。而在 2008—2013 年期间,即第五轮全省所有县(市)同步放权后,各区(县)经济增长率基本一致,维持在 10%上下,这说明“省直管县”政策导致的区(县)竞争行为达到纳什均衡状态。而除长兴外,“撤县设区”区县整体表现好于其他县(市)。

同时我们注意到,整体上区(县)第三产业比重增长速度快于其他区(县)(具体见图 5);地级市的光环效应对改区后的区(县),如在吸引外资等方面,相对领先其他地区。这在一定程度上说明,“撤县设区”后都市产业圈的整体规划、区(县)与主城区的产业对接等,共同推动区县经济结构实现更快的优化。

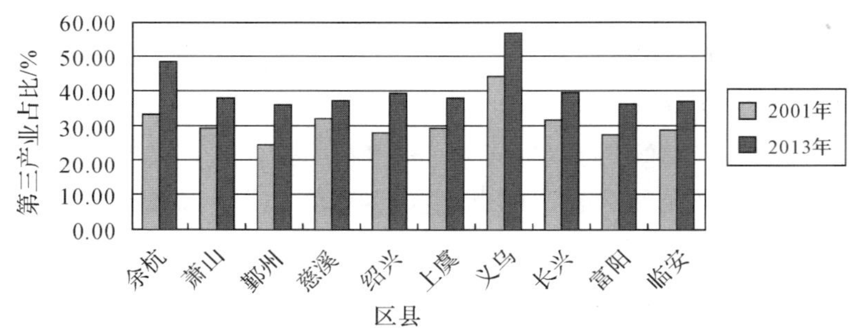

图 5 区县第三产业占比情况

所有区(县)在 1992 年起实行“省直管县”政策后,其占地级市 GDP 的比重都有不同程度的上涨,这也显示出“省直管县”政策对县(市)经济发展的推动作用。其中,萧山、余杭等各区占地级市 GDP 比重由 20 世纪 90 年代达到一个峰值后连年下降,在“撤县设区”后则呈现上升趋势;而在第三阶段(2001—2013 年),除县市同城的绍兴、享受地级市待遇的义乌以及湖州长兴同期有所增长外,其他县市在地级市的 GDP 比重都呈下行趋势(见图 6)。

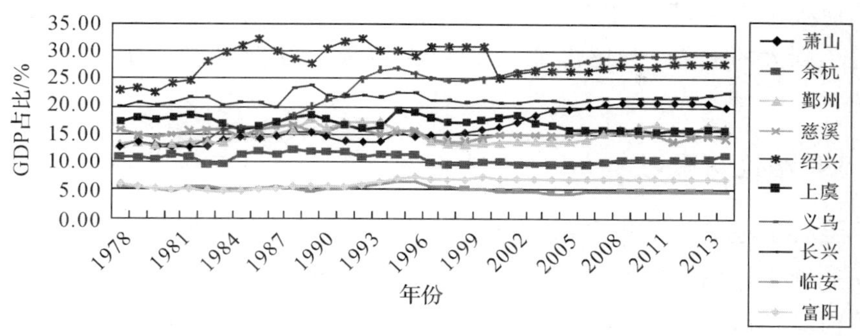

图 6 区县 GDP 占地级市 GDP 的比重

4. 地级市自身经济增长不明显

自 2001 年起至今，特别是杭州、宁波“撤县设区”后，杭州经济发展速度快于本省绍兴等地，宁波发展速度则相对落后。整体上，13 年来，浙江杭州、宁波、绍兴、金华、湖州 5 市个体发展平均速度均落后于江苏 3 市，5 市总体平均发展速度为(12.05%)，也落后于江苏南京、苏州、无锡三地的 13.40%(见图 7)。“撤县设区”政策在推动地级市经济加速增长的同时可能受到其他因素的负面影响。

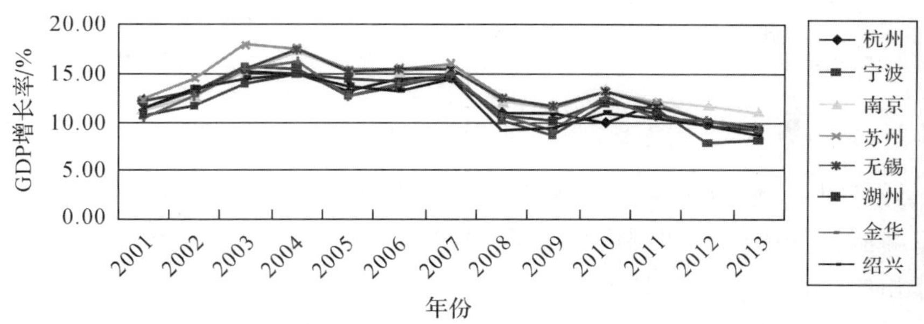

图 7 地级市 GDP 增长率

通过对理论假设的论证，我们发现，除地级市自身经济增长优势不明显外，其他方面均与前提假设较为吻合。总体上，“省直管县”政策对浙江县(市)社会经济发展的激励作用符合边际效用递减规律。“撤县设区”行为是对其进行的一次有力调整，它使得“省直管县”政策内涵更为丰富。特别是通过疏通市、县政府之间横向信息传递渠道，对地级市、区(县)社会经济发展都有推动作用，对推动区(县)城市化发展、缩小城乡差距作用更为显著。

对于地级市来说，目前“撤县设区”行为暂时解决了市、县无序竞争、中心城区由小到大的问题，但还没能彻底解决地级市社会经济实力由大到强的问题。

四、结论与思考

综合上述分析可以看出，“省直管县”政策是一个不断发展的政策变量。单独实施“省直管县”政策，在壮大县（市）经济的同时容易导致市、县政府之间的信息横向传递失效。在加入“撤县设区”这一内生变量后，市、县无序竞争格局得以打破，特别是在强市条件下，“省直管县”政策因加入“撤县设区”变量更具活力，县（区）获益较大。这也是当前强市“撤县设区”行为对下属县市的吸引之处。而弱市如湖州、台州等地，缺乏带动周边县（市）发展的社会经济实力，“撤县设区”行为并不为下属强县认可（见图 8）。

强市	弱市	
“撤县设区”行为能实现市县双赢，受双方欢迎；但强县会竭力保留甚至扩大在“省直管县”政策下获得的权力，以获得两类政策红利的最大值。	“撤县设区”行为因中心城区实力赢弱，无法带动周边强县发展；如果没有合理的财政分配体制和适度的权力下放，则容易受到强县的抵制。	强县
“撤县设区”行为能实现市、县双赢，受双方欢迎，弱县乐于接受“市直管县”模式。	“撤县设区”行为因市、县双方力量弱小，有可能实现资源整合，市县双赢；但也容易能出现强者不强，弱者更弱的局面。	弱县

图 8 “撤县设区”行为象限图

但同时，我们也不得不承认，“省直管县”和“撤县设区”这套组合拳仍存在着漏洞。如因财政体制问题导致同城不同待遇的问题依然存在；还有与江苏相比，近十三年来以“撤县设区”为重要内容的三大城市中心战略并没有取得特别显著成效等。而对于希望“撤县设区”的地区，其社会经济发展水平如何，是否会给地级市带来较大的负担？已“撤县设区”的区县，“省直管县”是否需要向“市直管县”转变？何时转变？如何进行转变？这些都是接下来需要重点研究的问题。

参考文献

[1] 马斌.政府间关系:权力配置与地方治理——基于省、市、县政府间关系的研究[M].杭州:浙江大学出版社,2009.

[2] 王利月.近年来省管县体制改革研究综述[J].浙江学刊,2011(5).

[3] 徐竹青.省管县建制模式研究——以浙江为例[J].中共浙江省委党校学报,2004,20(6).

[4] 刘佳,吴建南,吴佳顺.省直管县改革对县域公共物品供给的影响——基于河北省136个县(市)面板数据的实证分析[J].经济社会体制比较,2012(1).

[5] 傅光明.论省直管县的财政体制[J].财政研究,2006(2).

[6] 罗植,杨冠琼等."省直管县"是否改善了县域经济绩效:一个自然实验证据[J].财经研究,2013(4).

[7] 缪匡华.福建"省直管县"体制改革实践与探索[M].厦门:厦门大学出版社,2013.

[8] 才国伟,张学志,邓卫广."省直管县"改革会损害地级市利益吗[J].经济研究,2011(7).

[9] 王雪丽.目标、条件与路径:"省直管县"体制改革研究[D].天津:南开大学,2013.

[10] 张京祥.省直管县改革与大都市区治理体系的建立[J].经济地理.2009(8).

[11] 孙学玉.垂直权力分和——省直管县体制研究[M].北京:人民出版社,2013.

浅议地方政府政务流程再造中的反腐败机制建设

内容提要 政务流程再造是一个涉及部门职能重组、线上线下联动、职务犯罪防范等的系统性工程，建立动态、系统的反腐败机制是政务流程再造过程中的关键一环。预设条件的顶层设计和渐进式优化是在地方政府政务流程再造中嵌入反腐败机制的并行手段，纪检监察机构部门应作为机制建设主体全程介入。

关键词 政务流程；再造；反腐败机制；纪检监察机构

一、反腐败机制：政务流程再造的关键内容

政务流程再造是一个涉及部门职能重组、线上线下联动、职务犯罪防范等的系统性工程。近年来，政务流程再造在全国各地方政府都有不同程度的尝试和创新。如从原来先后串联、涉及两个以上审批部门的项目实现一个牵头部门一次收文、联合审批、一次审结办理的并联审批机制；从同一层级的并联审批向不同层级的并联审批转变的模拟审批机制；还有目前尚处起步阶段的网络审批机制；也有组建专、兼职的行政审批代办员队伍，建立委托方与被委托方关系，为企业等被审批方提供免费的代办审批服务机制等。2014 年，天津等地设立行政审批局，建立"批管分离"机制，是实现政务

【作者】单凯，杭州市委党校余杭区分校讲师。

【基金项目】浙江省党校系统中国特色社会主义理论体系研究中心第十七批规划课题(ZX17013)的研究成果。全文发表于《党政干部学刊》2015 年第 7 期。

流程突破性再造的一次重大飞跃。

进入社会经济发展转型时期，社会各界对建设与社会主义市场经济体制相匹配、充分满足公共需求的服务型政府的呼声越来越高。作为政务流程再造中的关键一环，反腐败机制对于理清政府与市场关系，创造公平的市场竞争环境，降低行政成本，使政府更好地服务于社会主义市场经济，实现社会发展成本最小化，意义重大。特别是在现有体制机制之下，一些腐败行为仍然猖獗，利用现有政务流程漏洞的高科技犯罪案例越来越突出，政务流程中的反腐败机制建设的重要性和紧迫性不言而喻。因此，政务流程再造的目的一方面在于谋求组织绩效的显著提高，使公共产品或服务更能得到社会公众的认可和满意；另一方面在于建立约束政府行为随意性、遏制腐败和各种不负责的行为，保证行政行为的法制化、制度化与程序化。

现实地方实践需求带动了理论研究工作的深入发展，针对政务流程再造的理论研究呈现逐年递增趋势。在现有研究中，反腐败机制问题一般被作为政务流程再造的一个方面进行探讨。相关研究主要有三种代表性的观点：一是以过勇、胡鞍钢等人为代表，从制度建设角度出发，提出腐败是“强审批、弱监督”制度缺陷的集中体现，指出要想从根本上遏制、战胜腐败，也只能通过制度建设来达到。二是以姜晓萍、袁峰等人为代表，从技术利用角度出发，指出监管手段不力、流程不透明带来的行政腐败问题，提出借鉴美国等国较为成熟的经验来构建我国的反腐败网络系统，采取数字化监控、视频监控等手段开展反腐败建设。三是以郭剑鸣等人为代表，从因公腐败角度出发，在因私腐败视域之外敏锐地观察到存在于政府间的因公腐败问题，发现相机授权—政绩激励—行政交换—软预算约束—公务贿赂的公务腐败逻辑机理，并提出健全制度化授权机制、平衡任期预算、强化预算“硬约束”、改善任期政绩激励机制和官员晋升考核机制，以消除因公腐败的“动力—压力—能力”三位一体系统机制。

反腐败机制的相关理论研究为地方实践提供了建设参考。但总的来说，目前反腐败机制建设的专题研究仍然较少，所采用的非系统、静态的研究方法还带来了反腐败机制建设中的一系列问题。这些与当前反腐败建设的强烈现实需求严重不符。

(一)非系统的研究方法及其问题

1.非系统地认识政务流程中的腐败行为

或者从单个部门、单一的审批人员个人素质等角度就腐败问题就事论事;或者仅从政务流程中的行政审批一个角度来分析问题,而忽视政务流程的其他服务环节中存在的腐败问题;或者仅从某个结构因素来分析腐败问题;或者将腐败问题等同于违法问题,缩小了腐败行为的界限(腐败并不等同于违法。一方面,一些破坏市场公平竞争的行为并不必然触及法律;另一方面,当前对一些腐败行为还没有法律明文规定)。

2.非系统地研究政务流程再造的目的意义

将政务流程再造的目的偏重于审批绩效,即将公共需求框定在服务效率的范畴内,置反腐败建设于相对次要地位。这在一定程度上归因于一些学者从企业服务流程中借鉴经验研究政务流程。与企业服务流程的追求绩效相比,政府政务流程的再造具有本质不同,即再造主体和目标的公共性。政务流程再造的目的除了追求绩效外,还要以遏制腐败实现公开、公正、公平为目的。诚然,绩效的提高并不必然带来腐败问题的减少。特别是在区域竞争背景下,其会倒逼地方政府以投资导向为主提高审批效率,但也常常伴随着因公腐败行为的发生。

3.非系统地看待纪检监察机构的地位和作用

纪检监察机构向行政审批部门派驻机构统一管理的实践已在多地展开,但纪检监察部门却往往被排除在政务流程再造之外。一些学者将纪检监察作为对政务流程的外部监管手段,而不是内部监管组成部分,没有意识到纪检监察部门在整个政务流程再造中的必要性和功用发挥。梅友松等学者注意到这个问题,提出腐败预警预控体系的构建是一项复杂的系统工程,需要纪检监察机关区别对待、认真研究,健全统筹纪检监察机构组织协调和部门各负其责的内外合作机制,建立纪检监察机关区域协作机制。

(二)静态的研究方法及其问题

1.静态分析不同流程阶段的腐败问题

对政务流程不同阶段原因不一、表现各异的腐败问题缺少动态的研究。政府部门依托政务流程提供公共服务时,在提供服务范围的源头建设、提供现场服务的审批过程、提供跟踪服务的监管过程以及提供优化服务的创新过程中都存在不同类型的腐败形式，这些腐败形式有不同的产生原因和不同的腐败表象。另一方面，政务流程各个阶段有机联系，时刻相互支撑又互为制约。建设反腐败机制，不仅要全面正视某一阶段反腐败机制的实施会动态地对其他阶段产生的正负效应；更要防止各阶段流程中反腐败机制的相互牵制，从而影响行政服务效率和效益。

2. 静态分析不同社会时期的腐败问题

当前我国正处于社会主义市场经济发展的转型时期，无论是文化结构、价值规范，甚至对“什么是腐败”的认识都在不断地变化发展中。这就需要我们按照建设社会主义市场经济体系的标准，来全面审视在与其匹配的服务型政府建设中，政务流程各阶段所存在的腐败问题。

3. 静态分析不同再造层次的机制建设

吕维霞、庞磊在前人研究的基础上，按再造的手段和形式将政务流程再造分为虚拟式再造和实体渐进式优化模式，按再造内容分为流程再造和行政审批制度改革相结合模式以及将流程再造与地方政府组织再造相结合，按再造层次分为组织内部的再造和跨部门的再造。从地方政务流程再造的实践来看，采用从各部门政务流程的某个环节、某个阶段开始的逐步优化方法较多。而无论是采用推倒重来的革命性再造还是在现有基础上的逐步优化，在流程运作的某个阶段、流程优化的某个程度嵌入反腐败机制，其内容必然有轻重缓急和先后顺序。

静态、非系统的研究方法导致在政务流程再造的实践中，存在着从国家（部门）到地方政府条块之间法律法规建设的割裂。地方政府的部门与部门之间流程再造的孤立，造成当前政务流程再造脱离理顺政府与市场关系的大前提，成为部门利益保护的新篱笆，形成审批权限下放不彻底、网上审批和线下审批“两张皮”建设等问题。本文认为，在政务流程再造中嵌入反腐败机制，是一种跨部门的、与地方政府部门组织再造结合的实体性再造，探讨政务流程中的反腐败机制建设，即是要摆脱静态、孤立的研究视角，动态、系统地开展转型时期政务流程再造中的反腐败机制建设，并要根据政务流程再造程度，按建设先后嵌入不同的反腐败机制内容。

二、转型时期产生行政腐败行为的结构原因及腐败行为动态表现

腐败既是发展困境的综合表现，也是一件可以用来了解这些问题性质

的诊断工具。甄别腐败问题是进行反腐败机制建设的前提，首先需要对目前存在于政务流程中腐败问题的本质、原因、表象进行分析。

腐败问题的研究历史悠久。尽管学术界对腐败的概念及腐败行为的社会危害性仍存在着争议，但加强反腐败建设，发展健康的市场经济确实早已形成社会共识。本文将政务流程中的腐败行为界定为利用公权力为个人利益或部门利益破坏公平市场竞争环境的行为。对于产生腐败的原因，有权力异化论、剥削论、文化论、思想观念论等等，不一而足，本文不在此赘述。本文重点分析在向社会主义市场经济转型的时期，三大结构变量所导致的腐败行为。

1. 转型时期的社会结构变量

当前，“差序格局”的特征烙印仍然深刻。在以传统家庭为核心向以现代家庭为核心的社会结构演变过程中，人情腐败非但没有减少，甚至有从家庭联系向各种相关利益体蔓延的趋势。如在行政审批服务中，或者表现为审批人员与被审批方的直接人情关系，或者表现为来自上级官员对下属审批人员的间接人情压力，或者表现为相关单位为部门利益的因公腐败行为。

2. 转型时期的制度结构变量

如前文所提的“重审批、轻监管”等制度不全问题便是转型时期服务型政府尚存的计划经济时期“又批又管”的体制印痕。当前，制度系统存在着两方面问题：一方面是统筹类、监管类机制的缺乏；与此相对应的却是各部门内部机制冗余及部门间政务流程的相互牵制。

3. 转型时期文化结构变量因素

过去几十年社会规范与价值观的较大改变，也在一定程度上带来了对腐败无所适从的行为。除了更多地关注腐化思想外，无视行政成本过高也正式被认为是一种腐败形式。造成行政成本过高的原因一则来自庸政、懒政，因其本身就是一种腐败形式。还有一种情况也值得重视，即只追求审批效率而不追求审结效率的倾向。具体指在审批过程中，审批人员往往只考虑办案的时间因素，一旦发现某个材料不合规范之处便退回，而往往没有在同一时间告知其他不规范问题。这虽然增加了审批人员的办案效率，却提高了行政时间成本，这也是造成当前群众不满的“多趟审批”的原因所在。

在转型时期社会结构、制度结构、文化结构的共同作用下，政务流程中的腐败问题在不同服务阶段表现出不同特征。

1. 服务源头上的腐败问题

在市场经济尚不成熟、配套的法律法规尚不完善、监管力量尚且薄弱的前提下，市场的快速发展与落后的行政服务体制之间的矛盾产生了腐败行为的灰色地带，特别是稀缺的行政权力得到腐败行为的激励后，这个问题显得更加突出。源头上的腐败表现为审批事项过多、内容复杂、阶段多而长、自由裁量权过大等，它还为其他服务阶段中的腐败行为制造了条件。

2. 服务过程中的腐败问题

行政审批权"异化"最典型的表现就是"权力寻租"。由于涉及面的宽泛性导致了权力的不断膨胀，最终导致权钱交易等腐败问题日益严重。如在行政审批中的实质违法，具体表现为审批人员拿钱把不能办的给办了，或者不给钱则能办的不给办。还有是在合法的行政前提下，利用自由裁量权进行不合理行政的腐败行为，具体表现为不给钱办得没那么快，或者一次性告知不清(关系好的则一次性讲清楚)。

3. 监管过程中的腐败问题

政府监管不当问题常常与腐败问题交织，"重审批、轻监管"甚至"有批无管"是政务流程中最受诟病的地方。表现为内部监管缺乏实效性，外部监管流于形式。如对中介机构的监管失灵，出现同一个投资人控股几家中介机构开展公开招投标竞争的形式公正而实质不公正问题。还有中介机构或者联合被审批方或者联合审批方(个人或集体)为实现利益最大化，故意突破法律法规界限，明知故犯，而监管部门、审批部门对这些违法行为并没有进行"黑名单"式地记录在案和惩戒。此外，与高科技犯罪手段的快速演化相对的是监管人员知识结构的老化，这使现有监管体系暴露出监管无能的问题。

4. 部门创新中的腐败问题

对行政成本过高这一类腐败形式的忽视，是造成当前审结效率低下，以及政府部门各自为政主导本部门政务流程创新的主要原因。对现有机制进行修修补补而不注重整体顶层设计，造成一些地方的环保、公安、国土等部门各建一套互不兼容的审批系统。这看似创新，实则是一种高昂的行政成本类腐败。部门创新带来的行政服务优化却总被消耗于部门政务流程间的相互牵制。此外，迷信信息技术导致行政成本高企。简单将办公信息化等同于流程再造，只是用信息技术、网络技术固化了传统的政务流程，不仅为落后的管理方式披上了现代化的外衣，还制约政务流程再造的发展空间。总体上，部门保护式创新、线上线下建设脱节、互联网思维缺乏是导致当前地方网络审批停滞不前的三大原因。

三、反腐败机制的嵌入：渐进优化与革命性重组相结合

政务流程再造是一个综合性的系统工程，将反腐败机制嵌入到整个再造流程中，即以动态的监管来实现提高行政服务效率、降低社会成本、遏制腐败行为发生的目的。再造范围不仅限于政务流程的某一个阶段或者某一个部门，而是对整个政务流程实现管理系统的重组。反腐败机制的主体不仅限于政府部门，而是对政府（行政部门、纪检监察机构等）、中介机构、被审批方（企业、政府项目、个人等）等三类再造主体，同时也是再造对象，进行权力越界行为的约束。

当前，对于是采用渐进式优化还是更具革命性的重组式再造，无论在学术界还是地方政府间都存在着不同的声音。汪玉凯、蔡立辉等学者认为应根据政务流程再造的紧迫程度，采用循序渐进、分步实施、逐步优化的方式。该种方式可以在保持组织稳定性的同时，使组织成员尽早看到再造成果，达到最小的行政改革压力。同时，也有学者提醒，注意政务流程再造是重组行政组织机构、打破部门分割的改革契机。本文认为，渐进式优化固然可取，也符合当前政务改革现实，但鉴于现形势下政府部门各条各块不惜高昂的行政机会成本和社会成本，各建互不兼容的政务流程的问题，无论是采取哪种再造形式，预先顶层设计各部门共建共享的信息资源系统，尽早规范各类项目审批流程，既是政务流程再造的前提，也是最终能够打破地方现有条块分离、批管脱节问题，实现各部门政务流程整合目的的根本前提。

因此，在政务流程再造中嵌入反腐败机制，可以兼取对政府部门进行革命性重组和渐进式优化两种模式的优点，扬长避短。预设条件的顶层设计和渐进式优化再造是嵌入反腐败机制的并行手段，纪检监察机构部门应作为机制建设主体全程介入。反腐败机制的建设可以从三个阶段展开：源头机制、过程机制和监管机制。其中源头机制是前提，是开展其他层次机制建设的基础和前提。脱离源头预设条件，不仅无法有效保障社会公正目的，更易造成反腐败机制制约行政服务效率等行政资源内耗问题。

(一)源头机制建设:从大部制改革的角度切入,贯穿建设网上审批系统

1. 统筹推进部门整合

统筹规划各部门行政服务机制,按政府综合管理职能重组合并政府部门,统一调配行政服务人员编制,将多种内容联系、交叉的事务交由一个部门管辖,减少事前审批事项,加强事后督查(对依旧采用各部门各负其责的其他优化模式,则至少实现政务信息的“一方采集—多方使用——方反馈”要求)。纪检监察机构或相关部门介入大部制改革和运作的全过程,并牵头对每年政务流程中存在的问题进行分类评估管理,对有可能发生腐败的审批事项和服务阶段进行风险评估。

2. 同步进行业务规范

规范审批互动流程,整个审批过程公开、透明,便于被审批方理解。一是出台正面清单(或责任清单),对政府部门的权力行使范围做出限定,减少审批事项,对事前非必要行政审批事项,采用网上(线下)备案形式,将市场能够决定的事交给市场。二是出台负面清单,严控负面清单中的审批事项。三是出台职责清单。如果说正面清单和负面清单已经引发各地关注并开始实践的话,出台简明、规范、标准化的职责清单则相对落后(特别是在固定资产投资等现有法律法规不健全的审批项目方面)。以明确的职责清单缩小审批人员自由裁量权范围,约束具体审批人员合理裁量区间,采取一次受理集中告知方式,对每个审批阶段存在材料不齐全等问题,当事人也可以一次性进行直接查询并补充资料。

3. 贯穿建设网络审批系统

政府业务流程再造既是电子政务的核心,也是网络审批系统建设的最大难点。无论是采取外包模式还是自建模式,网络审批必须与大部制改革穿插进行,要对当前线上线下各搞一套以及各审批部门单兵作战情况及时喊停和扭转。整合优化线上线下审批系统,以建设基于同一平台或同一信息分享系统的网络审批系统为基础,重组政府部门职能。基础性数据库集中建设,各部门共享;专业业务性数据库分布式建设,各部门有条件共享。

(二)过程机制建设:从权责统一角度切入,加强合法合理行政

1. 建立双重复核机制

落实权责统一的问题,将部门分管领导的审批权限下放给审批人员具体操作。分权应彻底,分管领导不介入日常行政审批程序,只负责对已审批文件进行内部第一层级复核抽查,对内部复核中出现的问题进行信息公开,限时整顿。由纪检监察机构牵头,对已审批但未执行的事项进行第二层级抽查审核。

2. 建立随机审理机制

将具体审批人员与被审批方分离开来,实行匿名、随机审理,避免双方直接接触(可以先在审批人员充足的省、市一级尝试创新);被审批方若对审批结果有不同意见或有疑问,可直接在网上或服务窗口问询,并会得到审批后台的第一时间处理与回复;若被审批方对审批结果有法律上或程序上的质疑,可以直接通过网上(线下)向上级部门或纪检部门申述,走行政复议甚至行政诉讼道路。

3. 建立利益规避机制

规避机制建设的目的是既要管好又要保护好具体审批服务人员。涉及与审批人员、分管领导、主管领导有直接或间接利益关系的审批事项,相关人员应主动回避。对于上级领导打招呼的项目,除了匿名、随机审批机制保障外,下属具体审批人员对于上级领导明显违法的要求要根据《公务员法》、《行政审批法》来执行。对于个人无法把握是否违法或者不违法但涉及腐败的要求,可以申请采用纪检监察机构后台同步监管机制(具体见下文)。重大项目要实行跨地域审批复核,并经常性调动审批主管部门领导。

(三)监管机制建设:从技术革新角度切入,对内对外立体监控

1. 技术监管与业务监管结合

围绕网上审批系统开展网络安全建设。对内健全技术监管机制,鼓励省(较大的市)人大加快对电子版文件法律授权的法规制定,尽快建立统一的身份认证和授权管理系统,加强关键性安全技术产品的研究和开发。对外则在鼓励市场创新、培育更加成熟的中介机构市场的同时,对当前较为严重的同一股东同时控股多家中介机构以及中介机构坐地起价、看钱办事等

情况加强业务监管，防止出现形式公平、实质垄断等问题。

2. 不定期监管与同步监管结合

纪检监察机构加快培养一批懂网络业务知识的技术干部，不定期对行政服务事项进行抽查，对被审批方投诉的事项限时整改回复。同时，纪检监察机构可以应具体审批人员的申请，对具体审批事项进行后台同步监管复核。纪检监察机构开展同步监管并不通知部门领导（一旦具体审批人员申请启动后台同步监管，对涉及人员的个人监督也同时启动）。

3. 当场追责与终身追责结合

对审批人员违法违规行为实行即知即查，查实追责。对涉及重大民生事项的如发改、环保、消防等行政审批或其他服务，建立有范围（首先明确重大行政事故范围）的责任终身追究制度。除造成重大事故的行政行为按渎职罪、玩忽职守罪或相关党纪党规处理外，一般审批及服务类事项的责任人员只需对程序规范负责。对被审批方材料造假行为则按法律程序进行追责。而对当前反映较多的中介机构的故意违法违规行为，具体审批人员一旦发现，便记入审批黑名单，并根据违反次数对相关人员和机构进行惩戒。

4. 纠错机制与补偿机制结合

对于已被审批通过的错件，通过行政复议或法律程序进行纠错，对相关责任人进行处罚。对未被审批通过但材料齐全的审批事项，在接到被审批方申述或投诉后，纪检监察部门牵头第一时间组织复审。

四、结论

缺乏动态、系统的建设思维，是造成当前反腐败机制建设远远落后于现实需求的根本原因。在建设中国特色社会主义市场经济的背景下，对政务流程进行反腐败机制建设，首先需要明确政务流程再造是一个涉及部门职能重组、线上线下联动、职务犯罪防范等的系统性工程，并要全面审视在经济社会转型时期产生行政腐败行为背后的社会结构、文化结构、制度结构等变量。

反腐败机制建设不仅应归位到“法治”轨道上，更要归位到“善治”的轨道上。要做到“法治”，就要划定政务流程的法律边界，这需要全国、全省一盘棋统一规划建设，为地方实现政务流程再造创新实现优良的法治环境；而要做到“善治”，就要针对引起行政腐败问题的社会、制度、文化等结构因素，因地制宜、因时制宜地推进政务流程再造。

预设条件的顶层设计和渐进式优化是在地方政府政务流程再造中嵌入反腐败机制的并行手段，纪检监察机构部门应作为机制建设主体全程介入。其中源头机制建设是前提，是在保障政务流程的同时实现行政效率和社会公正目的的基础，要从大部制改革的角度切入，贯穿建设网上审批系统。对于过程机制建设，要从权责统一角度切入，加强合法合理行政，既要管好又要保护好审批服务人员。对于监管机制建设，要从技术革新角度切入，对内对外立体监控，建立完善的追责机制与纠错补偿机制。

参考文献

[1] 姜晓萍.政府流程再造的理论基础与现实意义[J].中国行政管理，2006(5).

[2] 刘熙瑞.中国公共管理[M].北京：中共中央党校出版社，2004.

[3] 过勇，胡鞍钢.行政垄断——中国经济转型中最严重的腐败形式之一[J].廉政大视野，2003(5).

[4] 姜晓萍.港台地区网上申报与审批的经验与启示[J].中国行政管理，2004(4).

[5] 袁峰.政府流程的网络监控模式研究[J].中共天津市委党校学报，2012(6).

[6] 郭剑鸣."因公"腐败及其防治的系统机制：一个分析框架[J].学习与探索，2014(7).

[7] 姜晓萍.地方政府流程再造[M].北京：中国人民大学出版社，2012.

[8] 梅友松.纪检监察机关在腐败风险控管中的作用及实现路径[J].湖北师范学院学报，2012(1).

[9] 吕维霞，庞磊.论我国政府流程再造主要模式、影响因素和对策[J].山东大学学报(哲学社会科学版)，2011(5).

[10] 迈克尔·约翰斯顿.腐败症候群：财富、权力和民主[M].袁建华，译.上海：上海世纪出版集团，2009.

[11] 傅思明.权力监督"失灵"何以治愈——论行政审批权的异化与归位[J].人民论坛·学术前沿，2013 (2).

[12] 魏琼.国外和港台地区政府网上政务流程再造的启示[J].电子政务，2010(9).

[13] 姜晓萍.地方政府流程再造[M].北京：中国人民大学出版社，2012.

[14] 汪玉凯，张勇进.流程再造理论在政府管理中的应用——浅析政务流程再造[J].电子政务，2007(6).

[15] 蔡立辉.电子政务[M].北京：清华大学出版社，2009.

[16] 卓越.政府绩效管理导论[M].北京：清华大学出版社，2006.

[17] 吴旭红.中国政务流程再造的现实困境及其对策建议[J].电子政务，2013(1).

[18] 陈明亮.中国电子政务建设模式和政府流程再造探究[J].浙江大学学报(人文社会科学版)，2003(7).

[19] 吴旭红.中国政务流程再造的现实困境及其对策建议[J].电子政务，2013(1).

中华文化与依法治国研究

——以杭州洪氏家族文化为研究个案

内容提要 本文在对中华文化与依法治国相关理论进行梳理的基础上，分析两者在理念上的分野与弥合，以及在关系定位上的异己与同体；以杭州洪氏家族文化为个案，探讨两者互动的困局与新境，以及发展的瓶颈与契机；最后提出切换思路，打破定式，并通过传承和再造，优化中华文化与依法治国互动发展的路径。

关键词 中华文化；依法治国；洪氏家族文化

中华文化是民族智慧与情怀的凝结，讲述中国故事，积淀悠久历史；依法治国是现代国家治理的基本方略，描绘中国梦想，激扬时代气息。两者并非两个截然相反而无交集的体系，特别是党的十八届四中全会以来，在依法治国语境下探讨传统中华文化业已蔚然成风。当此情形，对中华文化与依法治国做一场由理论到现实的探微，应时应景。

一、理论梳理——基于现代研究的成果

理论界关于法治文化与传统文化的研究不可谓不丰富，将两者结合论述的也不少。然而，要梳理这些理论观点，须明晰两者的理念追求，把握两者的关系定位。

（一）理念追求的分野与弥合

理念追求是一种文化区别于其他文化的主要标志，抓住理念追求就是

【作者】单凯，杭州市委党校余杭区分校讲师。

直入主题对于文化内核做最彻底的把握。将传统文化与依法治国分别置于文化或者治理的视角下，并以德治和法治分别对应，便可以清晰地折射出两者在理念追求上的分野；而从社会评价功能或其核心观点观测，并以道德和法律分别对应，两者在理念上的弥合则显而易见。

从文化视角观测，德治与法治的分野体现为成对呈现的系列不同观点：德治文化追求真、善、美等价值，是一种崇高的境界、一种高度的行为标准，而法治文化追求公平、正义、利益等价值，是一种普通而又实在的境界，是大多数人可以做到的低度行为标准；[①]德治文化强调道德义务，而法治文化讲究权利义务的对等性；德治文化强调内心自觉，而法治文化强调外在强制与内心自觉并举；德治文化以道德作为评判依据而法治文化以法律规范作为评价依据。从治理视角观测，在治理主体上，德治是少数人的精英之治，法治是多数人的民主之治；在治理过程上，德治是人情之治，法治是程序之治；在治理的手段上，德治是社会教化之治，法治是国家强制之治；在治理的重点上，德治重在治民，法治重在治官。

从评价功能观测，两者的弥合表现为相互认同。法律是社会道德的底线和后盾，凡是法律禁止的，通常社会道德也反对；凡是法律鼓励的，通常社会道德也支持。道德是法律的高线和基础，是法治具有合理性、正当性与合法性的内在依据，法治价值、精神、原则等大多数建立在道德的基础上，法治的诸多制度和规范本身是道德的制度化和法律化。[②] 从核心观点观测，两者的弥合还表现为趣旨趋同。如广东海洋大学的吴记彬在《儒家文化与社会主义法治建设》中指出，儒家文化与社会主义法治在国家管理与社会秩序构建上的理念追求有所不同，但儒家文化的仁、义、礼、智、信思想与社会主义法治体系中的立法、执法、司法、守法、和谐人际关系异曲同工，儒家文化的民本精神、勤勉精神、慎独精神、气节精神、求实精神、担当精神与社会主义法治建设及法律工作队伍的职业素养可以结合，能够为社会主义法治建设注入文化力量。

---

① 李林、冯军：《依法治国与法治文化建设》，社会科学文献出版社 2013 年 7 月第 1 版，第 170 页。

② 李林、冯军：《依法治国与法治文化建设》，社会科学文献出版社 2013 年 7 月第 1 版，第 173 页。

(二)关系定位的异己与同体

关系定位是对两个独立实体相互作用状态的总体把握,内在地包含对于这种作用发展趋势的判断,中华文化与依法治国在学术界有异己和同体两种关系定位。

从异己视角看,中华文化是中国土生土长的文化,植根于中国特有的经济基础、社会结构、历史传承,历经千年积淀,已内化成为每个中国人共同的价值观念、内心信念、思维习惯;而法治文化是舶来文化,基于西方的生产与生活方式而产生,是西方人的意识形态和行为模式的体现。两种文化的异己不仅在于诞生于不同地域和民族,更在于就当前社会发展阶段而言,法治文化尚未在中国的土地上诞生。如中国社会科学院邱本研究员认为:人们所谈论的法治文化更多的是学者的文化自娱而非民众的生活方式,更多是历史陈迹而不是现实生活,更多的是写在纸上的文字而不是活在当下的文化。迄今中国只有法制史,而受中国传统的生产生活方式、政治模式、文化特质的限制,法治本身至今还未成为文化,以“法”“化”人,将“法治”因素化入人的身心还有一段路程需要走。①

从同体视角看,中华文化与法治文化是同一事物在不同阶段、不同层面的表述,中华文化中包含有法治的因子,法治文化中也有传统的基因。而且,文化作为一种精神性的存在,如中华文化的物质载体——具体的群族没变,虽然有代际变更,但仍是中华民族;它的存在空间——具体社会没变,虽有结构变换,但仍是中国社会;所以中华文化依然是它自己而不可能成为别的文化,只不过传承至今内涵有所充实而已。中国社会主义市场经济的诞生使之出现相应的法治文化,关于两者异体的说法不过是种臆想的区分与隔离。

二、实证分析——以杭州洪氏家族文化为个案

复杂的理论关系是否就是复杂的现实的写照,须经实证分析。然而,文化毕竟是一个宏大的话题,涵盖十分丰富,作用于社会的时间跨度较长,往往单个人终其一生也无法观测到这一作用。若以具体的家族作为考察样本

---

① 李林、冯军:《依法治国与法治文化建设》,社会科学文献出版社 2013 年 7 月第 1 版,第 37—54 页。

则情形大有不同，因为它们是既承载了历史记忆又被现代社会所塑造的文化载体。杭州洪氏家族是宋、明、清三代时期著名的“钱塘望族”，族人世代恪守中华传统文化的价值理念，是中国优秀传统文化的典型代表，是研究中华文化的理想样本。

(一)互动过程的困局与新境

中华文化的传承与依法治国的兴起是否可以在当下中国形成正向互动，课题组以分析典型法治观念和传统思想糟粕作为路径，经过对杭州余杭西溪湿地洪氏家族 44 户家庭问卷调查发现，两者的互动既有困局也有新境。

1. 法治观念尚未内化于心是互动的第一个困局

文化主体将自由、平等、公正、信仰法律、尊重个人权利等法治观念内化于心，成为个人的思维模式与行为惯性，是传统文化与依法治国理念相融合的最有力印证。对此，课题组设置了五个题目。第一题是“当您的权益受侵犯时，您的第一反应是?”预期选项是“赶紧诉诸法律”其余为干扰选项；第二题是“当您发现您的孩子说谎时，您会?”预期选项是“先谈心问明原因，再告诉他无论如何说谎都是不对的”其余为干扰选项；第三题是“右边选项最能加强您内心安全感的是?”预期选项是“精通法律知识”其余为干扰选项；第四题是“当您在商场买到伪劣产品时，您一般会怎样?”预期选项是“寻求消费者权益委员会的帮助”其余为干扰选项；第五题是“您知道自己有哪些权利义务吗?”预期选项是“知道，我的行为就是根据这个来确定的”其余为干扰选项。接受问卷调查的 44 户洪氏家庭作答情况见表 1。

表 1　受问卷调查的 44 户洪氏家庭作答情况

选中预期选项情况	选中 0 个预期选项	选中 1 个预期选项	选中 2 个预期选项	选中 3 个预期选项	选中 4 个预期选项	选中 5 个预期选项
次数	3	12	20	5	2	2
占比	7%	27%	45%	11%	5%	5%
排名	4	2	1	3	5	5

以选中预期选项多少作为法治观念强弱的标准，那么只有 2 户家庭全部选中，2 户家庭选中 4 个，5 户家庭选中 3 个，三者相加占比 21%；20 户选中 2 个，12 户选中 1 个，3 户 1 个都没选中，三者比重达 79%。由此可见，法

治观念并没有较好地被接受调查的洪氏家庭所认同和吸收。

2. 思想糟粕尚未根除殆尽是互动的第二个困局

价值追求是个体思想境界的直接体现，如果一个人真正信仰法律、具有高度的法治精神，那么与之相应的价值追求是平等、自由、正义、法律至上等观念。为了确保接受问卷调查的44户洪氏家庭真实地表达内心想法，课题组设定了9个价值取向的选项，各选项的趣旨与意境虽不在同一层面，但也并不截然对立，其中4个选项与依法治国的价值追求相同，并允许选取4个选项，作答情况见表2。

表2 关于价值取向作答情况

问题	选项								
假设您能继承右边洪氏家族的精神财富与物质财富，但只能继承4项，您的选项是？	爱国精神	权势地位	平等原则	关系网络	自主意识	忠君思想	自由心境	家产钱财	公正立场
选中次数	28	23	20	2	6	24	21	3	11
选中概率	64%	52%	45%	5%	14%	55%	48%	7%	25%
概率排名	1	3	5	9	7	2	4	8	6

由表2可见，选中率由高到低排名是："爱国精神"、"忠君思想"、"权势地位"、"自由心境"、"平等原则"、"公正立场"、"自主意识"、"家产钱财"、"关系网络"，其中"权势地位"选中概率达52%，也就是说接受问卷调查的洪氏家庭一半以上持权力至上的价值追求。不管这种价值追求是因为传统文化的承袭还是当今社会心态的射影，对于法治精神来说，它无疑是一种思想糟粕，是推行依法治国的羁绊。

内心安全感是个人心理状态最真实的写照，考察安全感的由来就是叩问被调查者立身社会而不感到害怕的勇气源泉。对于一个追求和相信法治力量的人来说，内心安全感的构筑一定基于对社会法律体系、对法律价值的认同以及个人对于法律知识的掌握。接受问卷调查的44户洪氏家庭对于内心安全感的调查结果见表3。

表 3 对于内心安全感的调查结果

问题	选项(单选)			
右边选项最能加强您内心安全感的是?	家有金钱无数	自身位高权重	关系网络庞大	精通法律知识
选中次数	14	18	2	8
选中概率	33%	43%	5%	19%
概率排名	2	1	4	3

18 户选择“自身位高权重”,选中概率达 43%;14 户选择“家有金钱无数”,选中概率达 33%;而选择“精通法律知识”的只有 8 户,选中概率为 19%。这与表 2 中一半以上家庭奉行的权力至上的价值追求一致,进一步确证了权力价值导向和权力至上观点是依法治国首当其冲的羁绊。

3. 法治理念正在强化是互动的第一个新境

上面关于价值追求问题,虽然“自由心境”、“平等原则”、“公正立场”、“自主意识”四个选项在 9 个选项中选中概率排名依次为第 4、第 5、第 6、第 7,但选中概率依次达到 48%、45%、25%、14%,特别是“自由心境”、“平等原则”已经接近 50%,也就是说将近一半人将“自由”、“平等”作为个人的价值追求,而这些价值追求正是依法治国的核心理念。虽然这些核心理念的选中概率相比前三的价值选项来说还有距离,但这段距离并不遥远,特别是选中概率排在第 4 的“自由心境”与第 3 的“权势地位”,两者价值追求的境界相去甚远,可选中的概率只差 4 个百分点,这反映了普通民众价值追求的跨度比较大,旧思想与新思维可同时作用,两者在其心中的地位差别并不绝对。如果说旧思想来自于历史惯性,那么,以法治理念为代表的新思维的兴起正在消减惯性的力量。

4. 法律意识已经树立是互动的第二个新境

公民良好的法律意识是依法治国方略得以推行的前提,法律意识可表现为主体对于司法现象的认可以及个人强化法律知识的自觉。打官司在中国古代社会并不鲜见,但是中华文化以“和为贵”为处世为人的信条,人与人之间出现了权利义务的争端,须以和为贵作为解决的原则,并不鼓励老百姓打官司。时至今日打官司已然是法治国家司空见惯的现象,那么对于这一现象民众的心理是否有所变化。接受问卷调查的 44 户(出于不可知原因,有 1 户未作答此题)洪氏家庭对此态度见表 4。

表 4 关于打官司的态度

问题	选项(单选)			
如果您到法院打官司,您会觉得怎样?	很光彩	很正常	很丢脸	难为情
选中次数	14	29	0	0
选中概率	33%	67%	0%	0%
概率排名	2	1	3	3

认为到法院打官司现象很正常的最多,有 29 户选择此项,选中概率高达 67%,甚至有 14 户觉得打官司是一件很光彩的事情,两者选中率相加为 100%。这说明打官司的司法现象已经完全被洪氏族人认可。这一结果完全颠覆了传统文化的"非讼"意识,甚至是对传统文化耻于诉讼的彻底颠覆,这从一定程度上证明了民众的法律意识、诉讼意识已经树立。

对于司法现象的态度是法律意识较低层次的体现,个人自觉地关注相关法律动态、主动地学习法律知识是其法律意识较高层次的体现,接受问卷调查的 44 户洪氏家庭对于是否主动接触或了解法律的作答情况见表 5。

表 5 关于是否主动接触或了解法律的作答情况

问题	选项(单选)			
您平时会主动接触或了解法律吗?	经常关注法律动态	有需要时才会去了解	偶尔了解一下	完全不关注
选中次数	19	23	2	0
选中概率	43%	52%	5%	0%
概率排名	2	1	3	4

虽然经常关注法律动态的家庭为 19 户,比有需要时才会去了解法律的家庭少 9%,这一比率还不足以证明民众普遍具有较强的法律意识,学法用法的主动性还不是很强。但 43%的民众"经常关注法律动态"已然是较高的参与度了。

(二)发展前景的困局与契机

理论梳理和问卷调查都已证明中华文化与依法治国关系之复杂不仅是理论层面的问题,更是现实的写照。如按当前状况不做任何主动的引导和控制,那么其野蛮生长必会遭遇瓶颈,而瓶颈之下也蕴藏契机。

1.优秀传统文化传承不畅是发展的第一个瓶颈

中华文化与依法治国能够相得益彰的前提之一是文化传统的延续，只有在传承延续的基础上甄别精华与糟粕，才有与依法治国的正向互动。然而，现实状况是文化的传承并不理想。以洪氏家族文化为例，问卷设计了4道关于其家族历史与家族文化的题目（第1题关于洪氏家族起源、第2题和第3题关于洪氏著名历史人物事迹、第4题关于洪氏家族文化特征，每题只设一个正确选项），44户参加调查的家庭作答情况见表6。

表6　关于其家族历史与家族文化的作答情况

选中预期选项情况	选中0个预期选项	选中1个预期选项	选中2个预期选项	选中3个预期选项	选中4个预期选项
次数	1	2	8	25	8
占比	2%	5%	18%	57%	18%
排名	4	3	2	1	2

如表6所示，8户4题全部答对，25户答对3题，8户答对2题，如果以全部答对作为对于家族文化有较好了解的标准，那么现实情况比较惨淡，只有18%的家庭较好地传承了家族文化。其实，这一状况已经十分乐观，毕竟有75%的家庭能够答对3题及以上。44户（出于不可知原因，2户未作答此题）洪氏家庭对于其家训了解的状况也不乐观，具体情况见表7。

表7　对于其家训了解的状况

问题	选项（单选）			
您了解洪氏家训吗？	能够全部背诵	能背诵一部分	不能背诵，但大概知道它的内容	完全不了解
选中次数	2	10	26	4
选中概率	5%	24%	62%	9%
概率排名	4	2	1	3

如表7所示，26户选择“不能背诵，但大概知道它的内容”；10户选择“能背诵一部分”；2户选择“能够全部背诵”，占比才5%；另有4户选择“完全不了解”。这一结果说明，虽然洪氏家族文化在区域内具有较高知名度，但是其族人对于家族文化的了解并不深刻。

致使传统文化传承陷入困局的原因是多方面的，既可归因于传统文化赖以生存的经济基础、社会结构、家庭模式(大家族)已不复存在,也要归罪于近代以来对于传统文化的批判使得传承出现断痕。不突破这一困局,传承断痕越来越大以致断裂,那么依法治国将失去民族的特色和发展的灵魂,最终将无法达成预期。

2. 个人法治意识提升不高是发展的第二个瓶颈

中华文化与依法治国能够相得益彰的另一个前提是公民法治意识的提升,只有在法治意识提升的基础上才可能有法律的普及、法治文化的生成,进而才有依法治国与中华文化的良性互动。然而,在上面的问卷中已经发现:以洪氏家族成员为代表的公民,一半以上内心奉行的是权力至上的价值标准,还有不少持金钱万能的观念。这些观念与价值追求,有的来自于传统文化的传承,因为传统文化植根于封建专制文化,缺乏民主、科学、自由、法治精神等现代文明的素养,具有片面强调顺从、牺牲、勤奋、奉献,而淡化独立、自由、公平、权益的倾向;有的是当今社会心态的映射,是市场经济条件下金钱作用的歪曲反映,是对权力腐败、权钱交易、权高于法、以权压法等不良社会现象错误认知的结果。

3. 传承优秀文化的主体意愿强烈是发展的第一个契机

虽然前面问卷结果显示关于传统文化的传承并不乐观,但是同样的问卷结果显示,以 44 户(出于不可知原因,有部分家庭对一些题目未作答)参加调查的洪氏家庭为例,大多具有较强的继承和传承优秀传统文化的意愿,具体情况见表 8。

表 8 关于继承和传承优秀传统文化的意愿

问题	选项(单选)			
您觉得洪氏家族文化对自己影响大吗?	影响很大	有影响,但不明显	基本没影响	完全没影响
选中次数	14	23	3	0
选中概率	35%	57.5%	8%	0%
概率排名	2	1	3	4
您作为洪氏家族成员,感觉自豪吗?	十分自豪	有自豪感,但不强烈	一般	没啥感觉
选中次数	15	23	1	1
选中概率	37.5%	57.5%	2%	2%
概率排名	2	1	3	3

续表

问题	选项(单选)			
您愿意将洪氏家族文化传承下去吗?	十分愿意	意愿一般	顺其自然	无所谓
选中次数	21	18	4	0
选中概率	49%	42%	9%	0%
概率排名	1	2	3	4

如表 8 所示,关于洪氏家族文化对于个人影响的问题,23 户选择"有影响,但不明显",14 户选择"影响很大",两项占比达 92.5%,说明洪氏家族成员承认家族文化对自己有影响,对于个人行为有作用,认可家族文化的价值导向。这一结果在关于个人作为洪氏家族成员荣耀感的调查中进一步验证,23 户选择"有自豪感,但不强烈",15 户选择"十分自豪",两项占比达 95%,说明洪氏家族成员对于本家族文化具有较高的认同度,具有较强的文化认同感。关于洪氏家族成员传承本家族文化意愿的问题,进一步证明了以上两题问卷结果的真实性:21 户选择"十分愿意",18 户选择"意愿一般",两者占比达 91%,说明在具备较强家族荣誉感、家族文化认同感的前提下,洪氏家族成员具有较强的传承家族文化的意愿。对这一意愿做科学引导,科学地继承传统文化,并融入现代法治理念,将有利于推动中华文化与依法治国的良性互动。

4.推进依法治国的客观氛围浓厚是发展的第二个契机

从推行依法治国的环境来说,当下的中国是历史发展至今环境最好的时期,原因至少有以下几点:一是市场经济的确立为依法治国夯实了社会基础,而依法治国的核心理念与市场经济的组织规则相一致;二是新中国成立以来我国建立了较为完备的法律体系,有法可依得以有序落实;三是改革开放以来,民众的法治意识得到了锻炼和提升;四是党的领导和推动,特别是党的十八届四中全会将依法治国定为主题,在全国上下形成了共襄盛举的良好氛围;五是国际文化、民族文化的相互交流,拓展了我国民众的思维和视野,对于先进文化的接纳度不断提升。如能顺应时势、因势利导,整合和利用好各种有利因素,必将开创中华文化和依法治国的融合发展的新境界。

三、意见建议——从战略布局到路径规划

中华文化与依法治国的发展虽然是掺杂了人的主观意志的过程,但并

非任意妄为的过程，它无法规避人类历史发展的客观规律，因此，发挥人的主观能动性，遵循文化发展的特有规律，在发展的某些环节、某个层面做相应的促进与调控，我们就能够获得比原来的发展更快的速度、更优化的局面。

（一）须在战略布局的思路和思维上有切换也有突破

如果将实现中华文化与依法治国的良性互动作为战略目的，那么以前种种有意为之和无意为之都已成为促进和优化当前发展格局的经验素材，然而这也只是主观层面的量的积累，如果能进一步切换思路、打破定式，可以在客观层面引发整体战略布局质的飞跃。

1. 切换一种思路

将依法治国从国家顶层设计开始，由上至下、由整体到个体推行，变为从个体家庭传承和践行开始，由下至上、由个体到整体养成。需要强调的是，这不是一种非此即彼的战略抉择，而是通过思路上的切换以获得对于原有战略系统的优化，使得整个战略布局既能获得来自国家机器施展的自上而下、共襄盛举的强大势能，同时又能获得来自社会个体释放的由下而上、持续不断的力量。这样，避免运动式治理上层压力足、下层动力弱，高端有热情、基层已倦怠，发起时力量磅礴、推动时戛然而止等弊病，整个战略的实施既有雷霆万钧之势又有绵绵不绝之劲，既有疾风暴雨又有和风细雨。还要强调的是，因为作为社会个体的家庭和个人各自基础不同、环境各异，而且意识的培养须持久地教导和熏陶，因此由下至上的传导需要的时间周期更长，需要付出更多财力和更大精力。但是，如前所述，社会家庭及个人的法治意识相比以前有所提升，所处法治环境也大大优化，对于传承家族文化具有较强的意愿，因此无论如何相比以往，现在提出切换思路、由下而上推行依法治国时机较好。

2. 打破一种定式

虽然自 21 世纪之初我国已明确提出了“把依法治国与以德治国紧密结合起来”的治国方略，但是在实施过程中法治往往受制于德治，而德治最后变异成人治，由此大家形成一种思维定式：德治与法治相结合的愿望虽然好，在践行中必然倒向人治。其实，这是对德治特征认知不足的结果。德治主要依赖道德伦理观念来维系社会秩序，不具有强制性、稳定性和可视外观，不会像法治那样以其权威性和强制手段规范社会成员的行为，给人留下深刻印象。德治虽然发挥作用，但其润物无声的方式难以被人意识到。依法治国最终要通过人来贯彻执行，看到人的作为，特别是不良作为时就归为人治，最终将板子打到德治之上，这显然有失公允。因此，打破该思维定式的前提是重新树立对于德治的信心。要认识到法律与道德作为上层建筑的组成部分，都是维护社会秩序、规范人们的思想和行为的重要手段，而且具有较强的互补性，德治以魅力感召而法治以强力规范，德治为依法治国培训优秀的践行者。至于德治与法治的实施过程，我们不必要求两者并行出现，因为德治的强烈民族心理，其必然会作用于法治的各个环节和层面。

(二)须路径规划的语境和背景中有传承也有再造

如前所述，中华文化与依法治国的良性互动既有困局也有新境，既有瓶颈也有契机，如何推动两者良性互动，不能推倒重来或者另辟蹊径，而应延续目前路径，不断优化，做到有所传承也有所再造。

1. 在依法治国语境下传承和再造中华文化

依法治国是现代治理的基层方式，中华文化的传承须在依法治国语境下优化路径，不仅要优化传承的内容，也要优化传承模式，还要在此基础上再造传统文化。

一要传承优秀传统文化。延续传承首先要对传承的内容有所损益。如前所述，传统文化缺乏民主、科学、自由、法治精神等现代文明的素养，具有片面强调顺从、牺牲、勤奋、奉献，而淡化独立、自由、公平、权益的倾向，而这些倾向有悖于依法治国的核心理念，应果断纠正；而传统文化中的民本精神、勤勉精神、慎独精神、气节精神、求实精神、担当精神等，有利于推进法治，应大力继承和发扬。

二要优化文化传承模式。延续传承其次要对传承的模式有所优化。关于 44 户洪氏家庭传承洪氏家族文化的调查问题显示，其家族文化传承的模式较为单一传统，具体见表 9。

表 9 关于洪氏家族文化传承的模式

问题	选项(单选)			
您了解洪氏家族文化的主要途径是?	听家族前辈们口述	父母教导	自己看书或者上网了解	其他途径
选中次数	22	13	6	3
选中概率	50%	30%	13%	7%
概率排名	1	2	3	4

22 户家庭选择“听家族前辈们口述”,13 户家庭选择“父母教导”,两者占比达 80%。这说明时至今日,洪氏家族文化传承的主要方式依然是原始的口口相传的模式。我们应该采用现代工具,组织节庆活动、保护遗址遗迹、还原地域风貌、延续传统风俗、恢复修谱和祭祖等,通过多种形式丰富和优化传承模式,使得优秀的传统文化在人们的头脑中记忆更深,传承更久。

三要再造传统家族文化。由于中国市场经济的确立和世界文化的交融,按照目前的发展态势,中国传统文化不论是出于内因还是外因都会萌生出依法治国的因素,问题在于构建以法治国的机制以及真正实现依法治国是一场异常艰难的文明形态的转变,是一个漫长过程。在已经看到未来趋势的前提下,我们要明确依法治国的国家治理基调,抓住中华文明赖以寻求自我突破的重要契机,因势利导,营造加速国人完成观念的转变、制度的重建和生活习性再造的环境,同时在传统文化的传承过程中植入依法治国的理念,实现传统文化内核的再造和充实。

2. 以中华文化为背景传承和再造法治文化

以良性互动为目的必须将依法治国的发展路径置于中华文化的背景下,因为依法治国是中华民族的依法治国,依法治国不能割裂本民族传统而强行植入,依法治国须形成民族特色,须养成本民族的法治精神。

一要重视法治特色的形成。依法治国作为一种治国方略其核心理念与价值追求放之四海而皆准,但是其实施的具体方式可因国家、民族、地域不同而呈现多样性。中国的依法治国不能照搬照抄外国模式,而要在吸收借鉴外国先进经验的基础上,再结合本民族的实际加以改造和应用,使得法治的核心理念印上民族烙印。同时,还应从本民族的文化中汲取营养,充实依法治国内涵,为依法治国注入民族的灵魂,使得其呈现出中国特色,闪耀民族的魅力。

二要重视法治精神的养成。相比法律体制的健全、法律条文的完备，法治文化形成的更高体现是国民法治精神的养成。法律体制与条文是依法治国的外在表现形式，而其内核是法治理念和法治精神。依法治国如果能够持久推行，最为重要的原因是民众对于法治理念的认同和对于法的信仰。因此，依法治国应该更加重视内容实质而不是外在形式，应适应民族心理特征和思维习惯，通过家族文化对于家族成员的教化作用，使得每一个家庭成员将依法治国的理念变成个人思维模式和行为习惯，在每个人的血液里都注入法治的基因。

参考文献

[1] 俞可平. 国家底线：公平正义与依法治国[M]. 北京：中央编译出版社，2014.
[2] 李林，冯军. 中国法治论坛：依法治国与法治文化建设[M]. 北京：社会科学文献出版社，2013.
[3] 周膺. 钱塘望族：杭州洪氏家族文化史[M]. 北京：国际文化出公司，2007.
[4] 周膺，吴晶. 西溪望族[M]. 杭州：杭州出版社，2012.
[5] 钱杭. 宗族的传统建构与现代转型[M]. 上海：上海人民出版社，2011.
[6] 钟永圣. 传承与复兴[M]. 北京：中国青年出版社，2015.
[7] 柯卫. 社会主义和谐社会与法治精神研究[M]. 北京：中国法律出版社，2012.
[8] 陈景良. 文化底蕴与传统法律[M]. 武汉：湖北人民出版社，2014.
[9] 冯尔康. 18 世纪以来中国家族的现代化[M]. 上海：上海人民出版社，2005.
[10] 朱金坤. 西溪文化·西溪风情[M]. 杭州：西泠印社出版社，2010.
[11] 梁景和. 中国传统家族文化的特征[J]. 松辽学刊(社会科学版)，1997(4).

法官员额制改革的利益衡量研究

内容提要 司法体制改革是新形势下加强依法治国建设的重要举措，法官员额制改革在其中扮演着关键角色。法官员额制改革对于推进法官队伍正规化、专业化、职业化建设，从而将优秀法官集中到办案第一线等都具有重要作用。其本质上是一场利益衡量的变革，涉及个体利益、群体利益、制度利益和社会公共利益。必须正确认识法官员额制改革的目标意义，防止认识误区和行动困境，为此，需要根据利益衡量甄别规则，嵌入与抽离各种价值，厘定可相容利益位序，在不相容利益间做出选择，在此基础上推进实践建构。

关键词 法官员额制；利益衡量；甄别规则

一、引言

中国司法现代化历程早在清末就开始了，1906 年拟定的《大理院审判编制法》就有关于司法员额的相关规定。随后，司法员额制走过了一段曲折

【作者】郭人菡，杭州市委党校余杭区分校高级经济师，南京师范大学法学院博士研究生。

【基金项目】浙江省社科联 2015 年度研究课题“依宪执政的法理研究”（2015N015）。本文原载于《决策与咨询》2016 年第 6 期，根据需要有所修改。

历程。直到2014年,法官员额制改革三个批次试点在全国法院系统渐次展开。[①] 实行法官员额制,有三层目的。最直接的目的是推进法官队伍正规化、专业化、职业化,让审理者审判,让裁判者负责,从而形成有且只有优秀法官留在审判一线的局面。[②] 第二层目的是通过法院员额制改革,带动法院分类管理制度、法官遴选与惩戒制度、法官逐级选任制度、法官职业保障和执业监督制度、法官助理制度、书记员制度、去行政化和促进法院独立等诸多问题的解决。从这个层面看,法官员额制改革可以说是法院改革的关键环节,牵一发而动全身。而终极目的是达到从整体上提高司法审判水平和社会公信力,"让人民群众在每一个司法案件中感受到公平正义"[③]。

改革越真实,越触及痛点,这个痛点就是利益。[④] 本次员额制改革的最大特点是利益的切身性,需将法院人员分为法官、审判辅助人员和司法行政人员,分类管理,直接涉及所有法官的身份转换和所有法院人员的工作模式变化。不仅如此,这次改革最大的变化是涉及了体制问题。前几轮改革主要是工作机制的改革,体制问题基本没有触及。换句话说,其变革不仅将深刻影响人的利益,还将深刻影响人以外的制度利益、社会公共利益等。"触动利益往往比触动灵魂还难。"[⑤]其复杂性、敏感性、艰巨性可见一斑。

二、法官员额制改革的基本情况、困境与误区

当前,在三个批次各试点法院的积极努力下,包括法官员额制改革在

---

① 从相关公开报道来统计,根据中央关于重大改革事项先行试点的要求,2014年6月,上海等七个省(市)启动第一批试点。2015年6月,江苏等11个省(区、市)启动第二批试点。目前,上海、吉林、湖北、海南已在全省(市)推开试点。北京等13个省(区、市)及新疆生产建设兵团作为第三批司法体制改革试点省份于2016年启动相关工作。三个批次的试点已实现全国大陆所有省份全覆盖,但要在全国所有法院推开还任重道远,相关问题特别是深层次问题刚开始出现。

② 参见谭兵、王志胜:《论法官现代化:专业化、职业化和同质化——兼谈中国法官队伍的现代化问题》,载《中国法学》2001年第3期。

③ 参见《中共中央关于全面推进依法治国若干重大问题的决定》,中国社会科学网 http://www.cssn.cn/fx/fx_ttxw/201410/t20141030_1381703.shtml,2015年12月2日。

④ 参见张建伟:《司法体制改革中的利益纠葛》,载《东方法学》2014年第5期。

⑤ 《李克强:触动利益比触及灵魂还难 再深的水也得趟》,中国新闻网,http://www.chinanews.com/gn-03-17/4650201.shtml,最后登录日期:2015年12月8日。

内，“试点地方改革取得明显成效”[①]，基本达到或正在接近预期目标。同时，我们也不能小视法官员额制改革遇到的困境、走入的误区。“审判人员分类改革和法官员额制是在这一轮司法改革中争议最大、困难最多的一个堡垒。”[②]概括来说，法官员额制改革在局部或者说个别领域存在以下困境与误区。

问题一：试点有成功与失败两种可能，但目前试点单位无一主动向社会公开试点效果不良好甚至失败的报告。[③] 这本身就构成了一个问题。成绩和经验讲足、员额制缺点和试点教训讲透，这才是试点的价值和意义所在。基于减少改革阻力等因素考虑，慎重公布负面信息是有意义的，的确有助于法官员额制改革“按照设想”推进，但其真正成功离不开公众“外部视角”的监督和大众智慧的支持，这是确保司法改革沿着“为民司法”正确方向顺利推进的重要保障[④]，是不可或缺的一环。

问题二：离职现象引来争议。离职情况及其原因多种多样，总体属于正常现象。如果流失的是不适合法院工作的人，更是吻合改革原初目的。但从单个法院来说，其中一线办案骨干的流失，毕竟与员额制改革初衷相悖谬，不能不令人惋惜。年轻法官的流失，如果打破了单位梯队比例，加重了“青黄不接”，也值得警醒。

问题三：“法官精简”与“案多人少”的矛盾。改革开始后，按设计预期，员额制能将优秀法官吸引到办案一线，将其活力释放，并将其精力集中到办案上，办案效能应是提高的，但实际上在一些试点法院却出现了下降，加剧了“案多人少”矛盾。究其原因，主要是在改革过程中，切身利益牵涉其中的法官心思很难完全集中在办案上，必然会分散到为考试考核做准备以及各种焦虑之中；不办案的法官入额挤走了原办案法官（后者不再具有办案资格），人手必然紧张。任何改革都有改革成本，如何让这种成本最小化，并尽

① 参见《习近平主持召开中央全面深化改革领导小组第十九次会议》，中华人民共和国国防部网站，2015 年 12 月 12 日。

② 傅郁林：《以职能权责界定为基础的审判人员分类改革》，载《现代法学》2015 年第 4 期。

③ 几十家试点单位参与其中，从概率学上推测，不能排除有效果不佳甚至可为失败典型的案例。实际上，以人员分类改革为例，遇到的阻力不少。具体事例参见王禄生：《法院人员分类管理体制与机制转型研究》，载《比较法研究》2016 年第 1 期。

④ 参见张文显：《习近平法治思想研究（上）——习近平法治思想的鲜明特征》，载《法制与社会发展》2016 年第 2 期。

量消化在体制内，而不转嫁给人民和社会，是一个大问题。

问题四：一审法院员额与上级法院配比问题。从人口配比看，根据最高人民法院2013年的一项统计，全国共有法官19.88万，工作人员34万，法官占全部工作人员的58.5%，占全国人口的万分之1.5；从世界看，日本法官占全国工作人员的9%，韩国占21%，全国人口占比分别为万分之0.3和万分之一。由此可见，我们实施员额制仍有潜力可挖。从院内比例看，中央规定入额比例以省级为单位占比为正式编制人员的39%。如果上级法院入额比例确定为39%，基层法院也同样确定为39%，是否存在一定问题？[①]

问题五：配套改革带来的问题。一是试点法院一般按照1+M+N的模式配备员额制法官、法官助理与书记员，三者之比多数达不到1∶1∶1比例。[②] 有的不固定配对人员，法官还得临时去申请配比人员，法官在选人上没有发言权，在管理上对其去留也没有决定权。还有的试点法院在创新中走得太远，组建法官集合团队，有偏离方向之嫌。[③] 二是在法官员额和岗位配置上搞平衡，使人对员额制改革产生怀疑。三是人员分流问题。从法官位置上退下来，有一个职业保障、职业荣誉感以及向家人、向朋友、向社会交代的问题，这个人之常情是不能不加以考虑的。

问题六：进度问题。目前的改革，使用的是工程工期法，要求在一定时限内完成一定的改革任务。这种方法的好处是便于顶层设计的如期变现。不利的地方是，一些可以用时间消化的矛盾[④]，一下子堆积起来，需要用非

---

① 参见孟庚秋：《法官员额比例问题研究》，载《法制博览》2015年第10期。

② 以江苏省为例，全省法院有法官10010人，其中一线法官7239名，法官助理423名，书记员6204名。考虑法官助理是新设职位，只看法官与书记员配比，也不能达到1∶1比例。点各层次法院间、各条线间、地区间还存在差异。调研结果还显示，审书配比与法官结案数的确存在一定正比关系。参见江苏省高级人民法院政治部课题组：《关于优化审判辅助人员配置的调研报告》，载《法官员额制改革理论与实践研讨会论文集》（2015年11月7日）。这个配比就是简化为法官与其他工作人员之比也与大陆法系国家和普通法系国家存在很大差距（日本2013年为1∶6，德国2012年为1∶4，美国俄勒冈州2014年为1∶8，科罗拉多州为1∶12）。参见傅郁林：《以职能权责界定为基础的审判人员分类改革》，载《现代法学》2015年第4期。

③ 比如有的法院在员额制试点中，推行1名审判长（或1名主审法官）带2名普通法官加3名审判辅助人员的审判团队模式，将本应下放给每位普通法官的独立办案权赋予审判长，有"开倒车"之嫌。

④ 比如有人退休，就可以腾出空额。

时间手段去解决。这就对空间型和资源型手段提出了更高要求，但试点法院“辗转腾挪”的空间及可以利用的资源都有限。

这些问题与检察官员额制改革类似，各种取舍难题形成“公说公有理，婆说婆有理”进而不知如何决断的复杂局面。[①] 法官员额制不是不好，恰恰相反，由于是一种难得的稀缺资源，才导致了配置过程中的种种博弈。如果要避免这种僵局，就必须超越主观判断，揭示其背后隐藏的利益逻辑，从而得出正确判断与妥当选择。

三、法官员额制改革的利益交错及其厘定

法官员额制改革，毋庸讳言，归根结底是一次利益衡量的变革。法官员额制改革涉及个体利益、群体利益、社会公共利益和制度利益等四个不同层次的利益构成。[②] 这种利益构成要求改革者层层深入，有步骤地分析、比对不同利益，按照一定甄别规则，经过综合性的利益衡量，确定妥当的利益抉择，进而完善相关设计，最终确保改革的成功。其中，制度利益直接联结当事人利益、群体利益与社会公共利益，它是利益衡量的中心所在。[③]

第一，个体利益。这一层次利益包括入额或能入额普通法官利益、不入额的原法官利益、入额或不入额的领导利益、法官助理和书记员利益以及人民陪审员利益等。这些利益相互间存在冲突的可能。首先，如果在员额制改革中掌握资源分配权和话语权的领导自动入额或以例外标准入额，则会挤占普通一线法官的入额机会，使法官员额制选拔优秀法官集中到一线的改革目的形同虚设，带来尖锐矛盾和其他问题[④]；他们不入额，丰富的办案经验不能发挥作用，“似乎”也不能很好地履行审判权力运行机制保障问题。其次，未入额的法官，面临着身份转换。如果因未能入额而被剥夺法官称

---

① 参见程金华：《检察人员对分类管理改革的立场——以问卷调查为基础》，载《法学研究》2015 年第 4 期。

② 四种利益分类参见梁上上：《利益的层次结构与利益衡量的展开——兼评加藤一郎的利益衡量论》，载《法学研究》2002 年第 1 期。

③ 参见王敬波：《政府信息公开中的公共利益衡量》，载《中国社会科学》2014 年第 9 期。

④ 参见刘斌：《从法官离职现象看法官员额制改革的制度逻辑》，载《法学》2015 年第 10 期。

号,则与其依据"法官法"等享有的职业权利保障相冲突[①];如果未入额却又继续享有法官称号或继续保有审判资格[②],则这种"概念游戏"会使员额制法官改革效果大打折扣。这是一个有待破解的悖论。再次,是一线法官与非一线法官的利益冲突,以及法官助理和书记员利益保障问题。在法院内部综合部门的不办案法官,一般都是服从组织安排进入相应岗位的,如果按以办案累计量为主要遴选标准,将使他们的利益失去保障;如果不以办案量而以资历为核心标准,将偏离法官员额制选拔优秀的能办案的法官的初衷。对法官助理和书记员来说,最注重的是有无晋升为法官或通过其他渠道实现职业理想的可能性。但这目前基本缺失。这种制度缺失对法官助理和书记员队伍的稳定性造成重要影响。以上利益衡量是最难的,因为每个人背后还存在一个家庭、一个亲友圈,而不是一个个客观的、简单的数字存在。最后,还有一个不能被忽视的陪审员利益问题。不管何种情况,在所有的个体利益中,优秀法官即会办案的法官的利益是核心利益。

第二,群体利益。这一层次利益涵盖法院利益、法院系统整体利益和法官遴选委员会利益等。这些利益之间的关系,虽然不如个体利益之间那么复杂,但同样存在一定冲突或冲突的可能性。这些冲突主要包括以下几个方面:下级法院与上级法院的利益冲突;具体法院与法官遴选委员会的利益冲突;法院个体与系统整体的利益冲突。首先,上下级法院的利益冲突主要体现在对员额的分配上。一种方法是以案件量为基准进行统筹,但不同区域、不同审级对同一案件的统计工作量不是完全同一的,因此如何进行可比化的计算?其次,具体法院与法官遴选委员会的利益冲突主要体现在对入额法官标准及具体法官遴选人选的话语权博弈上。对具体法院特别是领导层来说,如果法官不由自己遴选,却由自己来接受和管理,这首先就需要在观念上做很大的转变,还需要在实践中克服权威缺失等具体困难。对法官遴选委员会来说,既不能被任何集体和个人所误导,又要兼听各方意见。而且,由于法官遴选委员会成员人数众多,有的不够专业,且基本都是兼职,容易形成对少数日常办事人员的依赖。[③] 因此,如何克服私利或各种"假象"

---

① 参见孙伟良:《谁来守护司法的公正?——法官权利保障制度研究》,载《河南社会科学》2012 年第 3 期。

② 有学者提出创设"员额外法官"称号,就属这种情况。

③ 参见王琦:《我国法官遴选制度的检讨与创新》,载《当代法学》2011 年第 4 期。

影响保持独立思考并始终秉持公义是一大考验。法院个体与系统整体利益的冲突主要体现在，法院一般将“人”作为工作的起点和终点，在员额制改革中容易偏向于如何安排好各个人；系统整体却将“事”(或者说人的集合)作为工作的起点和终点，在员额制改革中偏向于如何完成改革任务，提高司法公信力。

第三，社会公共利益。社会公共利益涉及四种利益：一是诉讼当事人利益；二是院内其他纠纷解决渠道与方式的当事人利益；三是社会非诉者利益；四是国家利益。前三者具有对象不确定性、临时性和外部性特征，因此不属于个体利益范畴，属于社会公共利益范畴内应该考虑的独特利益。这个层次利益相互间的冲突主要体现为前三者与国家利益之间的冲突。改革试点，不可避免地会对前三者利益发生影响，甚至发生改革过渡期成本的转嫁问题。从国家利益视角来说，其不应是国家机关利益，而是社会公共利益的集成，体现社会秩序、安全、效益、公平、自由、正义等价值。

第四，制度利益。从功能上讲，制度利益衡量既是判断各种员额制改革举措正当性的实质依据，又是促进员额制度自身完善的内在动力。[①] 员额制度与法律制度一样，是社会中各种利益冲突的表现，是人们对各种冲突的利益进行评价后制定出来的，实际上是对这些利益的安排和平衡。[②] 但目前改革的一个问题是，有的试点将利益的安排和平衡局限在个体和群体范畴，而忘却了社会公共利益衡平。当然，另一方面，制度本身不构成利益的受益者或受损者，它其实是通过有利或不利于不同个体、群体或社会公共利益来体现自己在利益构成上的特殊性。与员额制改革相关的制度有宪法、法律、行政法规、地方性法规、行政规章、地方政府规章、法官遴选委员会决议、各试点法院实施方案，以及党的相关政策性文件等。在所有制度利益中，宪法利益是最高利益。制度利益对三个层次利益的体现，有显性体现、隐性体现、间接制度类推等多种形式。对任何一项制度利益进行取舍，都必须回应正当性追问，回应人们“正能量”的期待。在制度利益中，制度设计直

---

① 各项制度利益之和可能是平衡的，但单项制度在利益保护上是有偏向的。比如“欠债还钱”作为一项制度时其利益指向：一是保护交易活跃及延续；二是保护债权人利益，这是这项制度固有的，也是已经有“偏向”的利益维度。

② Philipp Heck 语。转引自何勤华：《西方法律思想史》，复旦大学出版社 2005 年版，第 255 页。

接指向的利益具有判断标准的作用。有且只有优秀法官集中到办案一线是法官员额制度设计的直接目的,因此其指向的利益具有基准性,我们可称之为基准利益,其他利益都属于衍生利益或纠偏利益。[①] 换句话说,基准利益是判断个体利益、群体利益、制度利益和社会公共利益位序和取舍的基准。[②]

四、法官员额制改革利益衡平机制的建构

法官员额制改革不仅是试点期内试点法院的事情,即使在全国所有法院都推行后也将会继续修改完善。利益衡量是法官员额制改革的中心环节。利益衡量最终要做到利益衡平。利益衡平是指根据利益界定、衡量结果,决定利益的调和取舍。利益衡平不是利益平衡,也不能做成利益平衡。传统理论认为不同利益之间都存在相容性(公度性、通约性),特别是"正义"和"善"等。但实际上,四个层次的利益,不仅各自内部各具体利益之间存在相容性与不相容性(不兼容性、不可调和性),四个层次之间也存在相容性和不相容性。[③] 四个层次利益之间孰轻孰重,不能简单地一概而论,而应按比例原则等利益衡量准则,做充分的比较。取舍标准或者说取舍规则就变得异常重要。权利的核心在于利益,在利益不能兼容时,法律保护的本质在于保护更应当保护的利益。[④] 因此,我们要围绕基准利益,根据利益衡量判断标准,嵌入与抽离各种价值,厘定可相容利益位序,在不相容利益间做出选择,在此基础上推动员额制改革目标的总体实现。

首先,把好"进口关",科学制订统一的入额程序和标准。第一,系统内现有人员的入额标准。标准有两个,报名标准和优秀法官判断标准。报名

---

① 如宪法利益,既是基准利益(法官队伍正规化、专业化、职业化)的衍生利益,又是确保员额制改革沿着正确方向行进的纠偏利益,当然它也在各种利益尺度中处于最高地位。当基准利益存在缺陷时,就需要用其他制度利益如宪法利益来纠偏。

② 基准利益与四个层次利益的划分标准是不一样的,基准利益是按照制度设计目的划分的。

③ 西方传统思想认为,所有的善不仅和谐共存,而且相互包容。但英国哲学家以赛亚·柏林(Isaiah Berlin,认为不仅"善"与"恶"之间存在不可相容性和不可公度性(Incommensurability,不可通约性),"善"与"善"之间也存在不可相容性与不可公度性。参见梁上上:《异质利益衡量的公度性难题及其求解——以法律适用为场域展开》,载《政法论坛》2014 年第 4 期。

④ 参见梁上上:《利益衡量的界碑》,载《政法论坛(中国政法大学学报)》2006 年第 5 期。

标准事关起点正义，必须慎重确定，过高或过低都不妥当。对优秀法官的认定包括品德、办案数量和质量、专业、资历等，最关键的是法官优秀与否的核心是要围绕办案来判断。既想当行政管理为主的领导，又想兼办案为主的入额法官，这种思想归根结底是基于“官本位”更“吃香”的考量。[①] 而审判权内部运行机制保障问题应通过塑造以庭审为中心的司法裁判运行模式来解决。[②] 第二，系统内现有人员入额程序。比较而言，“考试＋考核”的遴选程序更为合理。程序必须统一，包括院领导在内，任何人非经此同一程序，不得入额。符合报名标准的，可先参加全省统一考试[③]，然后按照参加人选与录用人选合适比例（不宜过大）确定参加考核人选，由省级法官遴选（惩戒）委员会按照优秀法官判断标准予以考核，最终通过者获得员额法官资格。第三，建立初任法官养成机制。一要建立青年法官的逐级养成机制，形成逐级晋升通道：书记员从法律专业本科生中招录，法官助理从法律专业研究生中招录[④]，书记员经 2 年以上实践可参加法官助理选拔，法官助理经 2 年以上实践可参加初任法官选拔，获得初任法官资格后应不少于 1 年见习和培训方可主持审判工作[⑤]。第四，畅通人才交流渠道，引入开放式竞争机制。从律师、法学家等有丰富人生阅历和专业实践经验的社会人士中遴选法官，有助于发挥他们的职业优势和专业特长，提升司法工作的整体水平。正如美国大法官霍姆斯所说：“法律的生命向来不是逻辑，而是经验。”[⑥]多

---

① 让员额制比领导职级更“吃香”，更有职业吸引力，有助于法官员额制改革去行政化等目标的实现。参见丰霏：《法官员额制的改革目标与策略》，载《当代法学》2015 年第 5 期。

② 参见方乐：《审判权内部运行机制改革的制度资源与模式选择》，载《法学》2015 年第 3 期。

③ 在试点阶段为全省所有试点法院统一考试。

④ 书记员与法官助理均应经过公务员考试，并建立书记员和法官助理在职攻读定向硕士博士、定期轮训、导师制等多形式培养机制。

⑤ 夏克勤、胡媛：《我国法官选任制度专业化改革思路》，载《人民司法》2014 年第 11 期。

⑥ 转引自[英]弗里德里希·冯·哈耶克：《法律、立法与自由》第一卷，邓正来、张守东、李静冰译，中国大百科全书出版社 2000 年版，第 168 页。

领域、多岗位历练对以后的员额制法官来说，应成为标配。[①]

其次，设置“过程关”。第一，构筑科学的法官员额编制公式[②]，建立以法官为核心的员额动态调整机制。另外，要建立法官、法官助理、书记员因生病、生育等的统一预案。第二，要设置入额法官办案量考核。在过渡时期后，所有领导均应以办案为主。第三，法官入额后，为其展开高效工作提供人员保障，配套改革至关重要。[③] 关键是确定法官、法官助理、书记员配比及相互权责法规化。

最后，设定“出口关”。第一，未入额的原法官（领导）的院内消化与院外分流。要争取地方支持，不愿入额或未能入额的，横向交流到地方为主，职级上适当照顾。推行“多门”法院、ADR、法务官岗位设置等改革，发挥未入额留院者的作用，同时杜绝“员额外法官”等形式主义。第二，应建立退额制度。入额后退额的人员与其他人员一样，按程序再度参加选拔或予以分流。第三，打通法官助理和书记员岗位多向通道。主要去向不应是法院内部，而应为院外通道。一是打通法官助理、检察官和执业律师之间的通道，担任书记员、法官助理、检察官助理一年以上者，应允许不经见习直接转为执业律师；二是随着设区市普遍获得地方立法权，法官助理、检察官助理应成为人大立法部门专业人才的主要来源，同时，也应成为党委政府各部门依法行政骨干人才的主要来源之一。同时，也要为的确资深、的确具备直升资格的法官助理、书记员打通从助理到法官的法定通道。

五、结语

“制度是共识的固化，制度改革则是重新凝聚共识的过程”[④]，利益衡量

---

① 仍以位于改革较为前沿的江苏为例，很多高校毕业生考入法院工作一两年后即被安排参加预备法官培训，不满 30 岁就被任命为法官的现象极为普遍；未婚的预备法官约占一半左右；一些未婚的年轻法官甚至被安排审理离婚案件。由此可推知全国状况。参见李颖、陈倩、王宝鸣：《预备法官培训的实践性不足与改进——江苏省法官培训学院关于全省预备法官培训的调研报告》，载《人民法院报》2016 年 1 月 7 日第 8 版。

② 参见王静、李学尧、夏志阳：《如何编制法官员额——基于民事案件工作量的分类与测量》，载《法制与社会发展》2015 年第 2 期。

③ 参见丰霏：《法官员额制的改革目标与策略》，载《当代法学》2015 年第 5 期。

④ 秦前红、苏绍龙：《深化司法体制改革需要正确处理的多重关系——以十八届四中全会〈决定〉为框架》，载《法律科学（西北政法大学学报）》2015 年第 1 期。

是精准确定"重叠共识",解决法官员额制改革棘手问题的有效分析工具。但一方面,利益衡平是一个过程,对于错综复杂的利益衡平来说,有一个在不断试错中凝聚共识、渐进实现最优选择的时间限定,要善用"慢思维",精心统筹,逐步推进。另一方面,利益衡量也不是万能的,有一个操作空间和结构的限定,在使用利益衡量方法衡平各种利益的同时,也要防止恣意,造成滥用。因为说到底,利益衡量也是一种主观行为[①],为防止主观偏见,规则及决策者的选定就变得至关重要。从这个角度上说,加强源头管控,建立一个具有广泛代表性、专业性,能统筹和平衡四大类利益的法官遴选(惩戒)委员会,至关重要。

---

① 参见梁上上:《利益的层次结构与利益衡量的展开——兼评加藤一郎的利益衡量论》,载《法学研究》2002 年第 1 期,第 55 页。

法治视野下的参政议政新模式建构研究

内容提要 传统参政议政模式已经发挥了并正在发挥着重要作用。在全面依法治国背景下，传统参政议政模式也暴露出一些问题，面临新的挑战，需要具有远见、勇气和智慧的变革。从法治角度而言，需要将参政议政法律化、法规化，将参政议政职能权利化，将参政议政职责义务化，并突出实绩，建立科学的考评机制。

关键词 参政议政；全面依法治国；权利义务

政治协商、民主监督、参政议政是人民政协的三大主要职能，也是各民主党派、无党派民主人士、各人民团体、各界爱国人士在中国政治体制中参与国是、发挥作用的重要内容和基本形式。[①] 其中，参政议政是各民主党派、无党派民主人士和其他爱国人士参与国家事务的泛称。各民主党派、无党派民主人士、各人民团体、各界爱国人士参政议政主要体现在：参加国家政权，并在各级权力机关、政府和司法机关、人民政协担任领导职务；参与国计民生的协商和决策；参与国家事务的管理；参与对国家方针、政策、法律、法令执行情况的检查和监督；通过调研报告、提案、建议案或其他形式，向中国

【作者】郭人菡，杭州市委党校余杭区分校高级经济师，南京师范大学法学院博士研究生。

① 参见尹鸿伟：《从黄瑶案检视地方政协干部制度》，载《南风窗》2009 年第 25 期。

共产党和国家机关提出意见和建议。[①] 在全面依法治国的新形势下，传统的基层参政模式面临着重大变革。

一、基层传统参政议政模式的主要特点

民主党派是指在中国大陆范围内除执政的中国共产党以外的八个参政党的统称。它们分别是(按现有成员多少为序)：中国民主同盟、中国民主建国会、中国民主促进会、九三学社、中国农工民主党、中国国民党革命委员会、中国致公党和台湾民主自治同盟。所有这些民主党派均成立在新中国成立前。自新中国成立之日起，这八个民主党派就作为中国共产党的亲密友党积极参政议政。改革开放以来，特别是 1989 年中共中央 14 号文件出台以来，各民主党派参政党的地位得到进一步的确立、巩固和加强，参政议政职能得到进一步的拓展。[②] 基层民主党派参政议政的传统模式具有以下几个鲜明特点。

(一)代表性与集体性并存

从历史上看，民主党派的参政议政职能主要是通过其代表性人物以个人角色来履行的。[③] 这些代表性人物往往是各民主党派的负责人，或者是社会领域有名望的专家学者，他们通常在政府担任一定领导职务、在人大担任代表或在政协担任委员，为中国共产党各级组织负责人所熟知。当他们作为政府及其部门领导发言时，他们履行的是职务行为；当他们应邀在中国共产党组织的政治协商性的会议上发言时，通常为本党派代表身份；当他们以人大代表或政协委员的身份参与各类政治活动时，则是以各自所在民主党派的代表性人物的个人身份发言的。除此以外，民主党派普通成员也可以通过各种途径参政议政。比如，有的成员担任了各级政府部门的法律顾问，为法治政府建设贡献力量；有的担任特约监督员，为行风建设发挥积极作用；有的民主党派专家学者将调研时发现的问题或自己的研究成果通过

---

① 参见李如意：《论我国参政党制度化建设的必要性》，载《广西社会主义学院学报》2014 年第 5 期。

② 参见于琨奇、丁忱：《民主党派参政议政的几个特点》，载《江苏政协》2005 年第 9 期。

③ 同上。

一定的方式向政协或党委政府及其部门递交，发挥决策咨询等咨政作用；基层民主党派组织的普通成员，也可以通过本党派代表性人物或直接向有关方面反映自己的意见和建议。另一方面，中国共产党各级组织也会主动征求各民主党派的意见和建议，这时更多是面向民主党派集体，此时，民主党派作为一个群体向中国共产党反馈意见和建议。同时，各民主党派也会自行组织相关重大问题的调研，以党派名义定期或不定期向中国共产党或国家机关提交政策建议。

（二）主渠道与多途径并存

通过每年一次的"两会"（即人大和政协会议）提交建议和提案，是民主党派参政议政的主要渠道。各民主党派在"两会"上提交的建议和提案，是一年来各自党派调研成果和集体智慧的集中反映。这类建议和提案往往选题重大，并经过长期、深入的调研，剖析问题一般比较深刻，提供的建议相对比较专业，集中反映民主党派参政议政的整体水平。仅靠此渠道来参政议政还是不够的，一是因为参政议政的功能不仅仅在于发挥咨政作用；二是因为"两会"期间，各民主党派能提交的建议和提案的数量是相当有限的，而且"两会"召开时间短、休会周期长，反映问题的空间和时间都非常紧凑。因此，基层民主党派有关人员还可以通过参加国家政权担任领导职务，参加中国共产党党组织和政府召开的各类会议，参加各种通报会、人事等协商会，组织各种专题调研、视察等活动，报送信息参考等方式来参政议政。[①] 这种主渠道和多途径并存的方式保障了民主党派参政议政的有效性。

（三）受动性与协同性并存

中国的政党制度是具有中国特色的一种政治制度，是中国共产党领导的多党合作和政治协商制度。这种制度的主要表现形式是中国共产党领导、多党派合作，中国共产党是执政党，各民主党派则为参政党，是与中国共产党团结合作的亲密友党和参政党，而不是反对党或在野党。这种制度不同于西方国家政党制度。比如，中国各民主党派的成员还可以加入共产党，并且不用退出原来的党派，他们可以继续保留民主党派的组织关系，参加民

---

① 参见于琨奇、丁忱：《民主党派参政议政的几个特点》，载《江苏政协》2005 年第 9 期。

主党派的活动，不过必须编入共产党支部过组织生活，这就是中国政党制度的一大特色。中国共产党与各民主党派的关系可以归纳为两个方面：一方面，中国共产党对各民主党派的政治领导以及各民主党派自觉接受中国共产党的领导。这种政治领导主要是政治原则、政治方向和重大方针政策的领导，但不包括组织领导和思想领导。领导与被领导的关系决定了后者总体上具有受动性，不宜具有过强的自主性，主动权主要掌握在中国共产党的手中。另一方面，各民主党派配合中共中央进行参政议政，实行民主监督，发挥自身优势，共同建设社会主义等活动，相互协同特点十分显著。

二、基层传统参政议政模式的不足之处

基层传统参政议政模式总体上是十分成功的，也是总体适合相当长一段时期内实际需求的。但并不是说这一模式就完美无瑕，不需要任何改变了。实际上，传统参政议政模式也暴露出一些缺陷，特别是在全面依法治国背景下，其不适应性也逐渐凸显出来，主要表现为以下几个方面。

（一）个别地区和个别领域存在随意性，对人的依赖比较重

有的地方在基层参政及党外干部的安排上存在人为随意性，制约基层党外干部参政议政作用的发挥。这主要包括一些单位偏重党内干部安排，忽视党外干部安排；偏重政治安排，忽视实职安排；偏重副职安排，忽视对主要领导岗位的安排；在民主协商、相互监督上存在口头上（理论上）重视、实践时忽视的脱节现象。有的地区，民主党派及党外人士参政议政所提议案是否切实考虑、所需经费是否切实保障等，都寄希望于个别基层领导是否热心支持（但个别领导因法治观念淡薄、政策水平低等因素，不理解、不支持民主党派及党外干部参政议政，嫌民主协商太“麻烦”，也不习惯接受党际相互监督）。

（二）个别地区和个别领域，民主党派的活动空间、活动方式在解释上的伸展性太大，整体处于“听安排”被动状态

由于在程序上和实质上都缺乏完善的法律法规和操作细则等原因，参政党难以找到参政的着力点。同时，经费保障等也因地而异、因人而异。

（三）民主党派自身也存在一定问题和困难

各参政党参政模式同质化、参政领域重叠化、党员发展对象瓶颈化、基

层党组织缺乏专用编制等,都极大地制约了各民主党派作用发挥。个别地区的民主党派及党外干部自身不适应新形势要求,缺乏应有的知识准备和操作训练,也制约了基层党外干部自身参政议政作用的发挥。

这些问题,归根结底是法治建设问题,急需从思想上、业务上、环境上法治化,从而推动参政议政法治化、制度化、规范化建设。

三、按法治精神建构基层参政议政新模式的几点建议

法治需要顶层设计与地方实践相结合。因此,具体建议如下。

(一)将参政议政法律化、法规化

现行宪法在序言中规定:“社会主义的建设事业必须依靠工人、农民和知识分子,团结一切可以团结的力量。在长期的革命和建设过程中,已经结成由中国共产党领导的,有各民主党派和各人民团体参加的,包括全体社会主义劳动者、社会主义事业的建设者、拥护社会主义的爱国者和拥护祖国统一的爱国者的广泛的爱国统一战线,这个统一战线将继续巩固和发展。中国人民政治协商会议是有广泛代表性的统一战线组织,过去发挥了重要的历史作用,今后在国家政治生活、社会生活和对外友好活动中,在进行社会主义现代化建设、维护国家的统一和团结的斗争中,将进一步发挥它的重要作用。中国共产党领导的多党合作和政治协商制度将长期存在和发展。”① 这是宪法中关于民主党派地位及其与执政党关系的唯一表述。对各民主党派编制如何安排、经费如何保障、政治协商的范围程序等都缺乏表述,在部门法中也没有涉及。解决的办法,可以通过出台政党法予以解决,或者通过出台中国共产党党内法规的方式予以解决。

(二)将职能权利化

在全面依法治国和法治中国建设语境里,包含民主党派需依法参政议政的内涵和要求。而要符合这一要求的前提是有法可依,或者有明确的规定可依。这都要求将民主党派参政议政的职能用权利规则表述出来。因此,我们需要仔细分析,作为具有中国特色的多党合作和政治协商制度,特

① 《中华人民共和国宪法》,http://www.people.com.cn/GB/shehui/1060/2391834.html 人民网,2016 年 6 月 10 日。

色的内涵经过细化后，体现在什么权利规则上，然后，将这些权利规则细化。

(三)将职责义务化

权力越大，责任越大。一定的权利总是同相应的职责相对应。没有无权利的职责，也没有无职责的权利。赋予了各民主党派清晰的权利，就必然要求各民主党派发挥积极精神，主动承担相应职责。职责宜细化和明确，并有明确的追责机制。

(四)突出实绩，建立科学的考评机制

一是各级党组织要建立对同级民主党派的参政议政绩效考核机制。二是各民主党派要建立绩效内部考核机制。三是注重考核结果的运用，尤其是与编制、人事、经费安排相挂钩。四是加强培训。培训课程以基层民主党派成员、无党派人士等统一战线干部为对象（也可扩展到省市一级层面），力图通过本课程的学习和培训，使这些干部学员比较系统地了解并掌握我国参政党参政制度体系相关的法律、法规、政策知识，熟悉参政党依法参政的基本运作机制，并能对参政党在未来法治进程和国家治理中的作用发挥有所思考，从而推进基层参政法治化、制度化、规范化建设，最终为推进“法治中国”、推进国家治理体系和治理能力现代化贡献力量。

第三编 文化生态

传统文化之于社会主义核心价值观的作用

——以对杭州洪氏家族文化的实证分析为依据

内容提要 本文从分析中华传统文化与社会主义核心价值观在理念上的契合与摩擦出发，阐明传统文化作用于社会主义核心价值观的先天优缺性；进而基于对杭州洪氏家族文化的实证分析，指出这种作用的现实困境与机遇；最后提出从打破定式、切换方向、文化再造、形成特色四个向度，优化传统文化作用于社会主义核心价值观的路径。

关键词 社会主义核心价值观；中华传统文化；作用

社会主义核心价值观是对中国当代价值追求的总结和提炼，其最终形成离不开传统文化的熏陶和影响，如何评估和调控这种影响，须开启一场由理念到现实的分析。

一、理念的契合与摩擦——传统文化作用于核心价值观的先天条件

理念是一文化区别于其他文化的主要标志，而明晰不同文化在核心理念上的相反相成，也就是在本质层面把握其相互作用条件的先天优缺性。

1. 理念的契合

理念的契合是传统文化作用于核心价值观的先天优势。这种契合主要体现在两个方面。一是基础前提的共通性：源头相通，社会主义核心价值观孕育于传统文化，其渊源就在传统文化中；空间相同，社会主义核心价值观是在中国特殊的地理环境下形成；这个环境也即传统文化诞生的空间；时间

【作者】石翼飞，杭州市委党校余杭区分校讲师。

相续，社会主义核心价值观的出现是一个历史的过程，而这个历史并不是割裂的历史，它与传统文化发展的过程衔接、连贯；逻辑相顺，社会主义核心价值观的出现是传统文化逻辑发展、顺理成章的过程。二是具体追求的一致性：社会主义核心价值观与中国特色社会主义发展的要求相契合，从三个层面提炼出“富强、民主、文明、和谐，自由、平等、公正、法治，爱国、敬业、诚信、友善”的具体理论观点和价值追求，这些观点和追求的理念在中国传统文化中都能找到原型。虽然社会主义核心价值观经对传统文化的去粗取精的过程而有所吸收和超越，但是其毕竟孕育于文化母体，必然带有继承性，与母体有着天然的契合度。

2. 理念的摩擦

社会主义核心价值观根植于传统文化，同时又适应时代需要形成了新的理念，必然会与传统文化中不适应时代的旧理念相摩擦，因为虽然两者作为社会意识，都是社会存在的反映，但所代表的经济基础不同。传统文化建构于小农经济之上，反映的是封建地主阶级的价值追求；而核心价值观构建于社会主义市场经济之上，反映的是广大人民的价值追求。虽然从人性需求和维护社会秩序等共同性上考虑，两者并无差别，但毕竟不同的政治制度有不同的政治要求、有不同的政治理念，这是两者必然产生摩擦的深层次原因。再者，虽然社会主义核心价值观所秉持的具体理论观点和价值追求，在中华传统文化中能够找到相应的表达，但是这些观点与理论的系统结构不同，组合的层次和强调的权重也不同，相比传统文化，社会主义核心价值观由国及家，充实着大量的国家社会层面的价值判断，而传统文化是一种伦理文化，更强调修己，着重于个人道德层面的要求；社会主义核心价值更加能够彰显民主法治、自由开放、个人自主，而传统文化则有大量的体现人身依附的价值理念。因此，放在平行发展的视角，两者不可避免地会发生摩擦，传统文化中的陈旧腐朽理念是两者形成正向作用的内在阻梗。

二、现实的困境与机遇——传统文化作用于核心价值观的客观环境

杭州洪氏家族是宋、明、清时期著名的“钱塘望族”，是中国优秀传统文化的典型代表，是研究传统文化的理想样本，以其为考察样本，可以化繁从简、以点带面，较为准确地反映出传统文化作用于核心价值观的客观环境。课题组对杭州余杭西溪湿地 44 户洪氏家庭进行了问卷调查，问卷结果显示传统文化作用于核心价值观的客观环境既有困局也有机遇。

(一)现实的困局

1.现代观念尚未内化于心

核心价值观在社会层面上倡导自由、平等、公正、法治的价值取向,考察这些观念多大程度上被洪氏家族成员所接受和使用,是传统文化与核心价值观融合情况的一个简单观照。为此,课题组设置了5个问题,第1题是"当您的权益受侵犯时,您的第一反应是?"预期选项是"赶紧诉诸法律"其余为干扰选项;第2题是"当您发现您的孩子说谎时,您会?"预期选项是"先谈心问明原因,再告诉他无论如何说谎都是不对的"其余为干扰选项;第3题是"右边选项最能加强您内心安全感的是?"预期选项是"精通律法知识"其余为干扰选项;第4题是"您在商场买到伪劣产品时,您一般会怎样?"预期选项是"寻求消费者权益委员会的帮助",其余为干扰选项;第5题是"您知道自己有哪些权利义务吗?"预期选项是"知道,我的行为就是根据这个来确定"其余为干扰选项。接受问卷调查的44户洪氏家庭作答情况见表1。

表1 考察核心价值观在多大程度上被洪氏家族成员所接受和使用

选中预期选项情况	选中0个预期选项	选中1个预期选项	选中2个预期选项	选中3个预期选项	选中4个预期选项	选中5个预期选项
次数	3	12	20	5	2	2
占比(%)	6.8	27.3	45.5	11.4	4.5	4.5
排名	4	2	1	3	5	5

以选中预期选项的多少作为现代观念强弱的标准,2户家庭全部选中,2户家庭选中4个,5户家庭选中3个,也即选中三个以上预期选项的家庭户只有20.4%;20户选中2个,12户选中1个,3户1个都没选中,三者比重达79.6%。由此可见,平等、法治等现代观念并没有较好地被洪氏家族成员所吸收。

2.传统糟粕尚未根除

传统文化讲仁爱、重民本、守诚信、崇正义、尚和合、求大同的精神理念,与社会主义核心价值观相契合,是涵养核心价值观的重要源泉;与此同时,传统文化中的"三纲五常"、"德主刑辅"等旧理念如影随形般出现在我们的社会关系和个体日常生活中。为尽最大可能保证接受调查的44户洪氏家庭能真实地表达内心想法,课题组设定了9个价值取向的选项,各选项的意境虽不在同一层面，但并不截然对立，其中4个选项与核心价值观追求相称，并允许选取4个选项，问卷作答情况见表2。

表2 考察传统文化在多大程度上被洪氏家族成员所接受和使用

问题	选项								
假设您能继承右边洪氏家族的精神财富与物质财富，但只能继承4项，您的选项是？	爱国精神	权势地位	平等原则	关系网络	自主意识	忠君思想	自由心境	家产钱财	公正立场
选中次数	28	23	20	2	6	24	21	3	11
占比(%)	63.6	52.3	45.5	4.5	13.6	54.5	47.7	6.8	25.0
排名	1	3	5	9	7	2	4	8	6

由表2可见，选中率由高到低排名是："爱国精神"、"忠君思想"、"权势地位"、"自由心境"、"平等原则"、"公正立场"、"自主意识"、"家产钱财"、"关系网络"。其中，"权势地位"选中概率达52.3%，表明洪氏家庭一半以上持权力至上的价值追求。同时"公正立场"、"自主意识"等选中概率仅为25%、13.6%，表明社会关系平等、个体人格独立和精神自由等观念仍未成为洪氏家族成员的主流意识。

内心安全感是个人心理状态最真实的写照，一个追求和相信法治力量的人，其内心安全感来源于对法律价值的认同、对法律体系的信任以及个人对于法律知识的掌握。相关问卷调查结果见表3。

表3 关于内心安全感的调查结果

问题	选项(单选)			
右边选项最能加强您内心安全感的是？	家有金钱无数	自身位高权重	关系网络庞大	精通法律知识
选中次数	14	18	2	8
占比(%)	33	43	5	19
排名	2	1	4	3

18户选择"自身位高权重"，选中率达43%；14户选择"家有金钱无数"，选中率达33%；而选择"精通法律知识"的只有8户，选中率为19%，再次确证了洪氏家族成员近一半以上秉持权力至上观点。

3. 优秀传统文化传承不畅

传统文化只有在延续传承的基础上取精华、去糟粕，才会有与核心价值观正向互动的可能，也即延续传承是前提。以洪氏家族文化为例，问卷设计了 4 个关于家族历史文化的题目（第 1 题关于洪氏家族起源、第 2 题和第 3 题关于洪氏著名历史人物事迹、第 4 题关于洪氏家族文化特征，每题只设一个正确选项），调查情况见表 4。

表 4 关于家族历史文化的调查结果

问题	选项				
选中预期选项情况	选中 0 个预期选项	选中 1 个预期选项	选中 2 个预期选项	选中 3 个预期选项	选中 4 个预期选项
选中次数	1	2	8	25	8
占比(%)	2.3	4.5	18.2	56.8	18.2
排名	4	3	2	1	2

如表 4 所示，有 8 户家庭答对全部 4 题，25 户答对 3 题，8 户答对 2 题，如果以全部答对作为标准，只有 18.2%的家庭较好地传承了家族文化。洪氏成员对于其家训了解的状况也不乐观，具体情况见表 5。

表 5 洪氏成员对于其家训的了解情况调查结果

问题	选项(单选)			
您了解洪氏家训吗？	能够全部背诵	能背诵一部分	不能背诵，但大概知道它的内容	完全不了解
选中次数	2	10	26	4
占比(%)	4.8	23.8	61.9	9.5
排名	4	2	1	3

如表 5 所示，26 户选择“不能背诵，但大概知道它的内容”；10 户选择“能背诵一部分”；2 户选择“能够全部背诵”，占比仅为 4.8%；另有 4 户选择“完全不了解”(有 2 户未选)。这一结果进一步说明洪氏家族文化的传承不乐观。

(二)现实的机遇

1. 共融认同比较高

传统文化作用于核心价值观的最大现实利好是民众对于两者的共融性持较高认同度，问卷调查的结果证实了这一论断(见表 6)。

表6 关于传统文化与核心价值观共融性的调查结果

问题	选项(单选)			
传统家族文化对您的价值观有何影响?	常常影响日常行为和生活	偶尔会在行动中参照	完全没有影响	
选中次数	34	10	0	
占比(%)	77.3	22.7	0	
排名	1	2	3	
您认为学习传统家族文化对于构建社会主义核心价值观的意义是?	在内心树立核心价值观	反而会阻碍核心价值观的形成	有促进也有阻碍	说不清
选中次数	26	0	16	0
占比(%)	62%	0	38%	0
排名	1	0	2	0

如表6所示,34户认为传统家族文化会“常常影响日常行为和生活”,占比为77.3%,表明绝大多数家庭认为传统的价值观念在强烈地影响现代生活;10户认为传统价值观念只是偶尔作为行为的参考,占比为22.7%;没有家庭认为传统文化对自己没有影响;62%的家庭认为传统文化有利于帮助民众“在内心树立核心价值观”,38%的家庭认为传统文化对于构建核心价值观“有促进也有阻碍”。如果这一结果是从总体上反映了传统文化对于当前中国家庭价值观念影响比较大,那么表7则进一步证实了传统文化与社会主义核心价值观“三个倡导”之间也是相融相生的关系。

表7 传统文化与社会主义核心价值观相融相生的调查结果

问题	选项(单选)			
据您了解,洪氏家族文化推崇爱国、敬业、诚信、友善的个人品质吗?	全部推崇	部分推崇	部分与之抵触	两者趣旨不同
选中次数	24	16	2	2
占比(%)	54.6	36.4	4.5	4.5
排名	1	2	3	3
据您了解,洪氏家族文化提倡自由、平等、公正、法治的社会理念吗?	全部提倡	部分提倡	部分与之抵触	两者趣旨不同
选中次数	26	14	2	2
占比(%)	59	32	4.5	4.5
排名	1	2	3	3

续表

问题	选项(单选)			
据您了解,洪氏家族文化追求富强、民主、文明、和谐的国家理想吗?	全部追求	部分追求	部分与之抵触	两者趣旨不同
选中次数	23	18	3	0
占比(%)	52.3	40.9	6.8	0.0
排名	1	2	3	4

如表7所示,54.6%、59.0%、52.3%的家庭认为传统家族文化与社会主义核心价值观在个人品质、社会理念、国家理想上完全吻合,选中概率均排在第一,再次证明了两者较高的共融认同率。

2.传承意愿比较强

传统文化要作用于社会主义核心价值观,一个重要前提是作为文化承载的主体对传承传统文化具有较强的意愿,相关调查情况见表8。

表8 传承传统文化意愿的调查结果

问题	选项(单选)			
您觉得洪氏家族文化对自己影响大吗?	影响大	有影响,但不明显	基本没影响	完全没影响
选中次数	14	23	3	0
占比(%)	35.0	57.5	7.5	0
排名	2	1	3	4
您作为洪氏家族成员,感觉自豪吗?	十分自豪	有自豪感,但不强烈	一般	没啥感觉
选中次数	15	23	1	1
占比(%)	37.5	57.5	2.5	2.5
排名	2	1	3	3
您愿意将洪氏家族文化传承下去吗?	十分愿意	意愿一般	顺其自然	无所谓
选中次数	21	18	4	0
占比(%)	48.8	41.9	9.3	0.0
排名	1	2	3	4

由表8可见,关于洪氏家族文化对于个人影响问题,23户选择“有影

响,但不明显”,14 户选择“影响大”,两项占比达 92.5%,说明洪氏家族成员承认家族文化对个人行为有作用,认可家族文化的价值导向。这一结果在关于个人作为洪氏家族成员荣耀感的调查中得到进一步验证,23 户选择“有自豪感,但不强烈”,15 户选择“十分自豪”,两项占比为 95%,说明洪氏家族成员对于本家族文化具有较高认同度。在关于洪氏家族成员传承本家族文化意愿的问题上,21 户选择“十分愿意”,占总调查对象的 48.8%,另有 18 户选择“意愿一般”,占比为 41.9%,说明在具备较强家族荣誉感、家族文化认同感的前提下,洪氏家族成员具有较好的传承家族文化的意愿。

3.学习氛围比较浓

改革开放三十多年,经济、政治、文化、社会等各方面建设都取得了较大的成就,为推进社会主义核心价值观建设奠定了良好的基础。同时,随着社会主义市场经济体制的建立和社会主义民主政治的深入发展,民众的民主法治意识、自由平等观念日益加强,维护公平正义的要求也越来越高。此外,在当前社会经济利益和分配方式日渐多样化、各种外来思想文化不断激荡的大环境下,阻止道德滑坡、形成社会的主流价值观也成为整个社会的共识。更重要的由于有党的坚强领导,为推进社会主义核心价值观的培育,最大限度地凝聚了各方面的共识。在此前提下,学习社会主义核心价值观的氛围越来越浓。若能因势利导,整合和利用好各种有利因素,必将开创优秀传统文化和核心价值观融合发展的新境界。表 9 反映了在当前社会民众中已经形成了学习社会主义核心价值观的浓厚氛围。

表 9　学习社会主义核心价值观的浓厚氛围

您对倡导社会主义核心价值观的看法是?	与每个人密切相关,须倡导更须践行	这是少数人讨论的问题,与我无关	没有必要,传承好传统家族文化就可以了	其他
选中次数	38	2	4	0
占比(%)	86.4	4.5	9.1	0
排名	1	3	2	4

如表 9 所示,86.4%的洪氏家庭认为倡导社会主义核心价值观“与每个人密切相关,须倡导,更须践行”,占绝大多数,这证明了当前民众对于社会主义核心价值观具有较高的认同度,具有较浓的学习氛围。表 10 则从结果的角度印证了表 9 的统计结果。

表 10 民众对于社会主义核心价值观具有较高的认同度

您了解社会主义核心价值观吗?	了解,可以背诵	听说过,但不知道具体内容	不了解
选中次数(次)	30	14	0
选中概率(%)	68.2	31.8	0
概率排名	1	2	3

如表 10 所示,68.2%的洪氏家庭了解并能背诵社会主义核心价值观,这证明了在浓厚的学习氛围的影响下,社会主义核心价值观的内容已经广泛普及。

三、发展的思路与举措——传统文化作用于核心价值观的路径优化

前面已经对传统中华文化作用于社会主义核心价值观的先天条件做了理论解析,并对这种作用的客观环境做了实证分析,在此基础上我们不难判断:就当前来说,传统文化对于社会主义核心价值观的作用既有积极方面又有消极方面,而且积极中有羁绊、消极中有利好。但是我们不能止于判断,而应在判断之后做出相应引导,做到积极利用二者作用的先天优势,有效克服二者作用的先天缺陷,充分利用二者作用中已经产生的机遇,有效化解二者作用已经产生的困局,最终使得积极作用尽可能放大而消极作用尽可能缩小。然而,如何将这个美好预期做实,还需建立起一个梳理和排列系列措施的逻辑框架,课题组认为这个框架可以从主客体作用关系来建立,并从以下四个方面着手。

(一)打破定式

路径的优化首先是一个思维优化的过程,这虽是一个主观意志的过程,但并非是任意妄为的过程,须遵循文化发展的特有规律,打破一些陈旧的思维定式。

1.打破"传承传统文化必定反对社会主义"的思维定式

传统文化虽然产生于封建社会,以封建经济为基础,但是这并不表示所有传统文化的价值追求、价值取向必然与社会主义的经济制度和政治制度格格不入。放大到全人类的高度,反映人类整体的价值观念是放之四海而皆准的。因此,必须克服将传统的中华文化与社会主义相对立的思维,克服

传承传统文化必定反对社会主义的思维定式。要认识到传统文化中的真理性观点在当下不过时,更不消说传统文化的一些观点与社会主义的倡导不谋而合,不能因为在传统文化典籍中有所倡导而强行为其贴上过时的标签,弃之不用,这将导致社会主义建设的实践走向偏激。

2. 打破"构建核心价值必定漂白传统思想"的思维定式

同样,社会主义核心价值观的构建不能避开传统文化来开展,牢固的核心价值观,都有其固有的根本。抛弃传统、丢掉根本,就等于割断了自己的精神命脉。博大精深的中华优秀传统文化是我们在世界文化激荡中站稳脚跟的根基。中华文化源远流长,积淀着中华民族最深层的精神追求,代表着中华民族独特的精神标识,为中华民族生生不息、发展壮大提供了丰厚滋养。中华传统美德是中华文化的精髓,蕴含着丰富的思想道德资源。不忘本来才能开辟未来,善于继承才能更好创新。对历史文化特别是先人传承下来的价值理念和道德规范,要坚持古为今用、推陈出新,有鉴别地加以对待,有扬弃地予以继承,努力用中华民族创造的一切精神财富来以文化人、以文育人。

(二)切换方向

路径的优化还需调整作用的发生机制,根据不同阶段调整作用力的发出方向,确保以最低的精力成本获得最为持久的效力。

1. 前期坚持由上而下引导,营造氛围

首先要做好国家顶层设计,由上至下、由整体到个体推行,使得整个战略布局能获得来自国家机器施展的自上而下、共襄盛举的强大势能,这样有利于在短时间内营造出良好的社会氛围,在社会中形成气候。

2. 后期坚持由下而上传导,恒定机制

到了后期要逐步转为由个体家庭传承和践行开始,由下至上、由个体到整体养成,避免运动式治理上层压力足、下层动力弱,高端有热情、基层已倦怠,发起时力量磅礴、推动时戛然而止等弊病。

需要强调的是,前后期侧重点的设置不是一种非此即彼的战略抉择,我们要争取既要获得来自社会个体释放的由下而上、持续不断的力量,又要获得来自上层推导的雷霆万钧之势,既要有疾风暴雨又要有和风细雨。

(三)再造文化

这个方面是从“传统文化作用于核心价值观的路径”这一问题的两端着手,通过强化作用的主客体,实现两头发展,通过缩短距离来优化路径。

1. 再造传统文化

对于传统文化,我们要根据时代的要求去其糟粕,取其精华,克服传统文化中陈腐的观点,以开放的姿态吸收当前社会的先进理念,赋予传统文化新的时代内容,使其焕发青春。

2. 充实核心价值

提倡和弘扬社会主义核心价值观必须立足中华优秀传统文化,因为它是社会主义核心价值观的深厚沃土,我们应从传统文化中汲取丰富营养,要依靠传统文化来促进核心价值观形成中国特色,增强民族的文化自信。

3. 丰富学习方法

延续传承首先要优化传承的模式。表 11 显示洪氏家族文化的传承模式较为单一。

表 11 洪氏家族文化的传承模式较为单一

问题	选项(单选)			
您了解洪氏家族文化的主要途径是?	听家族前辈们口述	父母教导	自己看书或者上网了解	其他途径
选中次数	22	13	6	3
占比(%)	50	30	13	7
排名	1	2	3	4

22 户家庭选择“听家族前辈们口述”,13 户家庭选择“父母教导”,两者占比达 80%,这说明洪氏家族文化主要采取原始的口口相传的传承模式。我们可以采用现代工具,组织节庆活动、保护遗址遗迹、还原地域风貌、延续传统风俗、恢复修谱和祭祖等,通过多种形式丰富和优化传承模式,使优秀的传统文化记忆更深,传承更久。社会主义核心价值观的宣传亦是如此,不能采用单一运动式的宣传。

(四)形成特色

核心价值观不能割裂本民族传统而强行植入,而应坚持本民族的价值品味和追求，从本民族的文化中汲取营养，充实核心价值观的内涵，为社会主义核心价值观注入民族的灵魂，使其呈现出中国特色，闪耀民族的魅力；同时对于属于全人类追求的价值，我们必须大胆吸收，但是要避免囫囵吞枣，要在吸收借鉴的基础上，再结合本民族实际加以改造和应用，确保核心理念印上民族烙印。

参考文献

[1] 习近平.习近平谈治国理政[M].北京：外文出版社，2014.

[2] 郭建宁.社会主义核心价值观基本内容释义[M].北京：人民出版社，2014.

[3] 朱颖原.社会主义核心价值观多维研究[M].北京：人民出版社，2013.

[4] 钟永圣.传承与复兴——社会主义核心价值观的中华传统文化解读[M].北京：中国青年出版社，2015.

[5] 冯颜利，廖小明.问题·旨趣·路径——社会主义核心价值观新探索[M].北京：人民出版社，2014.

[6] 许俊.国之魂——社会主义核心价值观与中华优秀传统文化[M].北京：中国社会科学出版社，2014.

[7] 俞可平.国家底线：公平正义与依法治国[M].北京：中央编译出版社，2014.

[8] 朱金坤.西溪文化·西溪风情[M].杭州：西泠印社出版社，2010.

[9] 周膺.钱塘望族：杭州洪氏家族文化史[M].北京：国际文化出公司，2007.

[10] 冯尔康.中国传统家族文化的当代意义[J].江海学刊，2003(6).

大遗址保护及其文化传承

——以良渚遗址为研究样本

内容提要 良渚遗址在国家重大文化遗产保护中占据显著地位。本文通过梳理城镇化背景下大遗址保护理念的发展，提出实现新型城镇化与大遗址保护融合发展的三大要素——管理体制、基础研究和具体路径，以此分析良渚遗址保护及其文化传承在管理体制、基础研究和实现新型城镇化与大遗址保护融合发展的具体路径上的成效与问题，并提出对策建议。

关键词 大遗址；保护；利用；管理；研究

一、城镇化背景下的大遗址保护

(一)大遗址的概念形成

大遗址是中国独有的概念，形成的较晚。20 世纪 80 年代，苏秉琦先生在讨论"古城、古文化、古国"时首次提到这个概念，1986 年，在中国考古学第五次年会闭幕式上，他首次使用"大遗址"一词。[①]1997 年，国务院颁布《关于加强和改善文物工作的通知》，"大遗址"开始正式出现在国家文件中。2005 年，国家文物局编制的《"十一五"期间大遗址总体保护规划》对"大遗址"的界定是：大遗址主要包括反映中国古代历史各个发展阶段涉及政治、

【作者】章秀华，杭州市委党校余杭区分校讲师。

① 孟宪明：《温故求新：促进大遗址保护的科学发展——促进大遗址保护的思路再探》，载《东南文化》2009 年第 3 期。

宗教、军事、科技、工业、农业、建筑、交通、水利等方面的历史文化信息，具有规模宏大、价值重大、影响深远的大型聚落、城址、宫殿、陵寝、墓葬等遗址、遗址群。①

(二)大遗址保护理念的演变

1. 单一限制性保护

保护之初，由于对大遗址的认识有限，特别是没将大遗址从普通文物中区别开来，对大遗址的保护沿用传统的文物保护方式，强调绝对保护，反对任何形式的利用。这种单一限制性保护理念，使大遗址保护与大遗址所在区域的城市化发展之间矛盾重重，包括大遗址保护与土地供给的矛盾、与城市基础设施建设的矛盾、与生态环境建设的矛盾以及与遗址区内人民群众生产生活水平提高的矛盾，使大遗址的保护逐渐陷入被动局面。

2. 保护与利用的辩证统一

随着对大遗址认识的深入，理论和实务界逐渐转变保护理念，认为大遗址保护与利用之间是辩证统一的关系，保护大遗址并不排斥对其进行合理利用。保护大遗址的目的就是要制止人类在生产和生活过程中对大遗址的破坏和损伤，同时采取措施尽量减轻或延缓自然力量对大遗址的侵蚀和影响，使大遗址所承载的历史文化信息能够真实、长久地传递下去。利用大遗址的目的就是要充分挖掘和有效发挥大遗址的各种价值和功能，使大遗址保护走上可持续发展的道路。② 在这一理念下，大遗址保护的方式出现了较大变化。在保护对象上，从强调遗址本体的保护向对大遗址本体及其环境一体化保护转变；在保护力量上，从强调政府的责任向全民自觉保护转变；在保护资金上，从强调单一的政府财政拨款向政府主导、民营企业参与的多元投资转变。大遗址保护的基本路径为建立大遗址保护管理机制，开展大遗址基础保护和规划编制，进行大遗址保护展示。

实践中也出现了一些成功处理大遗址保护与利用的关系的案例，较为典型的是陕西省的大遗址保护。针对大遗址保护与当地经济社会发展的矛

---

① 参见《"十一五"期间大遗址总体保护规划》，http://www.ccsc.gov.cn/qwfb/200810/t20081029_4035464.html.

② 郑育林.我国大遗址保护与利用相关问题的研究[J].西北大学学报(哲学社会科学版)，2010(3).

盾,2008年陕西省提出“四个结合”的理念:大遗址保护与当地经济社会发展相结合、与当地群众生活水平提高相结合、与当地城乡基本建设相结合、与当地环境改善相结合,并在大遗址保护中进行了积极实践。比如秦始皇陵遗址公园建设与新农村建设相结合、唐大明宫整体保护与道北地区旧城改造相结合、唐长安城延平门遗址保护与市民公园建设相结合、曲江遗址公园与文化地产开发相结合、杜陵保护与退耕还林相结合,取得了很好的成效。[①] 当然,不合理开发造成大遗址的建设性破坏的案例也不少,更多的大遗址则处于只有保护,而利用还停留在表面的状态。究其原因,根本在于城镇化发展理念与大遗址保护理念的不一致。改革开放以来,我国城镇化快速推进,取得的成就举世瞩目。然而,长期以来,我国的城镇化发展走的是粗放型道路,城镇化进程中过分重视经济而忽视环境、文化等建设,形成了只能通过牺牲一方来成就另一方发展的思维定式,导致城市建设和大遗址保护的二元对立。这种思维模式如果不改变,大遗址保护与城镇化间的矛盾只会进一步激化和复杂。

针对我国城镇化过程中出现的问题,2013年12月,中央城镇化工作会议召开,提出新型城镇化概念,指出要推进以人为核心的城镇化,要传承文化,发展有历史记忆、地域特色、民族特点的美丽城镇。[②] 2014年3月,国务院出台《国家新型城镇化规划(2014—2020)》,提出“文化传承、特色彰显”的基本原则,强调推动新型城市建设要注重人文城市建设,明确人文城市建设的重点首先就是文化和自然遗产保护。[③] 新型城镇化理念的建立表明城镇化理念与大遗址保护理念从二元对立向一元融合的发展,为城市建设和大遗址保护的有机融合提供了政策上的支持。

(三)新型城镇化与大遗址保护融合发展的要素分析

在实践中如何在新型城镇化中实现城市建设和大遗址保护的有机融合?新型城镇化的实质在于实现“产、城、人、文”的互动融合。分析实践中

---

① 赵荣:《大遗址保护与活化——以陕西为例》,http://www.360doc.com/content/16/0427/14/2387161_554236338.shtml,2016年3月25日。

② 参见《中央城镇化工作会议在北京举行》,人民网,http://politics.people.com.cn/n/2013/1215/c1024-23842026.html,2016年3月27日。

③ 参见国务院公报,http://www.gov.cn/gongbao/content/2014/content_2644805.htm,2016年3月27日。

城市建设和大遗址保护的矛盾，不难发现，这些矛盾既是问题所在，也是促进两者融合的着力点。因此，可以从城镇化和大遗址保护的矛盾出发，探索新型城镇化与大遗址保护的融合发展。

学界对大遗址及城镇化建设之间的关系研究，有不少成果。比较有代表性的有：陈同滨通过分析和评价城镇化进程对大遗址破坏的因素，从保护规划层面，提出大遗址保护可以从管理、社会和谐、生态保护和景观设计四个层面着手来解决城镇化和大遗址保护之间的不协调问题[①]；朱海霞则从城市化测度指标入手，指出在城市化背景下，大遗址保护区域面临的人口城市化、经济城市化、地域空间(景观)城市化、生活方式和生活质量城市化、环境状态城市化等五大方面的二十五项挑战[②]。综合参考以上两位学者的研究成果，从新型城镇化建设和大遗址保护的基本目标出发，笔者认为在新型城镇化建设中要实现城市建设和大遗址保护的有机融合主要取决于三方面的因素。

1.保护和利用的行政支撑

这里主要指大遗址保护管理体制是否科学、有效。具体包括：(1)大遗址保护管理机构的建立及其职能的充分发挥；(2)大遗址保护的专项法规及专项政策等制度支撑的完善；(3)大遗址保护资金的充足等。

2.保护和利用的研究支撑

这里主要指大遗址研究成果是否充分和能否及时转化。具体包括：(1)通过对大遗址的考古学、历史学、文化学、社会学、建筑学等多学科研究为大遗址的保护和利用作理论和技术支撑；(2)对大遗址价值的提炼；(3)大遗址价值的转化和阐释。

3.保护和利用的具体路径

这里主要指综合利用产业结构调整、人口调控、城镇功能布局和完善、土地利用性质控制、城镇营运商的选择等手段，从大遗址的价值、功能和所处环境出发，通过将遗址保护与地产开发、旅游资源开发等相关产业相结合，实现大遗址的保护和利用(见表1)。

---

① 陈同滨：《城镇化背景下的中国大遗址保护》，载《建设科技》2006年第22期。

② 同上。

表1 保护和利用的具体路径

规划层面	规划对策
管理层面	(1)界定保护区划;(2)制定专项法规;(3)建立管理体制;(4)规定区划管理;(5)建立监督机制;(6)制定专项政策;(7)筹措经费来源;(8)协调利益各方等
社会和谐层面	(1)土地利用性质控制;(2)居民人口调控;(3)居民安置规划;(4)经济结构调整;(5)交通路网调整;(6)功能组团布局;(7)城市发展方向;(8)村镇体系规划等
生态环境保护层面	(1)生态承载力控制;(2)水土流失防治;(3)水系整治疏浚;(4)地下水和水源涵养保护;(5)风沙侵蚀防治;(6)土壤沙化治理;(7)化肥污染控制;(8)环境污染治理等
环境审美层面	(1)环境整治规划;(2)环境考古研究;(3)景观考古研究;(4)历史环境修复;(5)景观展示结构;(6)视线空间环境;(7)景观设计准则;(8)造型设计准则等

二、良渚遗址保护与良渚文化传承的实证分析

良渚遗址位于浙江省杭州市余杭区良渚、瓶窑两镇街及湖州市德清县三合乡境内,是我国长江下游地区新石器时代最重要的考古遗址之一。以良渚遗址命名的良渚文化是中国最为重要的新石器时代考古学文化之一,是中华早期文明的一种重要模式,代表了中华文明起源阶段的最高成就。

(一)基本概况

良渚遗址的系统保护工作始于20世纪80年代中期。近三十年来,就如何正确处理城镇化和遗址保护、遗址文化传承的关系,余杭区进行了积极的实践探索。

1.建立管理体制,为大遗址保护和利用提供行政支撑

第一,建立了专门的管理机构。2001年9月,浙江省人民政府批准设立杭州良渚遗址管理区,管理区在杭州市委、市政府的领导下,由余杭区负责管理。同时,成立正区级行政单位——杭州良渚遗址管理区管理委员会(与浙江省杭州良渚遗址管理局为一套班子,两块牌子),管理职能是负责管理区范围的文物保护、城乡规划、经济开发、社会管理及其他工作协调与监督等,并受余杭区委托,对良渚、瓶窑镇实施管理。管委会核定编制30名,内设办公室、国土与规划建设处、文物管理局、文化产业处。下设良渚博物

院、良渚遗址管理所。2008年,杭州良渚遗址管理区管理委员会的管理体制和运行机制进行了适度改革,专职良渚遗址保护、申遗、规划建设、学术研究及文化产业发展。

第二,制定了大遗址保护的专项法规、政策。在《中华人民共和国文物保护法》、《中华人民共和国文物保护法实施条例》、《浙江省文物保护管理条例》等国家和省级层面的文物法律法规基础上,2002年,杭州市人大制订了《杭州市良渚遗址保护管理条例》,对良渚遗址保护范围设定、管理机构职责、规划与管理、考古与展示利用、法律责任等进行规定。2013年,杭州市人大对《杭州市良渚遗址保护管理条例》进行修订,明确良渚遗址的保护和管理实行规划保护制度,以增强《杭州良渚遗址保护总体规划》的执行刚性。余杭区政府则于1996年和2005年分别发布《关于余杭市实施浙江省良渚遗址群保护规划若干意见的通知》(余政〔1996〕202号文)和《关于良渚遗址区内土地利用有关事项的通知》(余政〔2005〕41号文),为遗址区内的项目建设、土地利用提供可操作的依据。2013年,《杭州良渚遗址保护总体规划》获得批准,明确了良渚遗址42.02平方公里的保护范围和35.73平方公里的建设控制地带。

第三,建立了大遗址保护的相关机制。一是建立了中央、省、市、区四级保护资金补助机制,良渚遗址的日常保护经费基本落实。同时,余杭区将远离保护区外数十公里的"最靠近杭州市中心、最有价值的26平方公里"划为"良渚遗址保护资金筹集区域",刚性规定凡这26平方公里土地出让毛收入的10%专项用于良渚遗址保护和申遗工作。二是建立了一定的利益协调机制。制定《良渚遗址保护区文物保护补偿办法》,通过每年安排专项资金,对村一级文物保护进行目标考核,根据考核结果下拨文物保护补偿经费,对村级集体经济进行补偿。这项机制一定程度上弥补了基层组织在文物保护中失去的发展机会成本及经济成本,提高了基层组织及民众在保护文物中的主动性,也填补了全国文物保护补偿政策的空白。三是形成了遗址保护联合执法机制。明确城管执法、国土管理等职能部门,履行协同文物管理部门做好良渚遗址保护管理工作的责任,形成了文物管理、城管执法、国土管理、公安等各部门共同参与、各司其职的遗址保护联合执法机制。

第四,推动良渚文化的有效宣传。针对不同对象分层次开展不同形式的宣传活动。针对学生,通过将良渚文化和良渚遗址编入中学教科书,实现知识普及;针对普通老百姓,通过开展知识竞赛、文艺巡演、免费开放博物院等活动，拉近他们与良渚遗址的距离，提升文物保护意识；针对学界，通过召开学术讨论会、文化论坛，增进学术交流，促成科研成果；针对省外、国外群体，通过到当地举办精品文物展，开发纪念章、个性化邮票及各式良渚文化仿制纪念品向社会公开发售等活动，进一步扩大良渚文化、良渚遗址在省内外、国内外的知名度。

2. 开展基础研究，为遗址保护和利用提供理念、技术等支撑

第一，加强人才队伍建设。通过招聘和借助浙江省文物考古研究所的科研力量等方式，加强考古科研队伍建设。

第二，加强科研基地建设。分别于 2008 年、2010 年成立良渚遗址保护与研究中心和良渚研究院，聚合国内外专业技术力量，组建开放性的良渚文化研究平台。

第三，不断推进相关研究。从考古、文学、建筑学、艺术设计、经济学等方面对良渚遗址和良渚文化展开研究，出版了一批考古发掘报告和良渚文化系列研究丛书。

3. 综合运用人口调控、土地利用性质控制、产业结构调整等政策工具，开展遗址保护和利用工作

一方面，减缓和控制遗址保护区的城镇化进程。为从根本上缓解城市化进程对遗址保护形成的压力，遗址区确定了跳出遗址区求发展的战略。几年来，通过外移良渚、瓶窑两镇街的工业中心、关停整治遗址区周边石矿、南移 104 国道、土地种植结构控制、保护性租地、控违拆违、土地征用、对建设项目实行“文物前置审核”程序以及改建、新建民居外迁引导等措施，良渚遗址的保护取得了有效进展。同时，确立了采用建设国家考古遗址公园这一在国际上被证明切实有效且日趋成熟的保护和利用模式来实现遗址保护。2008 年，余杭区通过国际招标，由德国 SOL 联合事务所进行设计，确定了国家考古遗址公园的整体方案，即以历史文化认知发展为主线，辅助生态景观绿地，并对周边山地森林加以系统改良，形成由良渚古城、良渚博物院、良渚广场、美丽洲公园和良渚港文化景观轴组成的“三点一线”的空间结构框架，建成一个集遗产保护、文物展示、文化交流、生态旅游为一体的综合体。目前，良渚国家考古遗址公园一期已建成开放，后期建设正在持续推进。良渚国家考古遗址公园对于遗址本体保护、环境改善以及遗址文化的宣传推广和公众文物保护意识的提升都起到了一定作用，但受到展示技术、营运管理等诸多因素的影响，良渚国家考古遗址公园的经济效益还不明显。

另一方面，依托遗址资源，通过产业引导、地产开发等措施加速和完善遗址保护范围外缘的城镇化进程。采取的主要行动有：

(1)引入房地产开发企业开发良渚文化村，带动区域城镇化进程。2000年，余杭区政府将良渚文化村区块土地(位于余杭区良渚街道西南，北侧2公里远为良渚文化遗址，占地近11000亩)以协议形式出让给南都房地产集团(2006年南都房地产集团与万科企业有限公司合并为浙江万科南都房地产有限公司)，采用市场运作的方式开发建设。经过10年开发，目前，良渚文化村已拥有功能完整的城镇配套体系，形成了以文化艺术类企业为主导、集创意作坊、特色长夜、合院居住为一体的文创企业集群。不仅有效带动了地区城镇化进程，对地区经济结构的调整、人口结构的改善、基础配套设施的完善和城市文化的传承都发挥了积极作用。

(2)建立创意良渚基地，引导产业结构调整和产业集聚。在良渚遗址的生态环境不断提升、文化价值不断挖掘的基础上，2008年，余杭区在良渚街道建立创意良渚基地，期望通过发展文化创意产业推动良渚文化的开发、传播及遗址区内外产业结构优化和遗址区居民综合素质的提升。规划上，基地总面积约17.59平方公里，主要由中国良渚文化村片区、良渚城镇一期行政商务片区和二期商业街区组成，弘扬"文明之光"这一良渚文化品牌，集聚发展艺术品业、创意旅游业、文化会展业，并形成一定的产业规模；配套发展教育培训业、创意生活业，打造"国家级文化创意产业示范基地"；重点推进以良渚国家遗址公园为核心的文化创意产业综合体、良渚玉文化产业园的建设。① 创意良渚基地从"原创、首创、独创、外拓精神"的良渚文化精神入手，旗帜鲜明地打出了良渚文化的品牌，并基于良渚文化"中华文明曙光"的地位，将品牌定位为"文明之光"，目的在于通过挖掘良渚文化这一城市特色文化精髓来建设文化品牌，以品牌赋予文创产业文化内涵和精神价值，以此突破文创产业发展遭遇的同质化困境，实现文创产业的跨越性发展。然而，从运营实践看，规划目标实现得并不理想。基地的入驻企业、运营状态、产业布局与原本的产业定位存在一定差异。②

① 《余杭区"十二五"文化创意产业发展规划》，杭州余杭政府门户网站 http://www.yuhang.gov.cn/xxgk/ghjh/fzgh/201109/t20110906_661555.html，最后访问于2016年4月3日。

② 董科超、王娟：《杭州市十大文化创意产业园区现状与发展对策》，载《山西建筑》2012年第28期。

(3)以特色小镇“梦栖小镇”建设为引擎，打造良渚文化城，有序引导产业和城乡布局，引领产、城、人、文融合发展。2015年，余杭区紧抓浙江省通过建设特色小镇推动产业转型升级和统筹区域发展的契机，在良渚创建梦栖小镇，成为浙江省第二批特色小镇。从规划看，梦栖小镇产业定位为设计产业，致力于通过创意、创新、创造，大力发展设计产业。目前正在进行小镇一期建设，通过盘活玉文化产业园、创意良渚综合体等创意良渚基地的闲置存量资源，促进空间整合和产业集聚。

(二)具体成效

良渚遗址在保护、利用和文化传承上形成的管理模式、发展路径和具体举措对其他大遗址的保护和利用不无借鉴意义。

在管理上，良渚遗址保护采用设立专职管理机构——良渚遗址管理委员会的形式推进，使良渚遗址能在更大的地域范围内和更高的层级上开展保护管理工作，成为近年来遗址保护工作较快推进的一个根本性举措。这种“文物特区”的模式，开全国大遗址保护之先河，为大遗址保护提供了可以借鉴的范例。

在发展路径上，良渚遗址实行两条腿走路。一方面，通过制定专门性法规、政策和遗址保护规划，实施国道改迁、征地拆迁、工业中心外移、保护性租地等措施来减缓和控制遗址保护区的城镇化进程，以实现遗址保护；另一方面，依托遗址的文化优势、环境优势、区位优势发展文创产业，加速和完善遗址保护范围外缘的城镇化进程，进而对遗址进行反哺。从成效看，良渚遗址保护获得了有效进展，良渚博物院、良渚玉文化园、良渚国家考古遗址公园一期的成功开放，也标志着遗址合理利用的步伐的迈出。

在具体举措上，引入优质地产开发商在政府政策引导下以市场为导向建设、运营城镇的成功实践，为市场主体参与良渚遗址的利用提供了具有借鉴意义的实践样本。良渚“文明之光”这一城镇文创产业品牌的推出，是积极发挥文化的社会效益和应用价值，利用良渚文化推动产业发展、促进社会和谐、实现文化传承，最终实现“产城人文”互动融合的新型城镇化理念的生动体现和实践。

(三)存在问题

从实现新型城镇化与大遗址保护融合发展这一更高要求看，良渚遗址的保护、利用和文化传承还存在以下问题。

(1)良渚遗址管理委员会的职能和统筹协调遗址保护与区域城镇化进程不匹配。从职能看，良渚遗址管委会的定位是“文化特区”，理应担负起整体规划、全面协调、综合管理遗址区经济、文化、社会事务的职责。而现实中，《浙江省人民政府关于设立杭州良渚遗址管理区的批复》(浙政函〔2001〕205号)明确的良渚遗址管委会的工作职能未能全部落实到位，管委会无法对遗址区内18个村(社区)实施直接管理，也没有完善的利益协调机制，对开展遗址保护工作产生了不小的影响。同时，通过合理规划遗址区以外的城市发展空间来分流遗址保护区的人口和产业以及通过遗址公园建设及遗址文化产业发展来带动遗址区及遗址周边区域的发展是实现遗址保护和区域城镇化互动融合的重要路径。从操作看，这一路径的实施需要一种强势的行政支持，很显然，良渚遗址管理委员会的现有职能并不足以让它担负起这样的使命，良渚遗址管理委员会和良渚街道、瓶窑镇的通力合作才是问题解决之道。然而，现实中，良渚遗址管委会与遗址所在地的辖区政府良渚街道和瓶窑镇这三个机构在遗址保护与区域城镇化建设上的合力并未完全形成。

(2)良渚遗址和良渚文化的基础研究不够。遗址的价值不是金钱衡量出来的价值，而是学术衡量出来的价值。学术研究成果是遗址保护和利用的一个核心支撑，具有引领保护和利用的正确方向、发掘和提炼遗址的价值和功能等重要作用。而良渚遗址保护和利用的基础性问题在于对良渚遗址的研究不够深入和全面，表现为在研究层面上，还停留在对良渚遗址范围、年代、布局沿革、遗址内涵的综述，对遗址物象背后深层的人文情怀的关注和精神价值的理性探讨较少；在研究内容上，对遗址本体及其周边环境的整体保护需要涉及一套包括学术和管理的综合知识结构，包括考古学、历史学、建筑学、规划学、生态环境学、人类学、地质学、植物学、文物学、博物馆学、传播学、展示学、旅游学、材料科学、文物保护技术、航拍和遥感技术等等，目前，我们还没有开展此类的多学科研究；另外，与河姆渡遗址等同时期相类似遗址比较，良渚遗址的个性价值在哪里，良渚文化的文化特性和独特风格体现在哪些方面，这方面的研究成果还未出现。

(3)良渚遗址的利用水平不高，效益不明显，遗产保护与社会经济发展之间的矛盾依然突出。在遗址的利用上，目前的主要路径是依托良渚文化发展文化创意产业。然而，由于没有做好良渚文化与文创产业的结合，良渚文化资源并没有很好地转化成文化产品和文化服务，良渚文化的品牌知名度和价值远未充分实现。从整体看，良渚文化资源及其产品的开发仅见于文化旅游、文化会展和玉文化产业，没有充分挖掘良渚文化的丰富内涵和巨大价值。从单项看，现有的与良渚文化密切相关的几个产业发展都不尽如人意。创意良渚旅游的旅游线路和旅游产品单一、体验性弱、附加值低，难担“创意”二字。以设立“良渚论坛”为基础，通过从“文物论坛”到“文化论坛”再到“创意经济论坛”的路径，推动文化会展业的发展构想并未实现。玉文化产业园营运也没有实现预期的目标。良渚遗址利用所产生的效益离反哺遗址保护的要求还有很大差距，遗址区内村级集体经济和区域经济发展明显落后于周边地区，导致部分干部和群众对遗址保护存在消极、抵制情绪，遗产保护与社会经济发展之间的矛盾依然突出。

三、良渚遗址保护与良渚文化传承的建议

（一）进一步优化管理体制，形成遗址保护合力

良渚遗址的保护和利用目前还处于建设期，特别是申遗工作的开展，会涉及诸多体制不顺带来的遗址保护与社会经济发展不协调问题以及与属地管理之间的不顺畅问题。为此，建议进一步优化管理体制，形成遗址保护合力。

可行的途径有两条：一条是不变动目前良渚遗址管理委员会、良渚街道、瓶窑镇三者现有的职能关系，通过建立有效的工作联系机制，协调三者在新型城镇化建设和良渚遗址保护之间的关系，形成保护与发展的合力。该途径对现行的体制机制基本不改变，容易操作，改革成本小，但需要解决如何使工作联系机制有序运作和相应决议的有效执行问题，否则，对目前局面的改观将无多大影响。另一条是落实《浙江省人民政府关于设立杭州良渚遗址管理区的批复》（浙政函〔2001〕205 号），明确良渚遗址管委会的工作职能，使管委会能全面统筹协调遗址区的经济社会文化发展，一方面通过遗址保护实现遗址价值的保存，另一方面依托遗址建设大型遗址公园和发展相关产业，改善人文环境、生态环境，由此提升综合地价，在使原住民直接受益的同时反哺大遗址保护，实现遗址保护与利用的互动，遗址保护与新型城镇化的互动。该途径需要对良渚遗址管理委员会、良渚街道、瓶窑镇的职能进行合并和优化，改革阻力会比较大。

(二)进一步加强基础研究，适时推动良渚学的建立

良渚遗址保护和利用所遇到的保护和展示等技术性难题，良渚文化资源在产业中的转化以及良渚文化影响力、辐射力的提升，最终要靠扎实的基础研究。建议加大对良渚遗址保护的理论研究和技术研究，为大遗址保护提供理论和技术支撑。理论研究包括良渚遗址与经济社会和文化发展的关系、良渚遗址的价值评估体系、保护状况评估体系等。技术研究包括保护措施、保护技术和方法、工程管理、保护规划技术标准或指标体系、保护工艺和材料等。在研究方法上要注重比较研究和多学科研究。将良渚遗址与世界范围内同一时代其他遗址进行比较，挖掘和昭示良渚遗址的独特价值，奠定良渚遗址的独特地位。进行考古学、历史学、文化学、社会学、美学、哲学、生物学、气候学、地质学、城市学等多学科研究，为遗址公园的建设提供技术支撑。良渚遗址的研究工作应该不断为其存在意义提供相关的证据，使其价值能不断得到诠释。此外，在研究的学术成果积累到一定程度时，可以考虑适时推动建立良渚学，以广泛集合国内外学术智力，全面提升良渚遗址及其文化研究水平，真正在世界范围确立其应有的学术地位。

(三)加强良渚文化的品牌建设，推动文创产业的发展

在城镇化背景下，文化创意产业是大遗址文化的开发、传播及遗址区内外产业结构优化和遗址区居民综合素质提升的重要力量。因此，依托良渚文化发展文创产业是实现新型城镇化和良渚遗址保护融合发展的有效路径。针对文创产业发展中的现实问题，建议：一方面，在挖掘良渚文化的丰富内涵，明确良渚文化的整体形象和提炼良渚文化的独特性的基础上建设良渚文化的品牌，形成鲜明的文化个性和独特风格，改善产业发展环境。另一方面，要做好良渚文化的现代转化工作，将良渚文化中的礼制文明、文字艺术文明、城邦文明、农耕文明等丰富内涵，融入产品设计、教育、地方文脉传承、城市建设等现代生产生活中，实现文化到生产力的转化。

(四)完善利益协调机制

在文创产业还不足以反哺遗址保护的现状下，尽可能缓解遗址区内遗产保护与社会经济发展之间的矛盾。具体包括两个方面：第一，完善良渚遗址保护区内的土地利用管理机制。由政府统一规划，从恢复良渚遗址原貌

的目标出发来明确禁止种植和提倡种植的植物类型、种植方式，并划分具体的可种植范围；加大遗址区内企业和农户的搬迁力度，并结合产业发展的要求来确定和实施对遗址区内厂房和农居的改造方案。第二，完善良渚遗址保护区内的就业扶持政策。包括由政府提供技术培训，税收、金融优惠等对在遗址区内种植政府提倡的作物等有利于遗址保护的生产活动给予鼓励。在保护区内的环境整治、基础设施建设项目中优先安排区内劳动力。依据保护区周边的产业情况，为区内劳动力提供合适的就业培训和就业信息，鼓励其外出就业。

余杭区农村文化礼堂建设中的存在问题与对策研究①

内容提要 建设村级文化礼堂是推动社会主义核心价值体系大众化、统筹城乡文化发展的有效载体。文化礼堂的建设既是农村文化寻根之旅,又是优秀传统文化与当代文化融汇、发展的实践途径,也是提高农民文化素质、加快农村文明进程的重要举措。本文从余杭区农村文化礼堂建设的轨迹、经验、成绩等方面提出几点思考,以期能有积极的决策参考作用。

关键词 余杭区;农村文化礼堂;问题与对策

建设村级文化礼堂是推动社会主义核心价值体系大众化、统筹城乡文化发展的有效载体,也是科学发展观在农村文化领域落地的重要举措。2013年,时任浙江省省长李强在《政府工作报告》中将建设1000个农村文化礼堂列入了浙江省政府的十件实事之一。全省各地积极行动,余杭区随之启动了村级文化礼堂建设,积极打造农村文化品牌新的亮点。文化礼堂的建设既是农村文化寻根之旅,又是优秀传统文化与当代文化融汇、发展的实践途径,也是提高农民文化素质、加快农村文明进程的重要举措。本文从余杭区农村文化礼堂建设的轨迹、经验、成绩等方面提出几点思考,以期能有积极的决策参考作用。

一、余杭区农村文化礼堂建设简述

"礼堂",古有"习礼讲堂"、"众家祠堂"之称。基督教有"礼拜堂",是"举

【作者】陈华杰,杭州市委党校余杭区分校高级讲师。

① 本课题相关数据以及部分观点吸收了余杭区委宣传部相关资料文件。

行典礼、集会、惩戒、奖赏、讲课的厅堂”。新中国成立以来“礼堂”又有了“会堂”、“大礼堂”、“俱乐部”的称谓。与古代的“礼堂”相比，文化礼堂不管在硬件上还是软件上，都应有一个质的飞跃，应该是在一定区域内广大群众的文化活动场所，是大众热情参与的精神家园。为此，余杭区大力抓好农村文化礼堂建设，主要做了以下几个方面的工作。

1. 基层重视，多方联动

各镇、街道充分认识到建设农村文化礼堂、打造精神家园的意义和重要性，建立了相应的领导机构和工作小组，加大对辖区建设村的指导力度。根据余杭区文化礼堂建设与美丽乡村建设“同步设计、同步审核、同步建设”的要求，各地充分整合农办、文体中心、建设村以及辖区社会力量，协调解决文化礼堂建设过程中遇到的场地设施、内涵挖掘等问题。其中，一些村镇充分调动企业资源和社会力量参与文化礼堂建设，以村企共建的形式，破解了室内场地不足、管理力量偏弱等难题。

2. 示范引领，逐步推进

各镇街根据《余杭区农村文化礼堂工作指导手册》、《余杭区道德讲堂工作指导手册》和样板文化礼堂的工作经验，充分开展本村文化礼堂的基础设施建设、展陈设置和文化挖掘工作。其中，乔司街道三角村、余杭街道溪塔村、径山镇小古城村三家样板文化礼堂起到了较好的引领示范作用。目前，全区 6 家示范村的文化礼堂的软硬件建设已基本完成；其余 16 家重点村中，大多数文化礼堂处于硬件施工与展陈设置同步推进的状态；剩余的 8 家创建单位，基本处于村落文化挖掘和礼堂设计过程。

3. 理念创新，彰显品牌

一些乡村开通官方微博，建设“网上文化礼堂”，开设主题话题进行网上宣传。依托网络渠道开展社会主义核心价值观教育，弘扬身边的先进人物事迹，树立良好乡风。在文化礼堂专门开辟志愿者服务站办公场所，推出品牌志愿服务，由志愿者、专业服务队伍开展各类行动，打响志愿服务的品牌。开展乡村“家”文化实践活动，打造“螺丝钉”便民活动、“身边好人”评比、“温暖之旅”、“关爱老年人”等开放式参与平台，激发全体村民建设美好家园的热情。

4. 深挖内涵，提升特色

文化礼堂的各创建村积极发动本地本村文化名人，结合地域文化和村情特色，开展文化礼堂展陈布置和活动设计，形成了各具特色的村级文化生态。目前全区已基本形成中、西、东部三条精品文化礼堂线路，主要包括：中部的仓前宋家山村非遗陈列馆、余杭溪塔村的“溪塔好人”正能量传递、中泰中桥村的“江南慢村”旅游文化以及闲林何母桥村的龙舟文化，展示当地风土人情特色之处；西部山区分别有百丈半山村文化大礼堂、鸬鸟山沟沟村企共建礼堂、径山小古城村民主法制文化、瓶窑奇鹤村古戏台等特色氛围；东部地区以塘栖唐家埭村、崇贤龙旋村、乔司和睦桥村、乔司三角村等为代表，展示的是基层民主自治、乡村文化生活的新风尚。

二、农村文化礼堂建设存在的难点问题剖析

农村文化礼堂建设进一步丰富了农民群众的精神文化生活，总体不错，成效明显，但也存在一些不足，主要表现在以下几个方面。

1.思想认识不足，整体项目推进缓慢

在调研中发现，文化礼堂的建设目前还不能说是真正被所有村民真心拥护，村民的主动性和能动性还有待挖掘。虽然农村文化礼堂建设试点的村容村貌发生了很大的变化，但有些村民的思想观念并没有发生根本的变化，对农村文化礼堂建设的重要性认识不足。主要表现是对礼堂的建设存在一定的误区，认为这是劳民伤财的事，只有搞好经济发展才是实的，才是看得见摸得着的实惠。这种认识上的误区，一定程度上阻碍了农村文化礼堂建设项目的落实，或不能按照既定的速度与效率推进。个别村对文化礼堂建设的主观意愿不强，积极性不高，导致建设进度滞后，甚至个别礼堂选址尚未腾清场地，造成片区之间不平衡，镇街内部也不平衡的现状。

2.项目资金缺乏，建设需求无法满足

农村文化礼堂的建设是一项不小的工程，包括文化礼堂的设备购置以及设施的基本维护、更新和管理，很多地方需要大量的资金以保障维持。目前，农村文化礼堂建设资金主要靠村自筹、社会捐资及上级补助等方式解决。首先，就上级补助来看，用以奖代补的方式，拨款支付各村的实际建设费用，根本解决不了礼堂建设的实际费用需要，远远达不到项目建设的要求。因此，大部分的资金只能靠村自筹以及由社会捐助的方式才能得到解决。而以这种方式解决资金来源，往往难以为继，最多也是部分村的所需资金得到解决，大部分的村很难靠这种方式得到有效解决，最终不能调动基层

建设文化礼堂的积极性、主动性。特别是对经济相对薄弱的村而言，文化礼堂建设的经费来源更是个大问题，一定程度上造成个别村存在上级给多少“奖励”就做多少事的表面应付敷衍现象。

3. 活动形式单一，群众参与率较低

当前农村文化礼堂的节目主要表现形式为集体排舞，或者简单的体育锻炼等，内容形式单一，缺乏特色，无法从根本上吸引村民热情参与活动。这些活动一定程度上并没有充分利用文化礼堂这个大平台，没有发挥其应有的作用，致使文化礼堂人气不旺，出现“事来则干，无事闲置”的半封闭状态。此外，文化基础较好的一些村能够在限期内完成村情村史、文化文脉的梳理、展示，而基础薄弱的村就相对困难，在挖掘村人文历史底蕴上不够落实，文化精髓的传承也得不到充分体现。个别村推出的人物除有一点荣誉外，没有新亮点和励志之感，很难得到村民的认同。

4. 制度管理滞后，影响正常运行

当前，农村文化礼堂在开放运行的过程中，利用效率较低，没有真正发挥出应有的作用，从而无法助推整个农村经济文化的发展。究其原因，其中一个就是管理问题，表现为礼堂建成使用后，没有落实具体的专职人员进行事务管理，缺少文化领头羊从事日常活动的组织与策划，这不是长效建设与持续运行之计。文化礼堂的管理队伍、日常管理制度等尚未成型，没有一个长效的农村文化礼堂建设机制，存在“此一时，彼一时”现象，以至于出现平时文化礼堂“关门大吉”，待到上级检查或者迎检，礼堂门才大开的现象。

三、关于加强农村文化礼堂建设的路径思考

文化礼堂是传承传统文化、弘扬现代文化的文化场所，是展现新农村文化建设、丰富农村文化生活的重要载体。必须吸引更多的农民参与，将文化活动与日常生产生活有机结合，探索出一条文化活动的形式内容符合农村农民实际生活的发展路子。此外，要构建经费保障和长效管理机制，只有这样才能确保农村文化礼堂永葆活力，才能引导当地农民形成正确的人生价值观、世界观。

1. 明确建设方向，提升硬件标准水平

明确文化礼堂定位，从“家”、“孝”、“和”三方面入手建设礼堂，通过传承传统文化、弘扬主流价值、丰富文体活动，提升农村居民的思想道德水平和

科学文化素质，培养共同价值观，促进村民村风和谐。落实活动场所改造，以有场所、有展示、有活动、有队伍、有机制等“五有”为基本要求，因地制宜，科学地进行改造设计，完成功能区的改造提升。抓好基础设施配套，落实文体健身活动室、文化广场、健身舞台、健身苑点、篮球场、户外文体活动场地、村电子阅览室、农家书屋等硬件建设。在农村文化礼堂的建设过程中，对特色场馆要有一个好的定位，能够同中求异，具有本土化、个性化，让文化礼堂成为村庄的标杆和亮点。

2. 强化政府引导，充分发挥干部群众的作用

推进这项工作必须有效调动村级干部的热情，积极投身其中，才能保持政策的贯彻落实。村干部要按照区委宣传部的统一要求，重在内在上下功夫，挖掘内涵丰富的文化，弥补本村现有文化的“缺失”，把精髓的文化思想运用到现代农村工作中去。要真正使老百姓在这项活动中得到教育，得到启发，达到应有的文化礼堂建设的目的，让身边的普通百姓以自身的平凡故事来教育大家、鼓舞大家。镇街文化站应该帮助农村制定科学合理的实施方案和措施，动员村民献计献策，不断融入村民的智慧和力量，打造村民合意的“精神家园、心灵港湾”。

3. 挖掘民间传统文化，打造农村文化礼堂品牌

根据中国的传统节日，可以在农村文化礼堂的建设中开展一系列有意义的活动，比如端午包粽子、赛龙舟，除夕包汤圆吃汤圆、写福送福，新春谜语大会、看社戏等农民群众喜闻乐见、乐于参与的传统民俗活动，充分调动他们的积极性，不断增强村庄的凝聚力。要深入挖掘乡土文化内涵和非物质文化遗产项目，汲取优秀的传统文化和积极向上的时代精神，设置村史村情、乡风民俗、崇德尚贤、美好家园等板块，增强农村群众的自豪感和归属感。要组织文艺宣传活动来丰富群众文化生活，因地制宜地开展文化、体育、礼仪、民俗、教育活动。要结合乡风道德评议，推广好家风家训，充分发挥农村文化礼堂思想道德建设主阵地作用。此外，要充分考虑新居民需求，比如依托文化礼堂举办讲座培训班、暑期假日活动、夏令营活动等，增进村民之间的沟通交流。

4. 加强队伍建设，夯实文化礼堂的根基

要落实各功能室制度上墙，建立管理员岗位制度、志愿者值班服务制度以及日常巡查、活动预约、意见征集、跟踪反馈等制度。首先，设立文化礼堂

管理员职位。选择一个热衷宣传文化、懂得民俗文化礼仪、能熟练操作礼堂设施并志愿服务群众的专职文化礼堂管理人员。其次，组建若干文化骨干队伍。吸收一批非遗传承人，培育一批农村宣传队，建立一批本土明星队，帮助文化礼堂开展各种工作，组织开展形式多样的文化活动。再次，整合群众团体力量。利用老年协会、妇联、共青团组织这些生力军，充分发挥群众团体在文化礼堂管理和服务中的作用。最后，开展文化志愿者的招募选拔工作，让有一技之长的文化志愿者担任团队的队长、会长，让他们成为活动的牵头人、策划者、组织者，编排雅俗共赏的文艺节目，组织群众喜闻乐见的趣味文体活动。

5. 注重制度管理，建立长效运行机制

农村文化礼堂建成后，当务之急是实行有效管理，确保文化礼堂的正常运行。为了确保文化礼堂能够稳定健康发展，构建长效管理机制必须坚持“监管同步”的原则，完善区、镇（街）、村三级管理机制，健全奖惩制度，保证有人管事、有人服务。首先，区级层面必须制定科学合理的考核办法，镇街按照考核办法加大对各个村级文化礼堂的日常运作和活动开展情况进行全方位的指导与评价。其次，探索开展农村文化礼堂星级管理制度，制订文化礼堂长效管理细则，每年对文化礼堂的组织领导、创新活动、设施维护及群众满意率进行考核评比，并按星级级别进行表彰奖励，星级的考核结果还要与管理员的年终奖金挂钩。再次，发挥桥梁作用，探索建立政府主导下的多渠道、多形式建设投入机制，把文化礼堂的硬件建设作为帮扶的重点，可通过合作机制或者冠名机制来完成礼堂建设。最后，建立健全日常管理、资金使用、场地使用、安全保障等制度，推广理事会构架，制定议事章程，实现“大家的礼堂大家管”。

参考文献

[1] 余杭区委宣传部相关资料。

[2] 镇街调研相关资料。

[3] 葛慧君. 打造弘扬核心价值观新阵地——关于浙江省农村文化礼堂建设的实践与思考[J]. 今日浙江，2014(15).

[4] 章丽华. 以农村文化礼堂的建设促进农村公共文化空间的重构——以富阳市农村文化礼堂建设为例[J]. 中国集体经济，2014(16).

[5] 孔红红. 文化礼堂成为村民的精神家园[J]. 神州，2013(34).

列宁关于农村建设实践的思想及其对“美丽乡村”建设的启示[①]

——以杭州市余杭区为研究对象

内容提要 列宁创造性地运用马克思主义的科学原理，深入地分析了当时俄国农村落后面貌的原因及其发展困境，积极探索破解路径，并成功探索出一条符合当时俄国国情的农村发展道路。近年来，余杭区全区农村面貌得到了一定的改观，城乡生态环境也不断优化，但在实际中仍存在一些不容忽视的主客观问题。分析和阐述马克思主义经典作家列宁的农村建设思想，对于余杭区解决“三农”问题，更好地建设“美丽乡村”具有深刻的理论指导意义。

关键词 列宁；农村建设实践；美丽乡村；启示

当前，我国大力推进城镇化的转型发展，如何避免农村因“空心化”而陷入经济失去活力、环境不断恶化、社会日趋凋敝的困顿，消解传统城镇化发展模式的弊端，为农村提供新的发展契机，重塑农村活力，是一个具有现实紧迫性的重大实践性问题。近年来，余杭区以“美丽乡村”建设为载体，构建以中心村、精品村、特色村、历史文化村为重点的工作网络体系，协调推进“美丽乡村”建设与生态文明建设，推动资源要素、人口产业、公共服务向中

【作者】陈华杰，杭州市委党校余杭区分校高级讲师。

① 本课题组在调研与写作过程中得到了余杭区农业局以及塘栖镇邵家坝村、运河街道双桥村、中泰街道白云村、径山镇小古城村等多个部门、村社区的帮助与支持。部分观点、数据来源于上述单位。本文部分观点在 2015 年 3 月 11 日《余杭晨报》刊载。

心村有序集聚，把农村打造成为“宜居、宜业、宜游”的美好家园。正是基于这一时代背景，本课题就余杭区“美丽乡村”建设的重点难点问题进行了多方面的调查研究，并提出了一些对策建议。

一、列宁关于农村建设实践的思想简述

俄国十月革命胜利后，列宁创造性地运用马克思主义的科学原理，深入地分析了当时农村落后面貌的原因及其发展困境，积极探索破解路径，并成功探索出一条符合当时俄国国情的农村发展道路，形成了若干个关于农村建设的重要思想。可以说，列宁关于农村的建设思想是马克思主义基本原理与俄国农村具体实践相结合的产物，是马克思主义俄国化的重大理论成果，也是马克思主义民族化的实践典范。列宁把农村问题与社会主义的兴衰成败紧密地联系在一起。他反复强调，要注意俄国农民占全国人口的大多数这一特殊国情，并由此提出了俄国的社会主义道路应该坚持个性与共性统一的辩证思想。列宁在理论与实践上的改革创新，对于当今中国正确认识和处理新农村建设中的一些相似问题，仍然具有十分重要的借鉴意义。

列宁的农村发展实践思想的核心要义就是要提高生产力，促进农业增产、农民增收和农村的全面发展，积极改善农民的生产生活条件，提高农民的文化素质，切实维护农民群众的权益，科学制定实施各项农村政策，及时化解各种经济社会发展危机，注重农村的经济、政治、文化、社会等方面的整体协调发展。

二、余杭区“美丽乡村”建设的总体概况及经验启示

余杭区历届党委、政府高度重视新农村建设，按照中央和省市相关部署，结合余杭实际，努力把“美丽乡村”建设决策转化为干部群众的统一认识，相继推进实施了一系列创新举措，取得了明显成效。

1. 突出生态文明，推进绿色发展

(1)实施生活污水治理。2013 年，启动了农村生活污水治理工程，到 2015 年年底 138 个创建村新增农村生活污水治理受益农户 6 万余户，农户受益率达到 80%以上，并建立了第三方质量监管、农民监理员制度等机制，严把工程质量。(2)加强综合环境整治。结合“五水共治”、“三改一拆”、“四边三化”行动，全面开展农村环境整治，形成城乡一体的垃圾处理体系，并在全省率先探索“无违建”创建。全方位推进畜禽禁养、肥药双控、废弃农药包

装物回收处置、秸秆综合利用等一系列农业面源污染治理工程。(3)完善基础设施建设。开展“清洁绿化健康文明”行动,推进道路绿化、庭院绿化、河道绿化,坚持以改造、建设、保护、提升相结合的方式改善农村人居环境,提升农民生活品质。

2.依托产业特色,坚持内生发展

(1)加快农业园区建设。按照农业“规模化、企业化、现代化”的发展方向和建设100个1000亩规模左右的现代农业园区的要求,坚持把园区建设作为发展农业产业的中心任务来抓。出台园区建设扶持政策,细化项目管理办法,优化各园区间产业结构布局,加强农业基础设施和装备,推广应用先进适用技术。(2)发展休闲观光农业。注重与产业发展相结合,充分挖掘和开发山水风光、人文景观、特色农业兼具的休闲观光农业。组织举办羊锅节、茶圣节、枇杷节等节庆活动,拓展休闲运动项目,开发乡村旅游景点,大力发展农家乐经营。(3)拓展农村电商市场。结合农业生产的特点和农民的素质,开展网络电子商务贸易,促使传统农业企业进军电子商务市场。

3.落实以人为本,完善农村公共服务

(1)推进农村社区服务。社区公共服务工作站均设有党员服务、民政服务、劳动保障、农业服务、人口计生、社会治安、法律服务等一站式窗口服务。城乡社保实现“无差别化”,建立起城乡居民大病保障机制,并提高城乡居民社会养老保险的基础养老金待遇,城乡基本公共服务逐步均等化。(2)夯实村级经济基础。加大区财政转移支付力度,确保集体收入差的村有运作经费保障。出台了发展村级集体经济的相关支持政策,优化村级留用地政策,探索实施村级留用地置换房产、盘活村级存量资产、村级留用地预支、异地开发留用地项目等事项。(3)推进基层服务平台建设。实施城市基础设施向农村延伸扩展,加快实现城乡各类基础设施均衡共享。搭好村(社区)基础服务平台、片组户联系服务平台,建立信息流转机制、主题走访机制、协调联动机制、自主管理机制、考核激励机制等五大运作机制。

4.推动民主管理,走和谐发展之路

(1)完善“三资”监管新机制。从“建好账”、“管好账”、“查好账”、“晒好账”、“核好账”入手,创新举措,注重实效,形成农村集体“三资”规范管理模式。(2)推进文化礼堂建设。弘扬传统美德,传播现代文明,通过挖掘、保护、传承农村传统文化,打造农民群众精神家园。目前建成农村文化礼堂

30个，其中1个省级重点村、20个市级重点村。(3)加强文体设施建设。创建成为浙江省公共文化服务体系示范区，全区基本完成了文化村的创建，其中创建成为浙江省文化示范村的有40个。同时，每年组织开展送文化下基层、文化夜市等各类活动，丰富保障了基层群众的精神文化生活。

三、余杭区"美丽乡村"建设模式的主要难点及存在问题

余杭区"美丽乡村"建设工作情况总体较好，全区农村面貌得到了一定的改观，城乡生态环境也不断优化，但在实际中仍存在一些不容忽视的主客观问题。

1. 治污工程实施难度较大

(1)污水治理投入大。余杭区农村生活污水治理投入大约占全区"美丽乡村"建设总投入的75%左右。在资金政策上，现行区财政以奖代补资金按村实行封顶，对一些治理规模大、任务重的村，很可能造成一定的资金缺口，从而导致其他项目不得不处于搁置状态。(2)施工质量问题较多。有关单位推进力度不平衡，施工单位水平良莠不齐，存在污水收集、管网埋深、黄沙护管、湿地填料不到位等现象，甚至部分工程质量存在低劣现象而不能正常使用。(3)河道治理滞后。内河、池塘被蚕食严重，大部分河道河床抬高，黑臭河治理尚未达到理想效果。农居建筑成分复杂、布局分散，污水管道布管难，不少地方需全面改造或重建。(4)污水来源多样化。农村污水来源多样化，包括农户生活污水以及企业、宾馆、饭店、小作坊等工业污水和生活污水，再加上污水处理池的布局不够科学，缺乏科学有效的绩效评估，造成污水处理效果不明显。

2. 长效管理机制有待健全

(1)已建设施运维问题。生活污水治理设施建成使用后的日常维护管理支出会让行政村尤其是薄弱村不堪重负。特别是早些年建成的农村污水治理设施，由于当时的标准较低，运维问题就更严重了。(2)违章建筑监管不力。有些部门和镇街审批不够严，一定程度上导致农民违章建房。全区违章建筑存量巨大，要求完成违建拆除的时间又相对集中，在人力、物力、财力投入上已超出实际能力，给镇街、薄弱村带来较大的压力。(3)征迁标准尚未统一。各镇街征迁中执行的标准并不统一，由此引起的利益分配矛盾也十分尖锐。如其间存在村民婚嫁和农民户籍问题，农作物补偿价格标准

差异问题，安置回迁房交房延迟和质量问题等。(4)污水治理实施执行难。在农村生活污水治理、畜禽禁养等方面的长效管理机制不够完善。污水治理需要较高的技术水平，但部门、镇街(村)均缺乏专业力量，加之可能存在工程层层转包、变相卖标等问题，造成工程质量难以保障。

3. 农村产业发展有待加强

(1)综合规划缺失。一些规划设计单位对本地了解不深，注重外观的建设项目比较多，产业结构调整、增加农民收入、提升农民素养的项目还比较少。同时，非示范点的产业规划严重滞后。(2)产业发展缓慢。受整体经济形势、养殖业污染治理、劳动力成本、基础资料成本等因素的影响，村级集体经济增长乏力、农业经营业主的盈利能力普遍不强，区域发展水平也较不平衡，特别是农村经济新型业态缺乏相关的政策引导与支持。(3)资金效应问题。由于各村的地理位置不同，在整合资金方面的力度也不一样，大部分乡村无重大项目带动，村级集体经济基础薄弱，建设资金缺口较大，建设资金多为等、靠、要。

4. 群众主体性作用有待发挥

(1)强调村庄美化、硬化、亮化等硬件的多，强调乡风文明的少，存在重基础设施建设、轻精神文明建设的思想。在"美丽乡村"建设过程中，在发动群众方面做了不少工作，部分群众也确实主动参与到项目建设中来，但总体来说，宣传发动还不够到位，群众的主人翁意识没有完全激发，把自己置身事外，甚至阻挠施工的现象也时有发生。(2)健康文明的农村新风貌尚未形成，长久以来形成的一些生活陋习依然存在，随意倾倒垃圾、乱搭乱建的情况屡见不鲜。村民对"美丽乡村"建设特别是农村生活污水治理的认识不足，而政府由于内部考核机制的存在，对推进工作的动力较强，造成"内热外冷"的工作局面，出现了"干部创、群众看"的现象，个别甚至认为这是政府为了完成上级任务而强逼村民做的事。

四、列宁关于农村建设实践的思想及其对余杭"美丽乡村"建设的启示

分析和阐述马克思主义经典作家列宁的农村建设思想，对于余杭区解决"三农"问题、更好地建设"美丽乡村"具有深刻的理论指导意义。笔者认为，余杭区的"美丽乡村"建设应处理好以下几个重要环节。

1. 坚持巩固和加强农村产业基础地位是建设“美丽乡村”的基本前提

列宁非常重视俄国的农业经济发展，用粮食税代替了余粮征集制，减轻了农民负担，同时加强农业基础设施建设，提升了农民的生产积极性，加速了农业生产的恢复和发展。余杭区的农业产业基础虽然良好，但关键还是要坚持统筹协调发展，有效整合空间资源，发展多种形式的适度规模经营。培育现代农业园区、农业龙头企业、农民专业合作社等规模经营主体，加快发展现代民宿业经济，培育一批电商村、淘宝村，出台扶持农村经济新型业态发展的政策和措施。坚持公共服务均等化、基础设施建设一体化，逐步缩小城乡之间道路、水电、能源等基础设施建设和医疗卫生、文化教育、社会保障等社会性事业的发展差距。

2. 坚持特色引领与统筹推进的统一是建设“美丽乡村”的关键环节

列宁认为，在落后的俄国进行农村建设，就要敢于打破人们心中的固化模式，把马克思主义原理和俄国农村实际结合起来。余杭区在进行“美丽乡村”建设的时候，需要更多地考虑到如何强化特色引领，坚持统筹推进。要充分考虑村庄特色，体现“一村一韵、一村一品”的差异性和多元化，突出乡村特色、地方特色和民族特色。对于生活污水的治理不能用一刀切的做法，要有详细的科学规划，不同地区要有不同的标准。在工程设计、项目安排、资金安排上，根据各地的污染现状、居住情况、环境容量等，科学合理地设计农村生活污水处理方案，统筹推进治理实施。重点考虑河道边、人口集聚区、污染严重区域的污水处理设施建设，加大对“黑臭河”、“垃圾河”等周边环境的治理。

3. 切实保障农民权益，鼓励群众参与是建设“美丽乡村”的重要基础

列宁认为，政治是人民的事，只有正确表达人民的想法，我们才能更好地管理。具体到农村政治而言，自然应依靠农民、服务农民，重视文化建设。因此，在进行“美丽乡村”建设的过程中，我们需要把民主决策、民主管理、民主监督贯穿于“美丽乡村”建设的全过程，形成工程共推、质量共管、设施共保、成果共享的良好局面。建设的目标、任务要充分尊重村民意愿，内容要反映村民要求，过程要让村民充分参与，建设成果要让村民来评判，不能强迫命令，更不能搞形式主义。引导村委会自筹资金，同时鼓励和激发民间资本、工商资本参与“美丽乡村”建设项目。关心失地农民、禁养区农民的生产和生活问题，引导他们就业，拓宽增收渠道。严格评价工程项目的经济效益

与社会效益、近期效益与长期效益，确保质量过关后才进行资金支付。加强项目立项、验收、审计等关键环节的管理，强化会商机制，协调项目审批，避免出现多头申报、重复补助等情况的发生。

4. 推进工作方式方法的改革创新是建设“美丽乡村”的根本动力

列宁认为，解决农民利益问题，其核心就是实行农村改革，通过改革来发展和提高生产力，促进俄国农村经济的发展。我们在进行“美丽乡村”建设中，要不断健全工作责任机制，严厉治理违建，建立有效问责制，追究工作人员、违建户的法律责任，并出台征迁统一的政策性文件。建立生活污水治理、农业面源污染治理、违建拆除、畜禽禁养、建筑垃圾清理等管理机制，形成一整套体系完备的长效机制。制定出台全区农村生活污水治理设施运行管护机制、考评机制和资金保障机制，明确后续管理的责任主体，加大资金政策的扶持力度。加大执法力度，关停污染企业，对侵占、蚕食、填埋内河及池塘的行为给予严厉惩戒，把治污和清淤结合起来。发挥财政、审计、监察及群众监督的整体合力，严格项目招投标、合同管理、工程监理、跟踪检查、责任追究等监管制度。

参考文献

[1] 李俊. 列宁晚年的社会主义思想及其现实价值[J]. 山西高等学校社会科学学报，2008(12).

[2] 张芳. 论列宁晚年的社会主义思想[J]. 今日湖北(理论版)，2007(2).

[3] 李拴民. 列宁晚年农村文化建设思想与社会主义新农村文化建设[J]. 学理论，2009(8).

[4] 钟家栋. 毛泽东关于经济管理体制问题三次思考的现实启示[J]. 毛泽东邓小平理论研究，1995(2).

[5] 王熠，冯国境. 毛泽东民生思想探析[J]. 浙江理工大学学报，2010(3).

[6] 严书翰. 列宁晚年社会主义思想研究[J]. 哈尔滨市委党校学报，2000(4).

水环境严重污染地区治理后的冷思考：危机、赋权与模式研究[①]

内容提要 水资源作为人类社会最重要、最宝贵的生产生活的资源之一，无论是其经济价值还是其他各类价值，都对我们自身产生不可代替的作用。特别是随着全面工业化时代的到来，水资源面临诸多难题已经成为短时间内难以逆转的事实，水危机已经不再是危言耸听的话语。正是在此背景下，本文拟对浙江这个水环境严重污染地区在实现初步治理后，如何更加客观、系统、辩证地看待后续的危机，以及治理的赋权与模式等，提出一些建议思路。

关键词 治理效果；现存危机；赋权与模式；冷思考

从水环境的生态文明视角看，水环境主要是指人类生活的自然界中水的形成、分布、使用和转化所处的空间状态，也是指人类社会生产生活中由地表水和地下水等两部分组成的环境状态。尤其在新型工业化时代、信息化时代，水环境对人类社会生存和发展的影响越来越明显。因此，加强水环境综合治理是提升区域竞争力和可持续发展能力、城市功能品位、生态文明素养的迫切需要。浙江省开展以"治污水、防洪水、排涝水、保供水、抓节水"为目标的"五水共治"，是推动水环境综合治理的重要举措，是推进新一轮改革发展的关键之策，是一项实实在在的民生工程。浙江省委、省政府做出

【作者】陈华杰，杭州市委党校余杭区分校高级讲师。

① 本文除特别说明外，相关数据来源于余杭区"五水共治"工作指挥部办公室，以及区统计局。

"五水共治"决策部署以来,余杭区各级各部门把治水作为经济社会转型升级的重要契机和生态环境综合整治的主攻点,坚持依法治水、全民治水、科学治水,克难攻坚,乘势而上,实现了良好开局。但是,在水环境严重污染的地区治水,我们必须看到问题依然突出,危机依然严峻。本课题正是基于这一背景,继续探讨余杭区水环境综合治理的各类问题,以期为党委、政府部门决策参考之用。

一、治理成效:水环境严重污染治理后的改善与提升

余杭区委、区政府在快速城镇化的过程中,大力改善水环境,保护水生态,通过实施截污纳管、河道疏浚、生态治理等"五水共治"项目,在一定程度上改善了水环境生态状况,取得了一定的成效。

余杭区地处于杭嘉湖与浙西山地丘陵的过渡地带,西高东低,境内有东苕溪、大运河、上塘河三大水系。东苕溪总长151公里,流域总面积2265平方公里,其中余杭区境内39.7公里,区境内区域面积490平方公里。大运河由南向北穿越余杭区境内的中、东部,其中余杭区的干流总长31.27公里,区域面积640平方公里。上塘河从西向东横贯临平城区,上塘河总长44.5公里,总流域面积245平方公里,其中余杭区境内11.38公里,流域面积90平方公里。三大水系在管理上,东苕溪重防洪,运河防内涝,上塘河防旱情。按常住人口计算,余杭区人均水资源量约1160立方米,苕溪是余杭区最主要的饮用水来源,杭州市分配给余杭区苕溪的总取水量指标为60万立方米/年,目前,实际取水量40万立方米/日,供应杭州北部和余杭区人口总量约200万人。老余杭片(余杭、闲林、五常、仓前)等地的自来水供应则完全由杭州的自来水网提供保障。近几年来,太湖倒灌水成为仁和水厂、奉口水厂所取苕溪水的来源,最长一年超过200天,现在也曾发生太湖水回灌到瓶窑的现象,这种情况的发生频率有不断增加的趋势。随着千岛湖引水工程启动,到2017年,千岛湖引水分配给余杭的水资源量有30万立方米/日,余杭可摆脱对苕溪水资源的依赖。到那时,余杭水资源总量为9.15亿立方米,人均水资源量约为1080立方米/年,是全省人均水资源量的60%,全国人均水资源量的49%,属中度缺水区域(见图1)。

从总体上来看,余杭的水综合环境的严峻形势初步得以改善。

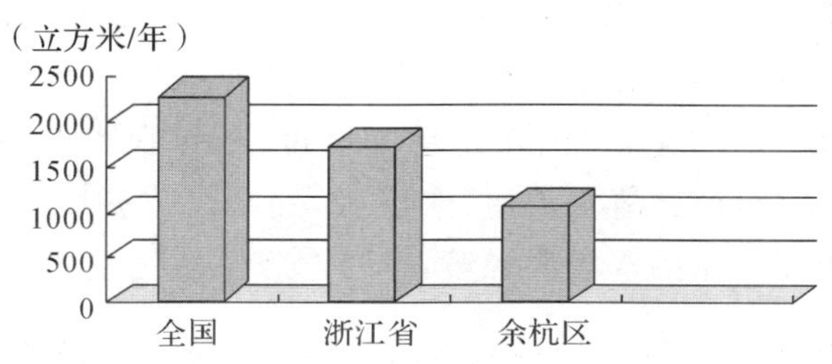

图 1　余杭区人均水资源量图

第一，在治污水方面。全面推行“河长制”①，对全区范围内长 200 米以上、宽 5 米以上的所有河道开展“一河一方案”治理。重点整治黑河、臭河、垃圾河，实现小河清大河净。加快污水管网建设，实施污水处理厂新建、扩建工程，提高污水截污纳管收集处理率，并做好生活污水、企事业单位、个体工商户污水治理工作。推进重污染行业整治提升，关停搬迁工业污染企业，加快淘汰落后产能。加强农业面源污染防治，扎实推进农业、畜牧业减排工作。

第二，在排涝水项目方面，2015 年全区计划新建或改造堰坝 2 座、水闸 4 座，项目总数 6 个，目前已开工 6 个，开工比例 100%。2015 年全区计划闸站设施提升改造 12 个，已开工 12 个，开工比例 100%；完成 4 个，完成比例为 33.3%。

第三，在防洪水项目方面，推进苕溪清水入湖河道整治工程、堤塘加固工程、五常区块防洪体系、山塘水库除险加固工程等建设，固堤防、复生态，让水患不再逞凶。

第四，在保饮水项目方面，着重要实现区内重要的水源地——苕溪饮用水源保护区的污水管网全覆盖，从根本上防止出现水质改变。同时，推进备用水源点周边污染整治，科学规划与完善供水系统，加快实施推进水厂提标改造工程、农村饮水设施工程、城乡供水管网工程等进度，切实强化水源的水质监测和管理。

第五，在抓节水项目方面，更加科学地优化水资源配置，试行落实计划用水管理，在一定层面上实施完善节水统计指标体系建设；运用经济杠杆推

① 所谓“河长制”，就是由区级政府层面统一安排一家单位负责某一（段）河道的治理。目前已经建立了区、镇（街道）、村（社区）三级全覆盖的“河长制”管理网络。

进节水工作，推行阶梯式水价调节制度；加快节水科技项目的应用，逐步推广节水效果佳的设备；倡导市民节约用水，鼓励企业提升节水技改。

此外，值得一提的是，市民对行动知晓度广，市民参与率高。“五水共治”行动是“清洁余杭”、“清水治污”升级版，民众广泛知晓。市民渴望有一个水质清澈、味纯甘甜的水资源环境，享受东方品质之城的生活趣味。

二、危机现状：水环境综合保护和治理的问题依然严峻

从总体上，区域水质稳中向好，全区河道及沿岸环境得到较大改观，黑、臭、脏等污染从整体上得到清除，老百姓能够实实在在地感受到水变清了、环境变美了。但是，这只是万里长征的第一步，当前的水环境与人民群众的期盼仍然有很大的距离，且当前的治水模式与系统治理、综合治理、标本兼治的目标要求还有较大差距。问题主要表现在以下几个方面。

1. 整体形势依然严峻

一是黑臭河治理中还存在着截污纳管不彻底、雨污不分流、排污口设置不规范等问题，影响治理效果，创建“清三河”达标区的任务仍然繁重。二是在污水管网规划建设的科学性和系统性上还做得不够，农村生活污水治理以及河道环境综合治理缺乏质量监管和长效机制。三是在防洪排涝方面的形势不容乐观，城区地下排水管网改造总体相对滞后，排水体系仍不够完善，特别是在梅雨季、台风季来临之时更显不足。四是水面、滩涂和湿地面积大幅减少。与十几年前相比，余杭区水面积在大幅度减少，据 2007 年《余杭区陆地水域调查报告》，全区有河道 823 条，总长 1822.05 公里，河道水域面积 56.53 平方公里，水域面积率为 6.09%，而目前的水域面积则远低于 2007 年的水平。此外，由于城市建设、村镇建设、工业园区等的开发利用，余杭区的山区河流、水系上游、滩涂湿地的面积大幅减少。五是三大水系相互之间的统筹互助能力不足。由于三大水系的特点和管理要求有所不同，“苕溪重防洪，运河防内涝，上塘河防旱情”，相互统筹及调控机制不足，基本上互不利用。

2. 治水任务非常艰巨

一是项目量大面广。余杭区确立了 2014—2016 年治水三年行动计划，计划“五水共治”项目 991 个，投入约 106 亿元，其中，保供水 16.73 亿元、抓节水 0.19 亿元、防洪水 20.68 亿元、排涝水 2.79 亿元、治污水 66.03 亿元

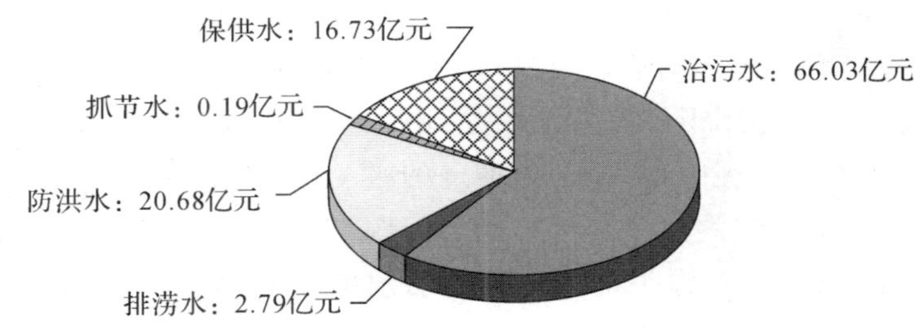

图2 余杭区“五水共治”(2014—2016年)三年行动计划投入资金示意图

(见图2)。二是目标要求较高。按照省市“五水共治”“一年全面启动,两年初步见效,三年全面完成”的要求,考虑到河道水环境经常出现反复的情况,要如期实现这一目标很难。更加困难的是,三年过后,治水效果达不到民众的要求,导致各种批评和非议,对政府威信和形象造成损害。三是形势不容乐观。在调查问卷[①]中显示:受访者对居住地周边河道水质总体评价不尽如人意,认为“很好和较好”两项合计仅占18.4%,其中“很好”占1.2%,“较好”占17.2%;认为“一般”占43.8%,而认为“不太好”和“不好”分别占23.2%和14.5%。在百姓的心目中哪三项最为紧迫?调查显示,列前三位的分别为治污水(74.0%)、保供水(41.3%)、抓节水(33.9%)。

3. 攻坚力度仍需加大

在水环境综合治理工作中,少数镇街、部门在长期高强度压力下出现放松现象,有时会顾此失彼、被动应付。碰到治水难题,常把“不可能、不可行、不好办”挂在嘴上,缺乏创新的意识、变通的思维、借力的手段和攻坚的魄力;需要跨部门、跨专业统筹协调时,往往存在本位主义或是有“多一事不如少一事”等思想存在。绝大部分同志能够与省、市、区的要求保持一致,但也有个别同志、单位的大局意识、责任意识、担当意识、协作意识还不够强,工作推进力度面上也不平衡。河流、湿地是有历史、有生命的,并且是一个逐步演替的过程,水系水网相互关联,这些特性都要求从系统的、区域的层面上来思考,处理治水目标和任务,布点相关的项目,持之以恒。总体而言,一些同志对治水的长期性、艰巨性,以及科学性、系统性认识不足。

4. 方式方法有待改进

在治水方面,水环境综合治理已探索创新了很多办法、方法,但很多方

① 调研数据来源:余杭区统计局。

面仍存在推进不系统、方法不科学等问题。一是水环境综合治理与其他重点工作相互统筹融合还不够，存在单打独斗现象，内在联系挖掘不深，“组合拳”整体效应未能得到很好发挥。二是部门、镇街以及实施主体之间衔接不够，特别是在治水过程中，各项工作推进的科学性、统筹性还不够，直接影响到全域治水的实际成效。三是标本兼治问题，在实际工作中，各地各部门往往关注眼前的问题，对源头治理、治本问题的研究考虑还不够深、不够全。综合治水工作涉及面广、环节较多、持续性强的工程，如果日常监管和长效机制跟不上，往往就会出现反复、反弹。四是“河长制”长效管理问题。从客观上来看，政府运用“河长制”这种管理模式能够迅速提升水环境质量，在水环境治理工作中发挥了不可代替的作用。但是，本质上而言，“河长制”是一种突发事件的危机处置方式在体制机制上的创新，是政府在短时期内的行政行为而非制度监管，从长期来看，它并不能代替制度的设计安排。

三、治水赋权与运行模式研究：水环境后续治理之冷观察

治水是接力推进的持久战、是转型升级的突破口，是利民惠民的大实事，是生产生活方式的大变革，是统筹综合的系统工程。在治水赋权的过程中，必须以各方相互协调联动为赋权的基本依据，以激励相容的特点要求来达到解决治水过程中容易出现的政府与市场的双向失灵问题。要以协同、整体、系统的方法推进水环境综合治理工作，既要体现自身的规律性、原则性，又要体现与其他相关工作的整体性、系统性，从而达到治水赋权的目的，进一步明确主客体之间、市场与政府之间、政府与公民之间相互的职责安排，探索出符合本区域的科学治水模式。

1. 要符合全民性特征

水环境综合治理（“五水共治”）惠及全体人民群众，当然少不了全体人民的参与和担当。人民群众深受污水之苦，治污水愿望最强烈，对致污因素最了解，对治污行动最有发言权。我们认为，首先，要加大治水的宣传力度，积极培养良好的生活方式，树立绿色环保观念意识，从人的行为方式上改变水环境的污染源。其次，要给群众表达对水治理的诉求意见的机会，同时在加强科学决策中还要咨询民意，倾听民声，在全社会中形成良好的、统一的认识与合力，以获得凝聚人心、汇聚力量的应有效果。同时，还要体现出发挥党组织和党员干部的先锋模范带头作用。再其次，要引导并激活各种社会组织、民间力量参与治水过程，为治水的持续性、合法性、有效性提供强有

力的保障。发挥本地企业和居民的参与热情和积极性，除献计献策外，鼓励有条件、有意愿的企业和居民可以与治理对象结对子，不论是出"财"还是出"智"、出"力"，让热情和意愿能够落在实处，更有针对性和成效性。最后，要发挥好社会机构的专业特色，以政府购买社会服务的方式来推动进度和深度。此外，流动人口大多租住在农居房，人口高度密集，生活等设施长期处于严重超负荷运行状态，难以自然消化降解与吸纳，也是治污水的软肋，必须引起相关部门的重视。

2. 要注重整体性思维

要把余杭放在杭州全市乃至浙江全省的位置谋划水综合环境治理，有重点，有先后，但不能偏废，更不能顾此失彼，重点工程要规划、要上马，背街小巷、边远村落的整治末端也同样重要，当然这也是要分主次、分快慢的。要围绕"一个核心"——以"强基固本"为核心，强化治水的基础设施建设，巩固"清三河"成果；抓好"两个落实"——落实治水责任机制，落实督查考核机制；推进"三个覆盖"——流域治理全覆盖，质量监管全覆盖，监测体系全覆盖；实现"四个化"——治水任务项目化，项目管理制度化，制度建设长效化，长效治水全民化，为"十三五"发展打下坚实的生态基础。要实现规划编制全域化无缝对接，既要覆盖全域，也要总体规划与专项规划无缝对接，解决快治"标"慢治"本"的问题。要依据城市总体规划，在符合城市总体规划的大框架下，实现与城市总体规划在城市发展理念、建设目标上的统一，实现"五水共治"规划设计与水环境综合治理规划、水资源配置总体规划、产业空间详细控制规划等规划内容相一致。

3. 要体现协同性要求

首先，是治理主体的协同性。在治水之初，治理主体往往只有政府一个，但是随着治理的深入推进，治理主体必然是多元的，否则将难以取得全胜。这就还需要企业、个人，以及其他社会组织和社会团体积极参与，政府所要做的事是整合协同和引导这些社会力量，充分依靠和发挥这些社会力量，达到社会共治。其次，是治理机制的协同性。在治水的过程中，一定会有政府的主导以及市场主体的参与，因此必须协同政府机制和市场机制的作用。从经济学视角看，水治理特别是污水治理既有市场失灵的情况也有政府失灵的情况，因此，政府与市场在治水过程中仍然是一种相互补充的关系。再次，是治理手段的协同性。充分利用和整合各种资源，实现行政、法律、经济、科技手段的协同性，并制订实施科学有效的行政决策和方案，加强治水的法律法规条例建设，建立出台治水的体制机制。再其次，是“治水”与“治岸”的协同性。“治水”——提升河道水质只是治标；“治岸”——治理污染源，推进产业转型升级才是治本。要强化行政交界断面和出境断面的监管，继续加强污染源头的控制和治理力度，加大污染减排和“腾笼换鸟”工作力度，有序推进截污纳管工程和涉水重污染行业整治，建立健全畜禽禁养长效机制等。要加快推进集镇和城区污水处理管网建设，确保农村生活污水处理设施切实做到全覆盖，提升污水处理水平。最后，是“西水东济”与“活水治水”的协同性。“西水东济”主要是指如何利用余杭区西部山区形成的地表径流，为余杭区中、东部水网注入水量，增加水面，改善水体流动性。而“活水治水”主要有四层意思：将在这几年城市化建设中被阻断、被破坏的水系、水网、港漾、池塘、河湖沟通、贯通，为水的流动性构建网络；利用平原水网的“大河水涨，小河水满”或者“大河水落，小河水少”的水量水面的涨落特性，促进水体的增减，增加水体的动能；生态化河岸河堤，构筑“水与土”自然关系，增加水体活性；以辅助性方式（综合水利设施）将三个流域的水系连接起来，增加水的活动性。

4. 要遵循长期性规律

水环境综合治理（“五水共治”）过程有其规律，要循序渐进，按客观规律办事，否则欲速则不达。河流、湿地是一个有历史，有生命，并且是一个逐步演替的过程，水系水网相互关联。处理治水目标和任务，布点相关的项目，要持之以恒把治水作为一项长期性的系统工程来抓。要解放思想，以城市的理念规划和设计这些重点区域，加大污水管网铺设等基础公共设施的投入，体现出以人为本的人性关爱。要基本实现项目建设市场化，落实“五水共治”规划，需要建设一大批治水项目，既要抓技术建设，突破关键制约环节，也要抓工程建设，实施具体项目建设，如污染减排工程、防洪大堤工程、城市排涝工程、饮用水供水工程、城乡节水工程等。实施具体项目建设，需要巨额资金投入，这也决定了它的长期性存在。解决资金缺口问题，既需要政府财政支持，也需要社会资金投入。一是继续改变以地方财政支持为主的模式，进一步转向以社会资金投入为主的模式。二是地方财政设专项资金应以“以奖代补”方式为主，加大鼓励“五水共治”的工作力度。基本实现项目建设市场化，既可以使财政巨额资金投入持续不断，又可以使规划项目建设任务得以最终实现。

5. 要坚持环保性理念

习惯的潜意识不容忽视，要从居民的日常节水习惯、节水的有效措施、加强政府层面的应对措施等方面抓起。务必加强环境监测，特别是对水、土壤及周边环境加大监测力度和频次，高标准规划与选择淤泥物堆放消纳场所，防止污染二次扩散。做好余杭的水环境保障工作，特别是运河（余杭段）的治理和保洁工作，加快千岛湖第二水源、临平污水处理厂、苕溪清水入湖、塘栖防洪工程等重点项目的推进，强化区域治水、协同治水和联动治水，推进运河流域、和睦港区域、禾丰港区域等重点区域治理。继续推进"污水零直排区"建设，彻底解决晴天污水直排现象。在截污纳管的基础上，做好全区水系沟通及引配水工作，重点做临平副城片、良渚片、城西片三个区域的引配水工作，让河道中的水流动起来。以水质提升为导向，强化对河道水质的考核，实现"三全一提升"①。把水质提升作为治水工作考核的重要依据，加大水质考核力度，加强对镇街交接断面河道的水质考核。对企业偷排漏排、偷倒泥浆、沿河违章搭建以及保留的养殖场超规模养殖和偷排畜禽排泄物等行为，加强多部门和跨界联动执法，使联合执法常态化、制度化。

四、余论

抓好"五水共治"的着力点，把握"五个坚持"。

1. 必须坚持远近结合

从当前水环境综合情况来看，仍然存在诸如水资源总体匮乏、洪水灾害频发、地上地下水污染严重等问题，且这些问题互相交织、互相作用，这已经成为一个短时间内难以根治的综合征。这些年余杭在重大水利设施建设上已投入了大量的人财物，特别是在防洪水、排涝水方面。但是，防洪排涝设施总体上仍比较薄弱，尤其是临平城区和部分镇街的防洪排涝能力还比较脆弱。

2. 必须坚持标本兼治

省委、市委、区委一再强调，水环境治理是实现经济社会双转型、双提升的必然路径。水环境问题，表现在水中的污染，实际上问题根源在岸上，本

---

① "三全一提升"，即饮用水源的全面达标，劣五类水体的全面消除，城市水体的全面纳管，河道水质的大幅提升。

质在于粗放式、高污染、高能耗的发展方式。因此，要治水，就必须倒逼生产方式、生活方式、建设方式的转变，从政府、企业、组织、个人等入手，探索一条能够实现标本兼治的长效机制，从源头上得到根本的治理。

3. 必须坚持群众满意导向

治水是利民惠民的大实事，河道治理、工程建设有个过程，但如果几年下来还没有改观，该防的还没防住，这样就难以向群众交代了。

4. 必须坚持全民参与

从根本上讲，治水是一种生产生活方式的革新，是改变生产生活习惯的契机。政府要发挥好主导作用，同时要引导群众发挥好主体参与作用，鼓励引导群众从旁观者向参与者转变，从“要我治水”向“我要治水”转变，营造治水文明新风尚。

5. 必须坚持协同作战

治水是一项综合统筹的复杂系统工程，你中有我、我中有你，不能单独看待某一问题，要有大局观、整体观、系统观，重视任何一“水”的科学治理，只有“五水”同时得到实实在在的治理，才能达到水环境综合治理所要的效果。

参考文献

[1] 夏宝龙. 以“五水共治”的实际成效取信于民[N]. 人民日报，2014-01-22：15.
[2] 潘哲琪. “五水共治”下的五大坚持[J]. 浙江经济，2014(2)：59.
[3] 王国翔. “五水共治”灵魂在于“共”[J]. 浙江经济，2014(11)：21—22.
[4] 浙江省治水办课题组，陈光耀，王国翔，郑建忠. 为有源头活水来——从开化实践看“五水共治”的多重效应[J]. 政策瞭望，2014 (12)：38—41.
[5] 谭湘萍. 五水共治，科学治水是关键[J]. 杭州(周刊)，2014(6)：20—21.
[6] 余杭区委办公室. 统筹推进余杭区“五水共治”工作的实践和思考[J]. 调查与研究，2016(4).
[7] 余杭区委办公室. 关于“西水东济，活水治水”进一步改善我区中、东部水环境水生态的调研报告[J]. 调查与研究，2016(4).
[8] 全民动员，治污先行——我区“五水共治”民意问卷调查报告[J]. 余杭统计，2014(10).

第四编 党的建设

当代基层党员马克思主义信仰现状与对策

——基于余杭基层党员的普遍调查

内容提要 基层党员是我们党意志的直接执行者，其信仰的状况关系到党在人民心目中的形象，关系到党和国家事业的兴衰成败。本文从信仰的真伪性、纯洁性、坚定性三个维度出发，通过问卷形式广泛调查余杭基层党员马克思主义信仰的现状，并从理性认知、人文环境、情感需求三个层面归纳影响基层党员马克思主义信仰的原因，提出相应对策，希冀掌握新的历史条件下基层党员马克思主义信仰的现状，为贯彻“从思想上建党”提供可参考的思考方向。

关键词 马克思主义；基层党员；信仰；现状

用马克思主义的世界观与方法论教育和武装全体党员，克服和改造各种非马克思主义思想，保证全党意志统一和行动一致，是中国共产党建党经验的科学总结。当今世情、国情、党情相比过去发生了深刻变化，各种思潮相互激荡，各种文化相互交融，各种观念相互碰撞，价值追求多元化，信息传播方式多样化，要想了解“从思想上建党”这一科学经验与基本原则是否得到了有效执行，我们可以从考察信仰开始，因为它是人类的最高意识形态形式，是每个人思维水平和思想境界的根本体现。

一、基层党员马克思主义信仰现状的考察维度

基层党员是我们党意志的直接执行者，其信仰的状况关系到党在人民

【作者】石翼飞，杭州市委党校余杭区分校讲师。

心目中的形象，关系到党和国家事业的兴衰成败。想要直入主题把握基层党员马克思主义信仰的现状，我们可以按照马克思主义信仰的要求——马克思主义信仰者坚持用马克思主义的立场、观点和方法来解决实际问题，对中国特色社会主义和共产主义事业的坚信不疑[①]——从真伪性、纯洁性、坚定性三个维度来考察。

1. 从真伪性维度考察

马克思主义信仰的真伪性，即是真信仰还是假信仰马克思主义，这是关于马克思主义信仰底色的考察，是关于信仰现状最为根本的判断。对照马克思主义信仰的要求，真信仰马克思主义应做到用马克思主义的方法——辩证唯物主义、历史唯物主义思考问题，对中国特色社会主义和共产主义事业坚信不疑。凡持有神论、对中国特色社会主义和共产主义事业持怀疑态度者，为非马克思主义信仰者，或者是如列宁所说是“在哲学上卑鄙地掩盖起来的对于唯心主义和信仰主义阿谀逢迎的中间党派”[②]。

2. 从纯洁性维度考察

马克思主义信仰的纯洁性，即全部信仰还是部分信仰马克思主义，这是关于马克思主义信仰成色的考察。对照上述马克思主义信仰的概念，真信仰马克思主义就应无条件地坚持马克思主义的立场，把全心全意为人民服务、诚心诚意为人民谋利益作为自己的价值追求。凡是掺杂利己主义、功利主义、有选择地坚持马克思主义原则的，都是不纯洁的马克思主义信仰者。

3. 从坚定性维度考察

马克思主义信仰的坚定性，即是一时信仰还是终身信仰马克思主义，这是关于马克思主义信仰持久度的分析。对照上述马克思主义信仰的概念，真信仰马克思主义就应做到对马克思主义持之以恒地保持坚信的态度，不因艰难困苦、外在诱惑等放弃自己崇高的追求。凡因受顿挫或受诱惑而放弃坚持马克思主义原则者，都为信仰不坚定者，或者如习总书记所说是精神上“缺钙”的“软骨病”患者。

从三个维度考察基层党员马克思主义信仰的现状，有利于观察得更全

---

① 林雪原：《高校马克思主义信仰教育研究》，中国社会科学出版社 2013 年 11 月第 1 版，第 50 页。

② 《列宁选集》第 2 版，第 2 卷，第 362—363 页。

面，分析得更深刻。三者只是思维路径的分离，现实中并非截然分开，相反，作为意识形态层面的问题，三者环环相扣，相互影响，呈正向关系：但凡真正的马克思主义信仰者，一般都能保持信仰的纯洁性和坚定性，反之则终将表露出不纯的动机和薄弱的意志。

二、关于基层党员马克思主义信仰现状的调查

课题组根据上述三个考察维度设计了调查问卷，并在确保问卷有效性和可信度上做了如下安排：一是以“共产党员人文情怀调查”形式发放问卷，避免调查对象有意迎合调查需求；二是打乱三个维度问题的顺序，以避免调查对象揣度课题组的真实意图；三是大部分问题以第三人称口吻，方便调查对象表达真实想法；四是每个问题的答案选项皆含价值判断，以便凸显调查对象的根本价值取向。课题组为确保问卷的覆盖面，通过余杭党校主体班教学平台，以及各镇、街党群办公室，将问卷发给余杭区 1982 年后出生的正科级及以上年轻党员干部，以及余杭区党员服务中心、临东街道、南苑街道、星桥街道、运河街道、塘栖街道、崇贤街道、仁和街道、良渚街道、五常街道、仓前街道、闲林街道、余杭街道、瓶窑镇、径山镇、鸬鸟真、黄湖镇、百丈镇等地基层党员，共计发放问卷 2000 份，回收 1800 份，其中有效问卷 1600 份。经统计，余杭区基层党员马克思主义信仰状况如下。

1. 关于基层党员马克思主义信仰真实性的调查

关于调查基层党员马克思主义信仰真实性的题目，总共 5 题。第 1 题是调查基层党员对于当今党员马克思主义信仰真实性的判断。就接受调查的 1600 名基层党员而言，多数问卷认为党员真正信仰马克思主义。据此推算，多数基层党员对于自身群体是否真正信仰马克思主义持乐观态度；小部分基层党员对于自身群体是否真正信仰马克思主义持迟疑态度。第 2 题为：“当你在寺庙或教堂给神像鞠躬时，你内心真实的想法是？”预期选项是“神是虚假的存在，鞠躬表示对信教者的尊重”，其他选项均为持有神论的干扰选项；第 3 题为：“有人说共产主义社会遥不可及，你的看法是？”预期选项是“共产主义社会确实遥远，但并不是不可及”，其他选项均为对共产主义错误理解的干扰选项；第 4 题为：“有人平时亵渎神灵、欺凌弱小，终老以凄惨收场，你的看法是？”预期选项是“自作孽，不可活”，其他选项均为持有神论的干扰选项；第 5 题为：“如果您身边的共产党员信仰佛教，您对他的看法是？”预期选项是“虚伪的党员”，其他选项均为持有神论的干扰选项。综合

统计情况，虽然不存在预期选项未被选中的情况，但 1600 人中全部选中预期选项的概率较低。

2. 关于基层党员马克思主义信仰纯洁性的调查

关于调查基层党员马克思主义信仰纯洁性的题目，总共 5 题。第 1 题是关于基层党员对自己身边党员马克思主义信仰纯洁性的判断。就接受调查的 1600 名基层党员而言，250 人认为自己身边的党员绝大多数信仰纯洁，不掺杂任何私心杂念；1047 人认为多数信仰纯洁；230 人觉得很难判断他们的信仰的纯洁程度；73 人则认为只有少数人信仰纯洁；据此推算，1297 人（占比 81%），即基层党员绝大部分对于自身群体马克思主义信仰的纯洁度持乐观态度；但是仍有 303 人（占比 19%）即仍有少部分基层党员对于自身群体马克思主义信仰的纯洁度持怀疑态度（见图 1）。

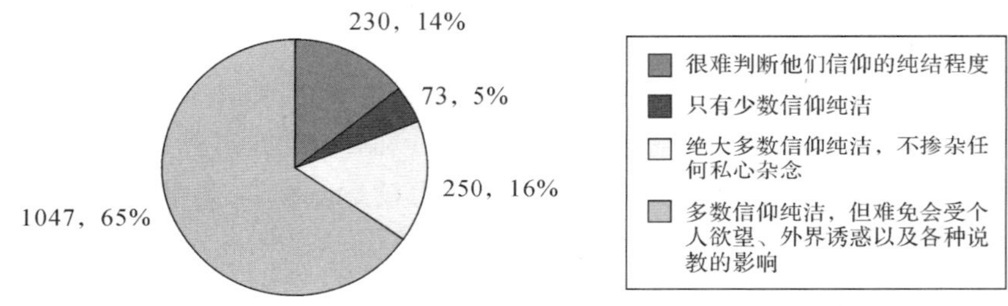

图 1　关于基层党员马克思主义信仰纯洁性的调查结果

第 2 题为："党员小李为人忠厚讷言，常接受组织交付的无报酬任务，您对此看法是？"预期选项是"这种情况可以理解"，其他选项均为利己主义思维干扰的选项；第 3 题为："小王、小李家境相同，且同为某单位公务员，工资仅够养家糊口。后来小李辞职下海，终成亿万富豪；而小王依旧生活拮据，对此您的看法是？"预期选项是"追求决定选择，平凡的人生也有美的姿态"，其他选项没有体现出马克思主义的人生观和价值观；第 4 题为："2009 年，小王通过杭州市选调考试到某乡镇工作，由于业绩突出，2012 年市组织部告知其可以调市机关工作，但也充分考虑他个人愿意。小王认为机关部门平台大，上升机会多，于是选择回到市里。对此，您的看法是？"预期选项是"小王的想法太功利"，其他选项相比预期选项则趋于功利；第 5 题为："下面四句话，您最欣赏哪句？"预期选项是"公而忘私，因公废私"，其他选项均将个人利益放在较高地位。经统计，1600 名基层党员中，能够选中预期选项的约为 1224 人，但 1600 人中全部选中预期选项的概率较低。

3. 关于基层党员马克思主义信仰坚定性的调查

关于调查基层党员马克思主义信仰坚定性的题目，总共4题。第1题是基层党员对于当今党员马克思主义信仰坚定性的判断，就接受调查的1600名基层党员而言，245人认为自己身边的党员绝大多数信仰坚定，不受任何情况左右；1096人认为多数信仰坚定；174人觉得很难判断他们的信仰的坚定程度；85人则认为只有少数人信仰纯洁；据此推算，1344人（占比84%），即多数基层党员对于自身党员群体马克思主义信仰的坚定性有信心；259人（占比16%），说明小部分基层党员对于自身群体马克思主义信仰的坚定程度缺乏信心（见图2）。

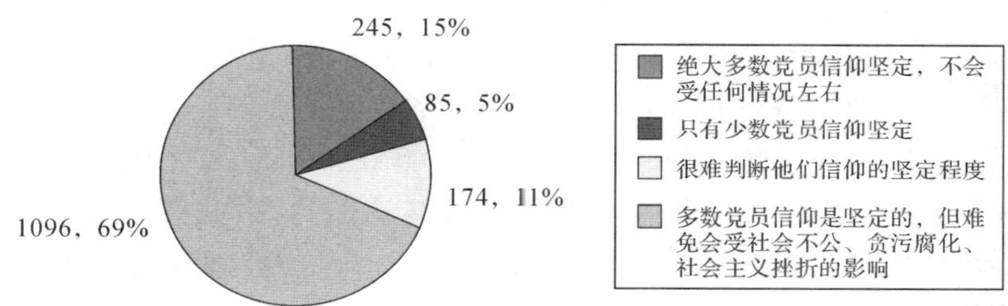

图2　关于基层党员马克思主义信仰坚定性的调查结果

第2题为："革命年代，许多年轻的共产党人因坚守理想而被敌人杀害，对此您的看法是？"预期选项是"死不移志，可敬可佩"，其他选项在彰显信仰坚定性上无法与预期选项相比；第3题为："马克思主义说社会主义必将战胜资本主义，可当今资本主义依然保持繁荣，而许多社会主义国家发展出现曲折，对此你的理解是？"预期选项是"这只不过是前进道路上的曲折，社会主义必将取代资本主义"，其他选项与预期选项相比对共产主义社会的信心不够强；第4题为："老刘是名老党员，年老多病，且无子嗣，缺少关怀，基督教信徒们常到他家里问候，临终时老刘皈依基督教，对此你的看法是？"预期选项是"老刘在人生最后阶段改变了自己的信仰，晚节不保"，其他选项与预期选项相比，坚守马克思主义信仰的原则性不强。经统计，1600名基层党员中，能够选中预期选项的约为1346人，但1600人中全部选中预期选项只有53人，如果以选中全部预期选项作为马克思主义信仰坚定性的标准，那么情况不容乐观。

综合问卷结果：基层党员对于党员群体马克思主义信仰的真实性、纯洁性、坚定性保持乐观，但是持迟疑态度的也不少；关于选中预期选项的统计结果印证了基层党员对于自身群体马克思主义信仰状态的判断。

三、关于基层党员马克思主义信仰现状的浅析

是什么原因在影响当代基层党员对于马克思主义的信仰？统计 1600 份有效调查问卷显示（见图 3）：1154 人认为是“个人放松要求”，这是排在第 1 位的原因；1031 人认为是“对于马克思主义没有真正理解”，这是排在第 2 位的原因；1017 人认为是“社会贫富差距拉大，社会不公现象”，这是排在第 3 位的原因；897 人认为是“党内贪腐现象，干部道德败坏现象”，这是排在第 4 位的原因；809 人认为是“理想信念教育不够”，这是排在第 5 位的原因；697 人认为是“国内市场经济条件下多元价值追求”，这是排在第 6 位的原因；521 人认为是“组织要求不严”，这是排在第 7 位的原因；345 人认为是“ 马克思主义缺乏终极关怀”，这是排在第 8 位的原因；338 人认为是“西方文化的渗入，敌对势力“和平演变”，这是排在第 9 位的原因；246 人认为是“其他原因”，这是排在第 10 位的原因；178 人认为是“共产主义运动遭遇挫折，社会主义阵营的瓦解，资本主义社会依旧保持昌盛”，这是排在第 10 位的原因。

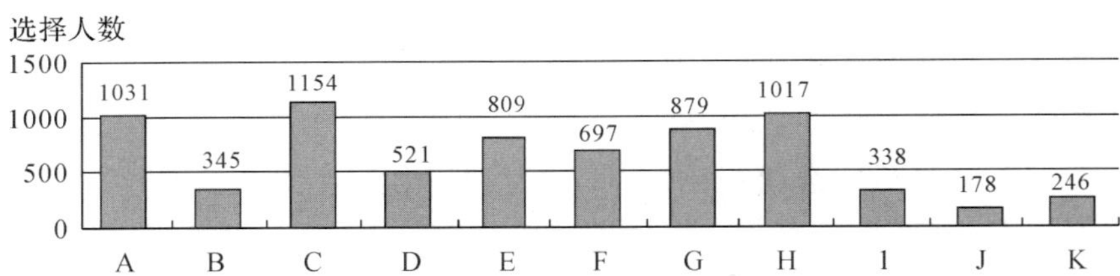

A:对于马克思主义没有真正理解
B:马克思主义缺乏终极关怀
C:个人放松要求
D:组织要求不严
E:理想信念教育不够
F:国内市场经济条件下多元价值追求
G:党内贪腐现象，干部道德败坏现象
H:社会贫富差距拉大，社会不公现象
I:西方文化的渗入，敌对势力“和平演变”
J:共产主义运动遭遇挫折，社会主义阵营的瓦解，资本主义社会依旧保持昌盛
K:其他原因

图 3　影响原因调查结果统计

对上述影响基层党员个人马克思主义信仰的因素，按照影响等级和类别性质进行划分，大体可以归为如下几类。

1. 理性认知层面的原因

包括“个人放松要求”、“对于马克思主义没有真正理解”属于主观理性层面的因素，是影响基层党员马克思主义信仰的第一层次的原因。信仰属于思想意识范畴的事物，个人对于某一理论持坚信的态度，首先要在主观认知层面上理解该理论，然后在情感上接受它、信服它、遵循它，最后变成个人的思维习惯和价值判断标尺。没有理解认知作为前提，靠外在的强迫驱使，很难使一种理论成为信仰。课题组对余杭部分镇、街个别党员的调研发现：一些党员对于什么是马克思主义、马克思主义最基本的观点、马克思主义的基本态度一无所知，或者即使本人按照马克思主义的方法认知和改造世界，他也并不知道所遵循的就是马克思主义，这样一种对于马克思主义的无意识状态或者一知半解状态，很难说已经达到了信仰的层次。问卷中“对于马克思主义没有真正理解”是排在第 2 位的原因，这应该是真实的意思表达，正因为对于马克思主义没有深刻的理解，所以“J”选项“共产主义运动遭遇挫折，社会主义阵营的瓦解，资本主义社会依旧保持昌盛”没有成为影响他们信仰马克思主义的障碍，反之如果对马克思主义理论有所研究，必然会因为“理论逻辑与社会现实的矛盾”[①]而妨碍他们对于马克思主义的信仰，当然，如果对于马克思主义有较深刻的理解可以轻松逾越这个障碍，但课题组不敢相信被调研的对象是因为越过了思维障碍而把“J”选项排在最后一位。要使广大基层党员在理性认知层面做到坚持马克思主义信仰而无障碍，须克服两方面问题：第一，马克思主义是一个庞大的知识体系，真正理解它，需要系统地学习和持续地钻研，而且要做到将马克思主义的基本原理与本地实际相结合来理解运用，更不可能一蹴而就；第二，马克思主义属于西方舶来的先进文化，它的中国化与大众化过程还在进行当中，虽然它的许多观点与中国传统文化不谋而合，但是要真正被广大中国基层党员所理解吸收，还需要进一步与中国优秀传统文化相结合，采取老百姓喜闻乐见的方式和方法来宣传和传播。

---

① 这一矛盾是指：马克思主义用科学社会主义理论证实了社会主义必将战胜资本主义，而 20 世纪 80—90 年代却是资本主义国家兴盛，苏联以及东欧社会主义国家危机重重。

2.人文环境层面的原因

包括“社会贫富差距拉大,社会不公现象”、“党内贪腐现象,干部道德败坏现象”等属于社会人文环境层面,是影响基层党员马克思主义信仰的第二层次的原因。一个人对于某一理论要达到信仰的程度,一定会以这一理论在广大社会层面到得印证作为前提。人们有可能对于某一理论正确与否没有达到确信的程度,但是由于它本身能够在社会中被不断证实,也会趋向于相信它。例如革命战争年代的广大工农革命战士,他们有些人对于中国共产党所倡导理论不甚理解,但是我们党领导的革命斗争确实是在不断印证其所倡导的理想,因此革命战士可以做到毅然决然地秉持我们党的信仰。反之,即使人们在思想上已经理解和接受我们党倡导的理论,但是如果社会中不断出现违背党的宗旨、与党倡导的理想背道而驰的事件,那么他也可能在情感上趋于不信任马克思主义,更不消说将它当作一种理想信念。当然,回到第一层次原因:如果能够在理性认知上完全理解马克思主义理论,那么理性的力量必然大于感性的作用。因此,即使我们在发展的过程中确实出现这样或那样的问题,我们也可以认知到这并不是发展过程必然经历和恒久持续的状况,更不会将这一状况扩大为整体现象,从而对中国特色社会主义持以悲观消极态度,进而危及马克思主义信仰。鉴于问卷统计结果显示:基层党员干部已经将“对于马克思主义没有真正理解”作为影响其信仰的第一层次原因,因而将“社会不公”与“党员贪腐”当作第二层次的原因,一方面是当前人文环境下社会心态一种折射,另一方面也是主观理性缺失的必然结果。

3.情感需求层面的原因

包括“国内市场经济条件下多元价值追求”“缺乏终极关怀”等可划属情感层面的因素,是影响基层党员马克思主义信仰的第三层次的原因。首先,“情感需求是人类最普遍、最深厚、最持久的信仰动因”“依赖感、神秘感和神圣感是人类最普遍、最持久、最深厚的三种情感”[①],而理论界关于马克思主义信仰满足人的情感需求的论述不够充分,实践层面对于马克思主义信仰如何满足人的情感需求亦无既定章法,与此对应,宗教信仰通过各种仪式章

① 冯天策:《当代中国主流信仰的情感变迁及价值研究》,安徽大学出版社2010年版,第10—11页。

程、临终关怀等满足人的情感需要。其次，正如马克思所说："共产主义不是彼岸的理想、先验的圣物，而是现实的、历史的个人用实际手段来追求实际目的的最实际的生成性运动。"共产主义的理想虽不是所有人都能看见的，但最终可被人类整体的发展历程所证实，个人的人生价值融入整个人类实践之于社会发展的积极意义中。而宗教天堂虽不可证实，但它许诺给予每人平等关照，这对于一般民众而言，虽不及为共产主义奋斗那样具有崇高意义，但却迎合了其在依赖感、神秘感和神圣感满足方面的要求。再则，马克思主义作为一种科学的信仰，它通过科学的理论解释自然及社会发展的规律，是一种理性的信仰，对于信众的道德品质具有较高要求，而情感需求则分为不同层次，特别是当今时代下各种文化相互交流，价值追求多元化，情感需求更是多样化。

对于基层党员马克思主义信仰而言，无论是信仰的真伪性还是纯洁性或者坚定性，以上三个方面都在发挥作用：如果马克思主义信仰不是建立在理性认知的基础上，那么这种信仰不可能是发自肺腑、心悦诚服，不可能做到保持纯洁、不受欲望左右，不可能做到坚定不移、持之以恒；如果马克思主义信仰没有良好的人文环境与之相呼应，那么信仰将有可能退化、变质，有可能流于圆滑、失去立场，有可能失去尊严、弃之如履；如果马克思主义信仰没有情感的支撑，那么信仰虽然真诚但也痛苦，虽然纯洁但也乏味，虽然坚定但也孤独。

四、关于夯实基层党员马克思主义信仰的几点思考

信仰作为统摄、指导其他一切意识形式乃至社会心理的最高意识形式[①]，具有较为稳定的特性，外在的行为须以润物细无声的持久熏陶形式方能对其产生作用。而要使得基层党员这一庞大群体的信仰在整体上有所加强，更是一项须涉及社会各层面的系统行动。对照上述影响信仰的三个层次的因素，我们可以将这一系统行为分三个方面。

1.加强宣传教育，夯实理性认知

解决认知层面的问题最直接的方法就是宣传教育，问卷统计的结果也证实了这一点。余杭区东部三个街道(临平东湖街道、南苑街道、星桥街道)

---

① 冯天策：《当代中国主流信仰的情感变迁及价值研究》，安徽大学出版社2010年版，第1页。

相比西部五镇(瓶窑镇、径山镇、鸬鸟镇、黄湖镇、百丈镇)在马克思主义信仰真实性、纯洁性、坚定性上分别高出9个百分点、4个百分点、2个百分点。通过比较两地各自开展党员教育的次数来说,东部明显多于西部,而且东部拥有的宣教资源也远多于西部。因此,对于基层党员的宣传教育首先要在拓展宽度上下功夫。作为党的理论宣传的主阵地的党校应发挥主要作用,如杭州市委党校余杭区分校开展的"理论进家门、送课到基层"活动,送课进文化礼堂活动等,确实扩大了党校教育的覆盖面,将党课送到了村、社区、企业等一线单位;另外,杭州市委党校余杭区分校牵头开展的镇、街党校规范化建设,使镇街党校有场地、有人员、有宣教计划,更是直接将党的理论宣讲阵地牢牢扎在基层一线。

对于基层党员的宣传教育还要在加强深度上下功夫。从宣教主体——基层党校来看,要加大马克思主义理论宣传教育的分量,要在党校培训上进一步明确"党校姓党"的特性,将理论武装与党性教育作为培训的首要任务,避免将有限精力耗散在协助各职能部门完成业务培训上;作为宣教的具体人员,党校教师要提升宣讲马克思主义信仰的能力和水平,自己本人要做到先学一步、学深一点,要吃透宣讲的主题;在宣教方式上除了理论灌输之外,还应学会灵活应用案例教学、现场教学等方式;在宣教的内容上,要继续推进马克思主义的理论中国化,尽量做到用地方的语言、地方的案例来阐述马克思主义的理论;在宣教手段上,要学会使用微博、互联网等现代的教学手段。通过系列措施确保基层党员能够经常性地学习马克思主义的相关理论,切实保证党员开展理想信念教育的渠道畅通无阻。

2.端正社会风气,净化人文环境

基层党员马克思主义信仰的人文环境,主要是指党和政府及其人员所组成的外在机构体系和人际环境。所以,在端正社会风气、为马克思主义信仰的夯实营造良好人文环境时,主要以党和政府作为背景环境。从党和政府自身来说,一是要革除和纠正自己身上与崇高的马克思主义信仰不相匹配的陋习和缺点。如最近一系列的反腐倡廉举措,既"打老虎"也"拍苍蝇",一方面将寄生在我们党和政府机体内的毒瘤进行了切割,同时也通过这些举动向全国人民昭示了党反腐拒腐、保持先进的决心,增进了凝聚力。二是要继承和发扬优良传统,使我们党全心全意为人民服务的宗旨、我们政府的服务职能得到彰显,进一步凸显我们党和政府的亲民形象。三是要加强制度建设,完善法律法规体系,使得政府的各种行为都有相关规章制度的规范，同时做到严格依法执政，从严治党，维护制度的威严，确保制度的刚性。四是要加强自身建设，坚持以较高的道德标准要求自己，将外在的制度要求内化成个人的自觉行为。五是要消除两极分化，杜绝社会不公现象，确保公平正义最大限度地展现，使社会戾气最大限度地遏止。六是要营造健康和谐的氛围，并在加强基础设施建设、丰富民众业余生活的基础上，倡导和谐理念，引领社会健康发展。七是要丰富人民大众的精神生活，加强价值引导，使全民族为共同的崇高理想保持激扬向上的姿态。这一系列举措，有些是为肃清风气，有些是为营造氛围，有些是为打压邪气，有些是为提振士气，虽各有针对，却不能偏废，同时实施才能为马克思主义信仰的夯实净化人文环境。

3. 注重人文关怀，满足情感需求

人类情感与信仰有着互相依存的天然关系，除了物质生产、生活的需要外，人类的情感需要为信仰活动提供了必要的心理基础和动力源泉。[①] 因此，要夯实基层党员的马克思主义信仰，则须极力避免基层党员对其所信奉的马克思主义表现出冷漠、反感乃至厌恶的情感。而情感具有易受主客观因素影响的特征。所以，一方面理论界要加强信仰与情感之间互联关系、互动机制的研究；另一方面我们也要关注那些能够左右基层党员的情感因素。例如当前国内市场经济条件下出现的多元价值追求会影响到个人情感需求，进而会影响到信仰的状态，问卷统计的结果也证实了这个判断。余杭西部5镇在经济发展水平上落后于其他镇街，即市场经济发展程度不及其他镇街，但关于马克思主义信仰纯洁性的问题，西部选中预期选项的比重远远高于其他镇街。因此，我们要关注市场经济对于基层党员干部的影响，不能因为马克思的信仰具有崇高性，而将个人的其他价值追求以及正当利益诉求忽略不计。当然，这并不是说信仰可以任由情感摆布，真的如此，那么信仰就不能称为信仰。

再则，学术界还需在马克思主义信仰满足人的依赖感、神秘感和神圣感等情感要求上做深入研究。如在对于人的临终关怀方面，西方的宗教仪式过程在人临终时给予了其依赖感、神秘感和神圣感等方面极大的满足。其实，我们党通过设置相关的程序也能运到同样目的。目前组织部门所颁布

① 冯天策：《当代中国主流信仰的情感变迁及价值研究》，安徽大学出版社2010年版，第5—6页。

的《关于老干部丧事处理有关问题的通知》在对于党员的临终关怀上做出了相关部署，但要使马克思主义信仰不仅仅是作为一种理性的支撑而且是作为一种感性的滋润而存在，还需要在此方向做更加细致的工作。

参考文献

[1] 冯天策. 当代中国主流信仰的情感变迁及价值研究[M]. 合肥：安徽大学出版社，2010.
[2] 刘建军. 马克思主义信仰论[M]. 北京：中国人民大学出版社，1998.
[3] 王向明. 为什么信仰共产主义[M]. 北京：中国人民大学出版社，2013.
[4] 徐行言. 中西文化比较[M]. 北京：北京大学出版社，2012.
[5] 林雪原. 高校马克思主义信仰教育研究[M]. 北京：中国社会科学出版社，2013.
[6] 陈先达. 信仰与探索[M]. 北京：首都师范大学出版社，2008.
[7] 徐贲. 怀疑时代需要怎样的信仰[M]. 北京：东方出版社，2013.
[8] 杨春贵，张旭文，候才. 马克思主义哲学教程[M]. 北京：中央党校出版社，2002.
[9] 吴祚来. 我们要往何处去——价值主义与人文关怀[M]. 北京：新星出版社，2013.
[10] 风笑天. 社会调查中的问卷设计[M]. 北京：中国人民大学出版社，2014.
[11] 徐春. 关于加强和创新基层宗教事务管理的实践与思考[J]. 杭州宗教研究，2013.
[12] 王康. 论大学生科学宗教观的构建[J]. 杭州宗教研究，2013.
[13] 吴文珑. 论马克思主义信仰中国化的实践依据[J]. 南昌市委党校学报，2012，10(6).
[14] 姚从军. 论马克思主义信仰与宗教信仰的区别[J]. 湖南科技大学学报，2007，28(5).
[15] 刘建荣. 马克思主义信仰的精神实质[J]. 哲学研究，2013(1).

撤村建居社区党建问题对机关党建工作的启示

——以杭州市余杭区为例

内容提要　新时期，要做好机关党建工作，需要将其放在大党建甚至更为广阔的经济社会发展领域来审视与互动。以余杭区为例，在城镇化快速推进过程中，党建工作内外环境会有哪些变化，党建工作自身面临哪些问题和困难？撤村建居党建工作与机关党建工作有很多相似之处。撤村建居党建对机关党建工作在从严治党与深化服务等方面又有何启示？本文探讨这些问题并给出对策建议。

关键词　撤村建居；机关党建；启示

恩格斯1847年10月在论述“共产主义原理”时，对共产主义社会的城乡关系作过轮廓性的描述，指出城乡由一体到分离，又由分离到融合的规律，是人类社会发展的一种必然趋势。①在现代文明进程中，城乡一体化，特别是新型城镇化极大地焕发了人的活力和发展潜力，极大地提高了人类的文明水平和素质。在此背景下，加强撤村建居社区党建工作，也就是新时期顺应历史潮流、夯实基层政权基础、巩固党的群众基础和执政地位的必然要求，是新时期深化党的建设制度改革、从严治党、深化服务的必然要求，也是推进国家治理体系和治理能力现代化的必然要求。撤村建居工作的特殊性

【作者】郭人菡，杭州市委党校余杭区分校高级经济师，南京师范大学法学院博士研究生。

【基金项目】本文在杭州市余杭区委组织部委托课题成果基础上延伸研究而成，获杭州市党建征文二等奖、余杭区党建征文一等奖。

①　刘国伟：《浅谈城乡一体化》，载《江汉大学学报》1991年第5期。

和党建工作的创新性，对于我们做好机关党建工作，相应地具有十分重要的借鉴价值。

一、余杭撤村建居社区建设概况

余杭区成批撤村建居工作始于2006年，伴随着城镇化而向前发展(见表1)。

表1 余杭历年城镇化增长情况

年份	常住总人口/万人	户籍总人口/万人	城镇户籍人口(非农人口)/万人	外来常住人口/万人	城镇化率/%	户籍城镇化率/%
2005	92.96	81.23	21.44	11.73	35.68	23.06
2006	96.05	81.90	25.10	14.15	40.86	26.13
2007	99.81	82.69	28.54	17.12	45.75	28.59
2008	101.96	83.74	38.17	18.22	55.31	37.44
2009	105.59	84.84	41.90	20.75	59.33	39.68
2010	117.10	86.10	43.79	31.00	63.87	37.40
2011	117.56	87.67	46.39	29.89	64.89	39.46
2012	119.21	89.04	49.32	30.17	66.69	41.37
2013	120.12	90.33	51.74	29.79	67.87	43.07
2014	121.17	92.54	54.48	28.63	68.59	44.96

数据来源：余杭区统计局历年统计年鉴；余杭区公安分局统计数据①。

(一)撤村建居社区概况

截至2014年7月，全区共有撤村建居社区74个，占社区总量的50%。主要情况如下。

1.分类情况分析

从征用面积划分，有一类撤村建居社区(含开发商新建小区)46个，其中，土地全部征用的27个，尚有零星土地的19个；二类撤村建居社区(人均耕地面积0.2亩以上)28个，有剩余土地30310亩，二类社区仍占相当比例。按成熟度划分，整体回迁安置型社区24个，村居混合型社区(有托管楼盘社区)18个，拆迁在外过渡型的社区4个，整体翻牌型社区28个。

① 本文的外来常住人口是指登记在册的常住人口减去户籍人口的差额，并假设都以城镇为活动中心；户籍城镇化率为城镇户籍人口占常住总人口的比重。

2. 社区居民情况分析

从居民来源结构看，不含数量更为庞大的外来人口，有户籍居民 37371 户，119587 人。74 个撤村建居社区管辖房屋套数 81942 套[①]。撤村建居社区户籍平均人口数比行政村和城市社区平均人口数都要少（见表 2）。撤村建居社区居民其他基础信息极为匮乏。

表 2 户籍人口分布

	村（社区）数/个	总人口数/万人	平均数/人
行政村	179	38.63	2158
城市社区	72	39.8	5528
撤村建居社区	74	11.9	1608

3. 群体特点分析

一是身份、角色发生根本转变。撤村建居前，作为农民，土地是最基本的生产资料和生活保障；撤村建居后，作为城镇居民，转为以工资性收入和出租房屋收入为主。对农民来讲，如同一次社会变革，有许多需要重新适应的地方。二是对城市普遍抱有美好憧憬，享受城市服务的期望值较高，但由于城镇化与工业化长期的非同步发展（见图 1），在这方面还存在一定实现难度。三是城乡接合部特点突出，在生活消费上勤俭与铺张并存，在文化品位上高雅与粗狂共生，在居住环境上传统习俗与现代文明交织，在民主法治意识上，从淡薄转向重视，但偏重自我权利维护，相对缺乏社会责任意识和包容大度心态。四是普遍关心拆迁补偿、安置分房和集体资产处置三件大事。

4. 社区党建情况分析

从党组织设置情况看，一级组织设置为党委的有 23 个，为党总支的有 40 个，为党支部的有 11 个；下属二级党组织类型主要包括老年党支部、企业党支部、农业党支部以及按属地设立的党支部等。从党组织书记来源情况看，本社区人员 68 人，外出（经商）回归人员 54 人，回乡知识青年 15 人，大学生村官 2 人。74 个撤村建居社区共有社区专职工作者 540 人，平均年龄 35.7 岁，其中女性 254 人，占 47%；党员 439 人，占 81.3%；大专以上文

① 存在一户农户分多套房现象。

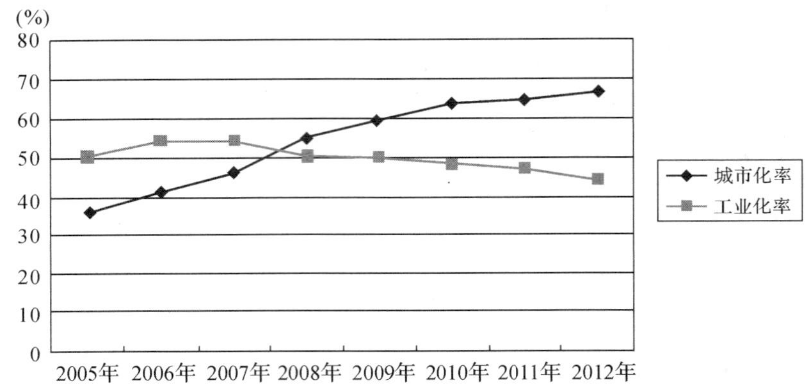

图1　余杭城市人口与工业化率的变动

数据来源：余杭区统计局历年统计年鉴[①]

化程度468人，占86.7%；持有社会工作者职业水平证书90人，占16.7%；经民主选举，进入社区居民委员会班子的239人，占44.3%。[②] 党组织关系在社区的有6152名党员，到社区"双报到"党员有2882名。共有志愿者服务队223支。对"撤村建居"后，社区党组织作用发挥满意度（抽查数据）为"很好"和"好"合计83.3%、"一般"及以下为16.7%。

5.社区工作情况分析

社区组织方面，有社工服务中心74家，另外，多数社区建有社区志愿者协会、学童寒暑假学堂、文化社团、老年协会等社会组织。社区管理服务方面，2013年度区、街财政下拨社区经费数6672万元，集体股份经济补助社区共建数2011万元。落实800平方米社区管理服务和活动用房59个社区，16个社区未达标，基本由股份经济组织提供社区用房，2010—2012年区财政对15个撤村建居社区补助568.23万元。

6.社区集体经济发展及居民收入情况分析

2013年年底股份合作社共有74家，股份组织经营性收入为10782万元，平均为145.7万元/家，主营业务为房屋出租。社区居民年人均纯收入

① 工业化率为工业增加值占GDP的比重。城市化率为市、镇全部常住人口占总人口的比重。

② 2013年年报数字。

为 23723 元，高于全区农村平均水平[①]。

（二）撤村建居社区主要特征

在城镇化进程中兴起的撤村建居社区，自身普遍具有农村向城市的过渡性和混合性特征，主要表现为：(1)人员成分的日益复杂性；(2)社会服务与管理的并重性；(3)向城市社区转型的必然性；(4)在形成上具有建构性（政府主导，非自然演进）。不同类型社区又相互有所区别。

1. 整体回迁安置型社区特征

(1)邻居间相邻关系发生变化，邻里关系面临重组。回迁后，传统以血缘和地缘为纽带的关系瓦解。以党建为例，有的社区仍延续原来以自然村落为划分标准的党员活动小组，面临着向以楼道为划分标准的党员活动小组转型的任务。

(2)社区组织职能面临转型。整体回迁后，作为相对成型的社区，社区居委会角色需要从“村委会式居委会”彻底向“城区居委会”转型，与股份经济合作社等的关系需要规范化重构。

(3)乡村软环境与城市硬件混合，区容区貌风格不确定。虽然搬入了城市住房，但不少居民的思维方式、生活习惯、行为模式，都还停留在农村阶段，小区风貌难以在短时间内形成和城市社区一样的统一风格。

2. 村居混合型社区特征

(1)居民构成复杂带来社会属性交叉。这类社区以半熟人社会为主，陌生人社会逐渐显现。

(2)社会交往和资源分配具有二元性。新居民与原村民间缺乏互动。在资源分配上，股份经济合作社分红面向原村民（股民），与新居民无关。

(3)社区管理内容和管理方式也具有二元性。两类居民在诉求上有很大不同，对基层组织的职能期望也不一致。

(4)乡村文化与城市文明混合共生，多元文化在冲突中趋向和谐。原住民物质生活现代化与精神生活传统化并存。“食租阶层”开始形成。原住民与外来市民之间的差异性、等级性容易转化为社会排斥和群体歧视，造成社区内部不同群体的隔阂和冲突，形成阶层封闭态势。总体上往城市文明的

---

① 同期农村居民人均纯收入为 22647 元。

共同认知上互补与推进。

(5)股民对于用股份经济合作社资金造福社区内商业楼盘意见大。

3.拆迁过渡型社区特征

(1)低组织低制度化。由于在外过渡,拟建中的新社区居民自治组织、党的基层组织和政府的派出机构未完全建立,导致这些拆迁社区低组织化、低制度化。

(2)过渡性居住的空间状态给居民获取公共服务带来困难。由于居民居住分散化,导致社区管理成本高昂、服务效率低下。居民获取公共服务相应变难,集中体现在子女入学、医疗、就业、信息获取等方面有诸多缺陷。

(3)过渡性居住的空间状态还造成居民邻里社会资本流失,对过渡性居住地归属感差、参与感弱。

(4)拆迁难、分房难问题突出。拆迁过渡期间,是居民核心利益集中分割的时间,居民对此非常关切,社区干部妥善处理的难度通常很大。

4.就地翻牌型社区特征

(1)农村自治职能与社区管理职能并存,"村委会"模式与"居委会"性质双轨运行将长期存在。抓集体经济发展仍是各翻牌社区的首要工作。

(2)经济上,第一产业仍占相当比例。翻牌社区都还没有完成整体拆迁,因此,还保留了相当比例的种养殖业。不少社区一产、二产、三产同时并存。

(3)社区边界相对封闭。翻牌社区一般由原村落整体转换而来,因此,在社区边界上一般保持原状,具有相对封闭性。

(4)居民身份从农民转为市民,职业没有保持同步转变。由农业渐进向非农转化。

(5)社区普遍重视股份经济合作社工作。社区三副班子成员普遍在社区组织和股份合作社"两肩挑"。

二、城镇化进程中撤村建居社区党组织建设的探索实践

撤村建居的过程,不仅仅是村民身份转换和土地性质变化的过程,它更是社区内外结构的变迁过程。城镇化的快速推进,使撤村建居社区党建工作呈现出党建领域转换和工作平台迁移的动态性,是党建的一个新领域。在这个领域中,基层党建工作面临着许多新课题,主要有:顶层设计存在优

化空间，二级支部设置的科学性有待探索，社区党组织与股份经济合作社等其他组织的关系有待规范化，社区组织职能过多、社区干部压力较大，党组织工作模式有待转型，党员活动小组作用发挥不充分，决策形成机制有待完善，综合协调机制有待深化，共驻共建机制有待创新，责任追究和监督机制有待强化，党组织书记与班子转型理念与能力有待提升，队伍结构不尽合理（见图2），社区党组织委员职级定位有待商榷，进出口关不一致，社区党员情况复杂化，党员向心力减弱，党员素质有待提高，"两网合一"模式的末端效应不明显，机关化倾向严重、走村串户减少，社区利益群体类别丰富化、党建任务加重等。总之，撤村建居社区党建理论和实践还都处在起步和探索阶段，目前还没有统一和固定的模式，只能根据实际情况和现实需要，探索适应本地区各社区特点的党建工作模式。尤其是中国共产党作为执政党，党的基层组织是党在基层社会的战斗堡垒，是党的全部工作和战斗力的基础，是各种组织和各项工作的领导核心，如何顺应这个城镇化趋势，加强党领导，是一个需要深入研究的问题。余杭区以大党建为统领，围绕有人干事、有钱办事、有房议事、有章理事、有效监事的"五有"建设目标，以"1＋9"文件为依托（"1＋9"是指余杭为贯彻落实省、市委要求，结合城乡统筹背景制定出台的系列文件），不断夯实撤村建居社区等基层组织基础。

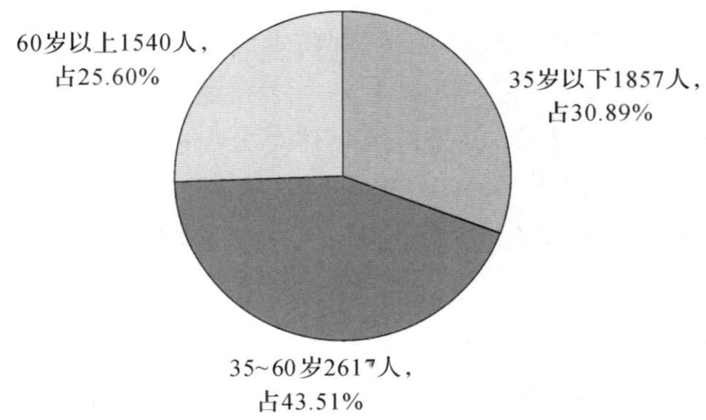

图2　党员年龄结构基本情况

（一）明确职责带队伍，确保"有人干事"

1. 选优育强撤村建居社区党组织带头人

始终将加强社区党组织带头人队伍建设作为夯实撤村建居社区组织基

础的核心和重点来抓。创新建立基层党组织书记导师制，组建由11名经验丰富、能力突出的基层党组织书记组成的导师团，定期组织开展“书记论坛”、“组团会诊”等活动，充分发挥基层党组织带头人传帮带作用，实现知识业务水平互促共提。注重在一线社工中选配班子成员。

2. 着力加强撤村建居社区干部队伍

结合社区组织换届，不断优化社区干部结构。余杭区换届经验做法被省换届办编入《浙江省村级组织换届工作指导》，是杭州地区唯一在全省作经验介绍的单位。

3. 注重党员发展教育分类管理

一是科学设置二级支部。如高地社区根据社区内党员群体的特点，分别设置了老年党支部、企业党支部和农业党支部，开展有针对性的活动。二是因地制宜抓好党员教育。如禾丰社区在外过渡三年多，仍保持每月固定半天的党员活动日活动，全员参加，连续坚持20年。

(二)多措并举助发展，确保“有钱办事”

1. 发展壮大社区集体经济

对于多数撤村建居社区来说，没有一定的集体经济基础，社区服务很难开展。因此，绝大多数撤村建居社区，都将继续发展壮大集体经济作为新社区工作的重中之重，坚持一手抓党建，一手抓经济，两促进，两不误。74个撤村建居社区，集体经济收入(指村级集体可分配收入，已包含区、街道两级财政拨款)在20万元以上的有65个，占87.84%；5万～20万元的8个，占10.81%；5万元以下的仅有1个，占1.35%。没有集体经济收入为零的空壳村。

2. 落实社区运转保障经费

坚持财政统筹兼顾、投入自然增长，建立健全区、镇(街道)两级公共财政为主体，职能部门补助资金、帮扶部门投入为辅的村级运转经费保障体系。2013年区级各部门合计拨付村(社区)经费5.79亿元，平均每个村(社区)228万元。强化基层党建工作经费保障，党建工作经费按照党委、党总支部、党支部每年6万元、5万元、4万元标准发放，社区党员教育管理经费按照每人每年100元标准落实，2013年区财政共拨付金额1900余万元，为基层组织作用发挥提供了充足保障。其中，74个撤村建居社区党组织活动及运转经费均在5万元以上，高于全区平均水平。

3. 强化社区干部激励保障

加大财政投入，解决了所有撤村建居社区干部基本报酬及“五险一金”等待遇保障。加强社区工作者队伍建设，由区级财政统一落实待遇报酬，社区正职干部年均工资达到7.5万元，副职干部年均工资为6.8万元，一般社区干部年均工资达到6.2万元。

(三)整合资源促实效，确保“有房议事”

1. 完善社区活动场所建设

采取改扩建、修缮等多种方式加强村级活动场地建设。74个社区的社区服务中心的“一门式”服务大厅平均面积均超过50平方米。统一服务中心标识设置，确保外形美观、党员群众办事便捷。强化社区保障用房建设，采取划拨、租用等多种方式落实筹备阶段新建社区办公及服务用房。将社区配套用房落实情况作为新建社区审批的前置条件，统一规范社区配套用房面积、大小、地段位置等条件，按照每个社区不少于800平方米标准予以落实。余杭146个社区平均办公、服务用房面积达到1049平方米。

2. 构建以便民中心为核心的服务网络

按照“一级政府三级服务”的模式，以各社区“一门式”便民服务中心为依托，建立涵盖区、街道、社区的三级基层组织服务网络。推动城市社区管理理念和服务方式向撤村建居社区辐射、延伸。推行“一门式”服务大厅AB岗、错时上下班等制度，居民的社保、民政、医疗服务与矛盾调解等都可以在“一门式”服务中心办理，社区公共服务水平明显提升。积极组织社区干部开展便民代办服务，从原来局限于为社区居民和辖区内的企业服务，到如今拓宽到社区新居民、个体户等层面，提供的服务大到为企业代办营业执照、项目申报，小到为社区居民办理公交卡充值、送水送煤气等各类服务。

3. 搭建党员干部作用发挥平台

在“网格化管理、组团式服务、片组户联系”的工作基础上，创新将基层社会服务管理运行得较为成熟的党建民情联系网和综治防控网“两网合一”。撤村建居社区共划分网格数156个，配备网格员356名，网格员平均年龄43.2岁。深入推进以冠名党员服务站为核心的服务网络建设，整合区、镇(街道)服务资源，组织开展“百站千人万次”主题活动。尊重基层首创，涌现出乔司街道"三角村帮帮"、良渚街道党员先锋应急救援队、临平街道的东湖街道服务时间储蓄银行等特色服务品牌。在工作推进过程中，始终注重发挥基层党组织的战斗堡垒作用和广大共产党员的先锋模范作用，围绕"三改一拆"、"五水共治"等中心工作抓党建，积极发挥党组织和党员作用，强化党员的责任意识、全局意识、带头意识和保障意识，有力地促进了中心工作落实。有益做法得到中央、省、市领导的高度肯定，余杭也连续九年获全省平安区（县、市）称号。

（四）建章立制抓管理，确保"有章理事"

1. 健全规范运行机制

坚持问题导向，着眼于协调解决撤村建居社区新旧体制转换期间的问题矛盾，制定实施《杭州市余杭区社区居务公开目录》，明确居务工作范围，梳理划分党组织、居委会、股份经济合作社等社区组织工作职责及职权范围，界定社区干部办事权限。对社区组织基本工作、议事规则、业务流程等都做了具体规定，理顺了社区"两委"之间的关系，使社区管理有章可循、有据可依。

2. 完善基层民主建设

余杭基层民主政治建设起步较早、基础较好、氛围较浓。围绕民主决策、管理、监督机制，进一步健全完善基层运行体制，建立完善民主决策机制，畅通群众利益表达渠道。城乡接合部地区利益关系错综复杂，撤村建居后，为了进一步畅通社区居民利益诉求的工作机制，星桥社区等推广实施社区党员代表大会制度，重大项目先经过社区党员代表大会通过，然后提交社区代表大会审议决定，进一步增强了解决居民群众实际困难、改善农转居地区生活发展环境的各项工作的针对性和实效性。创新制定《余杭区基层民主政治建设评价体系》，建立基层民主政治建设的评价标准，为开展系统评价并落实整改举措提供制度保障。

3. 加强村集体经济组织财务管理

创新采取网络条形码管理，将"三资"情况进行分类录入，提高管理效能。在全面实行会计代理制的基础上，探索村集体经济组织资金镇（街道）统一代理工作，即"钱账双代理"，实现"资金统管"、"印鉴监管"。按照"每隔两年必审、社区干部离任必审、居民信访必审"的工作要求，全面实施"三年轮审"工作,包含撤村建居社区在内的全区轮审涉及项目 938 个[①]。制定出台《审计整改督查办法》和具有余杭特色的《审计整改"五个一"制度》(即实行"一月一通报、一事一督办、一季一检查、一年一联查、一村(社区)一档案"),初步构建审计监督工作的长效机制。

(五)抓人促事重规范,确保"有效监事"

1. 加强居务监督体系建设

以居务监督委员会建设为重点,构建居务监督网络,制定实施专项考核办法。探索实行居务监督履职清单制度,将党员群众关心、居监会需要重点监督的 10 项内容及相应的要求、方式等内容汇成一张《监督总图表》,细化梳理 61 个"条目式"的监督要点,并下发至社区,使监督更具有操作性和针对性。强化层级管理,制定出台《关于进一步加强对村(居)务监督委员会工作指导的通知》,梳理明确区、镇(街道)两级纪检监察组织的职能作用。加强镇(街道)纪检组织对村(居)监会的工作指导和管理,确保监督工作落到实处。

2. 规范居务公开管理制度

全面推行党务、居务、财务公开,提高基层组织运行和决策的透明度。统一制作居务公开表,内容涵盖班子建设、党员教育管理、土地征用及房屋拆迁政策、土地征用补偿及分配、集体经济所得收入及使用等。在全面落实居务公开栏基础上,建立全区统一的城乡社区管理服务平台,推行网络居务公开。每年组织开展居务公开及民主管理工作专项检查,确保居务公开落实到位,规范有序。

3. 健全完善社区干部监管

按照分级管理、分级负责的原则,建立健全社区干部绩效目标考核机制。充分尊重党员群众意愿,结合"双述双评"开展民主测评,测评情况按比例直接折算成考核分数。通过将班子考核结果与个人考核结果相挂钩,按考核结果确定基本报酬发放标准的方式,逐步建立起"以绩定级、以级定酬、级酬挂钩"的综合考核办法,真正体现干好干坏不一样。全面落实竞职、创业(服务)、辞职"三项承诺",指导社区将区委、区政府中心工作纳入社区三

---

① 2005 年至 2013 年年底数据。

年发展总体目标，要求社区干部根据三年任期目标排定年度具体工作计划，并定期公示进度，接受党员群众监督，形成责任倒逼的压力传导机制，督促社区干部履职尽责。

三、对机关党建工作的启示及建议

党建问题是破解撤村建居社区工作和机关工作困局的“牛鼻子”，是解决问题的“总开关”，牵一发而动全身。撤村建居社区党建工作经验及其问题，与当前机关党建有不少相通甚至相同之处，相互借鉴相互提高，符合开门办党建的时代要求。我们要积极借鉴撤村建居党建工作中的正反经验，抓住有利因素，以党建为主线，统筹全局，贯穿始终，提升机关各项工作，实现机关党建工作新飞跃。

（一）创新思路，加强领导，建立机关党建工作新机制

1. 加强顶层设计，探索建立机关党建工作的领导机制

优化组织架构，逐步理顺各类组织间关系。根据机关单位不同类别、不同发展阶段设置不同的组织与管理模式，因地制宜成立临时党支部（如在党校主体班成立临时党支部）、党小组（如各个机关结对扶持，同一个村、社区的可联合成立一个党小组）等，有条件的地方还可设立党员临时活动站，确保组织不散、活动不减，切实保证党在各类组织中的领导核心地位。

2. 加强民情联系，探索建立机关党建工作党群互动机制

人民群众（含单位全体职工）是我们党建工作的基础，“基础不牢、地动山摇”，要把机关党建作为巩固党的执政地位的一项基础性工程来抓，努力把机关单位建设成为党在基层社会整合各类组织、联系广大群众的稳固阵地，进一步加强党在机关单位的领导，夯实党的执政基础。对外“基层走亲”和“党员联系户”方面，务必做到让群众反馈的问题，件件有台账，件件有讨论，件件有反馈，件件进考核，件件有监督，确保“基层走亲”和“党员联系户”务实化、常态化、制度化。对内职工方面，切实做到单位书记①三年任期内走遍每位职工家庭②，做到能及时、全面、深入了解单位每位党员群众的

---

① 或委托党组织班子其他成员。

② 不同城家庭可除外。

疾苦。

3.加强资源统筹，探索建立机关党建工作的保障机制

不断完善机关治理架构，在机关推行社区“有人管事、有钱办事、有房议事、有章理事、有效监事”的“五个有”机制。如探索构建党建资源配置机制，统筹党建工作经费安排，加大对机关党建工作经费的扶持力度，列入区级财政预算。

(二)创新内容，重构职能，凸显机关党建工作新内涵

1.突出服务主题，破解群众关注的民生焦点问题

机关组织以服务职能为首，因此，各机关党组织要顺应职能，创新管理，找准工作切入点。建立困难职工救助和后进党员帮扶等保障体系。推进单位内部公共服务均等化。

2.突出教育主题，构筑富有特色的机关文化体系

机关文化是单位具有鲜明个性的群体意识、价值观念、行为模式、生活方式等文化现象的总和。机关单位党组织要在机关文化建设中，根据党员群众特殊的文化需求，充分利用单位文化资源，倡导科学、文明的生活方式，形成健康向上、文明和谐的机关文化氛围。开展机关教育活动。以文化促和谐、以文明促新风，提升员工素质。既要抓好白天的工作，也要关注晚上的娱乐。

3.突出稳定主题，倾力打造和谐机关

及时化解矛盾是维护机关和谐稳定的重要措施。任何一个单位存在一段时间，一些潜在的问题和矛盾就会逐步显现出来，解决这些问题和矛盾需要一定的过程，而一些群众要求解决问题的心情迫切，要求过高，势必会引发新的矛盾。为此，机关党组织要从讲政治、讲纪律、讲团结、讲奉献的高度，服从大局，服务群众，建立干群一家亲，团结一条心的工作格局，促进机关党组织化解矛盾能力的进一步提升。机关党组织要随时掌握单位重点人群的活动状态，对发现的苗头性问题和倾向性问题，有针对性地及时进行疏导、处置，把各类不稳定因素消除在萌芽状态。

(三)创新载体，拓展渠道，搭建机关党建工作新平台

机关党组织要适应新形势、新任务的要求，就要不断创新活动内容、活

动方式，找准开展活动、发挥作用的着力点。通过开展活动，展现党组织新的活力和新的精神风貌。

1. 认真落实“三会一课”和党员固定活动日制度

针对退休党员的具体情况，确立“身体健康的集中过、行动不便的上门过、异地居住的远程（同步视频等）过、工作繁忙的晚上过”的组织生活制度，确保学习活动的长效化，保证每名党员都能全程参加“三会一课”。在职党员要开展好每月党员固定日活动，确保参加率和活跃度。

2. 严格党员公示制度

在单位公示栏贴出单位党员相关信息，主要包括姓名、入党时间、专业特长等，增强党员的荣誉感和责任感。

3. 搭建党员献爱心的各类平台

一是推行党员责任区和党员联系户制度。充分发挥所有将社区作为固定住所的本单位党员和有较宽裕时间、愿做“社区义工”的本单位党员的作用，一对一结对帮助孤寡老人、“空巢老人”、伤残人士、低保家庭、矫正人员等困难群体解决日常生活困难，做到一周定期一看望，一月定期一解困。二是开展丰富多彩的党员志愿者活动，发动单位党员居民继承和发扬雷锋精神，通过集中咨询、上门服务、预约服务等形式，开展法律咨询、医疗健康、就业培训、垃圾分类、文化体育、尊老爱幼等不定期活动，为社会做贡献，同时也扩大单位影响力和整个机关事业单位群体美誉度。

4. 认真做好党员活动阵地建设

加大党建资金投入，确保各单位都有“一校（社区党校暨居民学校）、一室（党员活动和民主议事的多功能活动室）、两栏（公开栏、宣传栏）”。

（四）创新方法，带好队伍，增强机关党建工作新活力

1. 强化党组织“领头雁”队伍培养

要充分发挥党组织的领导核心作用，把党性强、作风正、会管理、受拥护的狮子型干部选为机关单位书记和下属支部书记。实现理念转变、身份转换、职责转型、能力结构调整优化。

2. 加强班子建设

创新选人用人机制，真正形成一支高素质的领导班子团队，在群众中树

立威信和良好的单位领导团队形象。不断提高党员队伍综合素质。探索主管工作与中心工作有效融合的方式方法。

3.提高组织战斗力

一是整顿软弱涣散的单位党组织，积极开展“结对共建”工作，抓好各支部组织活动的正常化、规范化建设，提高行政支部党建工作水平，巩固扩大非公企业支部的组建成果。二是深入实施机关党建示范点创建和党建服务品牌创建活动。三是通过专题培训等提升机关党员干部工作水平，注意将培训面覆盖机关党组织全体委员。四是充分发挥党员小组作用开展党员活动。

4.加强党员管理

要加强党员管理，努力在党员管理方面实现“三个转变”。一是在组织形式上实现从统一管理向分类管理的转变，兼顾不同类别党员管理的需要，加强党性锻炼、增强党性意识。二是在管理方法上实现从定性管理向量化管理的转变，在分类管理的基础上，对党员进行分类设岗、定位管理，并制定量化岗位目标考核方案，对党员进行量化管理。三是在运行机制上实现从被动式管理向以激励约束机制为保障的主动式管理转变，党员岗位考核与党员年度民主评议、岗位评优、处置不合格党员有机结合起来，充分调动党员的积极性和主动性，进一步增强党员管理的有效性。

5.增强机关党员的荣誉感和价值存在感

一是大力加强机关党员的思想政治建设，通过业余党课、理论探讨、参观学习、结对子等多种形式，不断提高党员的政治理论水平和思想政治素质。二是加强党性修养，积极开展反腐倡廉教育，有针对性地开展示范教育、警示教育、岗位廉洁教育，不断增强廉洁从业意识。三是建立党员“有进有出”机制，确保党员群体高品质形象。四是通过丰富党员活动载体，尤其多尝试创建一些生活化、人性化、日常化、个性化、品牌化载体，为特色载体提供平台、经费等支持，发挥出每位党员的特长，以服务群众，让党员价值得以真正体现和充分体现，从而提高党对党员、党员对群众的吸引力、向心力、凝聚力。

参考文献

[1] 赵文斌，帅萍. 机关文化建设理论与实务[M]. 北京：化学工业出版社，2013.

[2] 阿瑟·刘易斯. 二元经济论[M]. 施炜等，译. 北京：北京经济学院出版社，1989.

[3] 徐良. 浅谈新形势下机关党建工作的创新[J]. 改革与开放，2012(1).

[4] 孔媛. 网络文化与机关党建[J]. 上海党史与党建，2012(2).

[5] 徐士泰. 当前机关党建工作存在的主要问题、成因与对策[J]. 江淮论坛，2005(6).

[6] 徐鸣华. 发挥机关党建的"龙头"作用[J]. 党建研究，2010(7).

[7] 贾明建. 机关党建要突出执政能力建设[J]. 理论探索，2005(7).

[8] 王安然. 机关党建"四多四少"应引起重视[J]. 党员之友，2005(4).

[9] 赵理真. 改进机关党建 变"软任务"为"硬指标" [J]. 人民论坛，2002(12).

[10] 福建省直工委党校课题组. 提高机关党建工作科学化水平的内涵和举措[J]. 福建理论学习，2010(8).

抗战时期沦陷区政权建设的历史审视

——以杭州余杭西部山区“三杭政府”建设为研究对象①

内容提要 抗战时期,余杭西部山区驻扎了国民党杭州市政府、杭县县政府、余杭县政府三个政府机关,民间俗称为“三杭政府”。可以说,余杭西部山区实际上是杭州抗战时期的核心指挥部。抗战爆发后,为了更好地支持抗战,国共两党在余杭地区(主要是西部山区)进行了全面而富有成效的政权建设、经济建设、文化建设和社会建设。余杭地区的中共党组织坚持抗日民族统一战线,与国民党政府通力合作,领导和动员广大军民展开了大规模、持续性、全方位的抗日活动,使余杭的抗日力量得到不断的发展和壮大,从而为抗日战争的最终胜利奠定了坚实的基础。

关键词 抗战时期;余杭西部山区;政权建设;历史地位与作用

政权问题是一切革命的根本问题.任何一个阶级,如果要想取得革命的胜利,就必须夺取政权,这是一切革命历史经验的总结。抗日战争时期,中国共产党总结建党以来在政权问题上的经验教训,根据抗战时期国内主要矛盾的变化,正确地将政权的性质确定为人民民主专政的抗日民族统一战线的民主政权。在这一正确思想的指导下,余杭的中共党组织坚持抗日民族统一战线,与国民党政府通力合作,领导和动员广大军民展开了大规模、

【作者】陈华杰,杭州市委党校余杭区分校高级讲师。

① 根据陆发春(安徽大学历史系)的定义:沦陷区作为一个历史社会形态,主要指1931年“九·一八”事变后到1945年日本战败投降期间,日本帝国主义对中国殖民占领和半殖民地统治地区。

持续性、全方位的抗日活动，使余杭的抗日力量得到不断的发展和壮大，从而为抗日战争的最终胜利奠定了坚实的基础。同时，本文需要着重指出的是，当时的余杭西部山区驻扎了国民党杭州市政府、杭县县政府、余杭县政府三个政府机关，民间俗称为“三杭政府”。可以说，余杭西部山区真正意义上成了抗战时期杭州民国政权的核心地带。本文正是基于抗日战争这一历史主题，剖析国共两党1937—1945年在余杭西部山区所开展的政权建设以及政治、经济、社会建设等方面的内容，并进一步探讨当时余杭西部山区政权建设的特殊性及其在抗战中的历史地位和作用。

一、罄竹难书：抗战时期日本帝国主义在当地的滔天罪行

余杭县于1937年12月23日沦陷，杭县于24日沦陷，至1945年8月日本投降，两县光复（注：今余杭区系由原余杭县和杭县大部地域合并而成的）。期间，除西部部分山区外，全境大部分地域被日军控制。日军在占领余杭期间，除了在余杭地区沦陷初期极尽“炸”、“杀”、“奸”、“烧”、“抢”之能事外，在统治期间还大肆掠夺余杭的资源和财富，给余杭地区造成了大量的人员伤亡和财产损失，使余杭人民蒙受了空前的灾难。

1.从人员伤亡情况来看

日军在余杭横行期间，随意抓捕、杀害、奴役人口，男性青壮年严重减少，劳动力失衡。日伪对余杭地区进行“清乡”、“扫荡”，不断袭扰区百姓，随意逮捕、殴打伤害平民。2007年3月，余杭区组织相关人员成立调研小组，在全区范围内开展了社会调查，掌握了大量的第一手资料。调研小组对所掌握的资料进行认真分析、研究、对照，经过反复核对，得出余杭在抗战期间人口直接伤亡数为9627人，其中直接死亡8920人、伤704人、失踪3人（不含军政、伪军汉奸伤亡数字）。此外，由于战争因素引发的战乱、饥荒、疾病、瘟疫、自然灾害及难民逃亡等原因，也造成余杭人口的大量死亡。1937年抗战爆发前杭县、余杭县两县人口共计540220人，到1945年抗战胜利后统计，两县人口为448311人，减少91909人，约占战前两县人口数的17%。两县沦陷之初期（1937年、1938年、1939年）的伤亡人数远胜于后几年，因为日军在占领两县之初，出于巩固统治、镇压反抗的考虑，大量杀害沦陷区平民。平民伤亡数字远大于军人，究其原因，因为两县属于沦陷区，中国军队在两县境内并没有和日伪军发生大规模的战斗，故伤亡军人数字不大。

2.从损失的具体内容来看

日军的侵略给余杭地区的居民财产带来巨大的损失,致使人心恐慌、民不聊生。在长达8年的时间里,日伪不断修建据点,修筑公路,强征劳工和原材料,极大地打击了余杭地区的经济,社会财产损失重大,致使经济衰退、社会倒退。由于当时的余杭地区(包括现划入杭州市其他地区的部分乡镇)比较富庶,加上自1937年就被日军占领,因此社会财产损失数字相当巨大,而且范围涉及农、工、商业和公共事业,损失总数达69673113元,而当时两县国民政府1937年全年收入总预算不过558731元。在社会直接财产损失中,工业损失17178117元、农业损失176034元、交通损失444014元、商业损失6716871元、财政损失29642元、金融损失496933元、文化损失463298元、教育损失276628元、公共事业损失433052元、其他损失1039914元。在社会间接财产损失中,工业损失395256元、农业损失35535300元、交通损失55960元、邮政损失308元、商业损失61355元、财政损失5479878元、金融损失42175元、文化损失134144元、教育损失63元、公共事业损失78538元、人力资源损失96165元、其他损失99元。在居民财产损失中,土地损失516642元、房屋损失28610735元、树木损失81228元、家禽损失139941元、粮食损失1066355元、服饰损失5674304元、生产工具损失4409262元、生活工具损失8913839元、其他损失2522124元。

3.从损失的方式来看

在这8年间,日军到处砍伐树木、竹子用以修筑工事,使余杭地区的生态环境趋于恶化。抗战初期的财产损失主要是日军焚烧房屋、抢夺财物造成的,更多地表现出日军侵略者野蛮的一面。但随后日军除了继续抢夺财物外,也开始对生产工具、生产原料等生产要素进行有计划的掠夺,对沦陷区经济有计划、有步骤地侵入和利用,以实现其"以战养战"的政策。在余杭各主要集镇和商业中心,或通过暴力手段接收中国人的工厂和机器,或通过倾销产品达到打击土产、打击非沦陷区的目的,或通过当地伪政权,抢购农副产品的原材料。同时,日军在沦陷区内强制推行伪币和其所谓的"军票"。如在余杭的土桥部队物资交换所,利用米价昂贵的机会运来大批粮米及各种日货出售,但必须用日军发行的"军票"购买,而且必须附带购买日货,以此达到扩大"军票"的使用范围、打击国货的目的。此外,日军的侵略破坏了余杭地区的教育格局,致使学校开开停停,使国民素质下降,社会发展受到严重阻碍。

二、背景及缘由:余杭西部山区"三杭政府"的形成与政权建设问题

据《杭州市余杭区镇乡街道简志》记载,1937 年卢沟桥事变后,当时的国民党杭州市政府、杭县县政府、余杭县政府均迁址鸬鸟,而余杭县政府就是驻扎在太公堂村,可以说这一旧址曾是杭州地区指挥敌后抗日的"心脏"。1939 年 3 月,共产党领导的省政工队第二大队第一中队进驻鸬鸟镇祝家湾,余杭成为敌后抗日根据地。1945 年,新四军解放该地区,又以随军地方工作团组建成中共余杭县委和余杭县抗日民主政府,机关设在径山镇斜坑龙潭自然村。可以说,余杭西部山区曾是杭州地区指挥敌后抗日的"心脏"。之所以余杭西部山区能成为余杭乃至杭州抗日政权建设的中心,主要原因有以下几个方面。

1. 地理位置优势

日军侵占余杭、杭州后,杭县及余杭县境大部分沦陷,日军考虑到交通的不便,除余杭西部山区外,日军在余杭地区境内驻军千余,分驻余杭县城、塘栖、临平、三墩、瓶窑、彭公等 23 处,各处都筑碉堡、建竹篱、设木城、挖交通壕、置铁丝网。临平镇当时只有几千人口,而日军就筑有碉堡 9 座。以后,又有汪精卫伪军 1800 人进驻县境,两县伪政权也组建了 400 余人的保安大队。而另一方面,因为地理位置偏僻的优势,余杭县山区及大部分农村仍为国民政府军队及地方武装控制,它们有:国民革命军第十集团军所属二十八军的六十二师(师长先后为陶广、陶柳)之一八四团、一八五团、一八六团,四十五师之四三三团,七十九师之一三五团,一九二师之一一八团等;第三战区江南挺进纵队第一、二纵队(系由第三战区收编的溃散军队组成);忠义救国军余杭总队及其独立二、三支队;国民政府保安队、浙江保安三团、浙江保安教导团;国民党杭州市特务总队、杭州市自卫总队、杭州市警察一大队。此外,安吉县、德清县、桐乡县等县的自卫总队、国民兵团,也先后驻防于太平、鸬鸟、黄湖、百丈、彭公、泰山、长乐、双溪、舟枕、中桥、石鸽等地。

2. 实力对比悬殊

中日之间力量对比相差很大,从日本方面来看,它是一个强大的帝国主义国家,具有强大的经济和战争力量。从中国方面来看,我国是一个半殖民地半封建国家,长期遭受帝国主义列强的侵略和压榨,经济、政治、军事方面

的力量都远逊于日本。因而，中国在战争中处于劣势地位。抗战时期，余杭地区沦陷较早，加之位于省会外围，地处要冲，战略位置比较重要。日军在其控制区内也先后扶持了各种伪政权，先后有伪余杭县自治委员会、伪余杭县维持会、伪余杭县县公署、伪杭县维持会、伪杭县县公署等。有鉴于此，日伪军在此均有驻扎。其中，日军先后有：独立四十八大队一中队小野土建二部、二十二师团田中一郎部1100余人及八十五联队吉川庆治部千余人、七十师团四十二联队及六十一旅团一零二大队共1200余人；伪军先后有：杭州绥靖一团陈祖荫部第二、三营320人、伪国民政府陆军第一师一部千余人、伪36师、伪浙江省保安教导团第二大队张华夫部550余人；两县伪保安部队有：杭县保安团600余人、杭县保安大队、余杭县保安大队约100余人。此外，两县伪政府下辖警察局也具有一定战斗力。

3. 国共政治合作的选择

抗战爆发后，在中国共产党的倡议和推动下，以国共两党合作为基础的广泛的抗日民族统一战线形成。1938年2月，黄绍竑采取了顺应抗日潮流的政治举措，颁布以中共《抗日救国十大纲领》基本精神为基础的《浙江省战时政治纲领》，提出以"动员全省民众，参加抗战，创造新的政治及军事力量，保卫浙江，收复沦陷土地，争取最后胜利"为浙江当前政治实施努力的总方向。黄绍竑"根据抗战的要求，颁布《战时政治纲领》，稳定了当时混乱的局面。政治上的政策，抗日先进分子的任用，民众运动的展开，浙江政治开始走上民主化的道路"，促进了抗战前期全省国共两党密切合作、共同抗日局面的形成。余杭地区的战时政治工作队即在此种形势下建立，1939年3月，浙江省政治工作队二大队一中队到安合乡（今太平乡）工作，中共浙江省委派党员于以定，曹大钧（原名陈浩天）等人，加入政工队，建立中共特别支部，在祝家湾、双溪、黄湖一带发展党员，建立党组织。政工队是杭州国共合作、团结抗日的产物，它虽是以国民党省政府名义组建起来的，但由于中共浙江各级地方组织卓有成效的工作和共产党员的先锋模范作用，政工队成为动员、组织民众抗日的一支要力量。

三、经验与成果：余杭西部山区抗日政权建设的历史回顾

政权建设是抗日时期国共两党建设的首要问题，也是取得抗战胜利的关键，但不是两党建设的全部内容，而包括社会建设在内的其他建设也是政权的基础，也是取得抗战最终胜利的基础。

1.推进经济发展,解决民生问题

积极帮助农民发展生产,解决广大农民的民生问题成为抗战时期工作的一项重要任务,也是抗战时期政府解决财政困难,争取抗战胜利的重要保证。1938年8月余杭县政府恢复后,立即开展一系列工作推进经济发展。余杭沦陷后,为获取一定的经费,以打击敌人,保卫乡土,余杭县政府在税务方面尤为努力。一是成立税务分处。1938年1月,浙西税务处成立,曾设余富稽征所,并在县属之双溪、黄湖、冷水桥等处各设分所,征收特种消费税,统归税务处管辖。二是编查田亩捐。全县41乡镇从公开活动区安合、径山、崇乐、浮里、履三、古城、黄湖、双溪、三和、南建、上寿、志一、盛宅、朱桥、西舍等15乡镇分别进行;其半公开活动之18乡镇视情况酌量办理。三是各种营业税收缴。公开15乡镇地处山陇,素称贫瘠,商业因之不振,稍具市场形式者,只有黄湖、双溪、冷水桥三处,然遭敌寇焚毁之后,商景益形萧条。除了上述所作所为外,余杭县在建设方面亦尽力而为,主要工作有:(1)办理公粜。余杭县政府为调剂各乡镇食米起见,经拟订战时平民食粮公粜处暂行办法。借用省拨赈款在黄湖冷水桥,西南区祝家湾两处设立公粜处各一所,平价发售以资救济。(2)修筑堤塘。余杭县政府请中央赈款1003元修理仁爱、西一、西三等各乡镇塘堤,农民受惠不少。(3)整理桥梁。1937年12间,拨用中央赈款分别加以修理,计修理完竣者共12座。(4)励行储盐。余杭县政府督饬各乡镇民户各预备三个月食盐以备不时之需,颇见成效。(5)推行合作事业。余杭县合作事业向称发达,县城失陷,各乡合作社均无形解体。余杭县政府经派员下乡劝导重新组织,组织成立者计有西南区志一乡运销合作社、安合乡食粮合作社及古城、履三、浮里、黄湖、双溪等乡镇盐米合作社。

2.注重社会建设,发展文教卫事业

旧社会政治黑暗,社会风气闭塞,经济十分落后,这严重影响着政权的巩固和建设,更不利于宣传抗战政策和发动群众改进生产,支援抗战。因此,发展各项社会事业成为余杭西部山区政权建设的又一重要举措。教育方面:县府设政治、财务、军事三科,并无专设教育科,所有教育行政事宜由政治科兼管,仅设督学一人。全县原有县区乡立小学80余所,自县城失陷均告停闭。1939年开始经积极恢复设立县立战时完全小学1所、县立战时初级小学19所,区立初级小学11所,短期小学1所,省流动学校2所,改良私塾 16 所。但是，因县各驻点多为敌人控制，县府对于教育设施，较难顾及，而且仅有教育款产五百余元，由省府拨充抗卫经费，经费除由省款拨补外，地方并无固定经费。实施战时教育，全县仅政工队创办乡村小学 6 所，学生 200 余人。省教育厅派流动学校校长 3 人，分在上泗、大陆、塘栖附近设校工作。通讯方面：为适应环境所需，除在县境良渚地方设总办事处外，还在临安塔里设通讯处，以为前后方之联络机关。民政方面：因战时所需，动员一千余人，破坏京杭国道、浙江大桥，自卫独立中队亦奉令破坏京杭国道瓶窑至彭公段。而县重要据点全为敌人占领，村乡电话无装架，亦无无线电台。此外，手工业、工商团体等几近瓦解。

3. 调动一切抗战力量，推动全民抗战进程

余杭西部山区的各类政权建设，牵制了日军的兵力，加快了抗战的进程，为杭州乃至浙江的抗日活动提供了有力支持。1939 年，浙江省政府决定恢复杭县、余杭沦陷区的政权建制，先称县行动委员会，后改称县政府。县国民抗敌自卫团是抗战时期由国民政府领导的一支地方武装力量，是余杭、杭县八年抗战史的一个重要组成部分。在成立初期与中共组织有较为密切的合作关系，不少中共党员参与了部队的组建，因此部队的政治工作受到了高度的重视，对培养官兵的抗日精神起了重要作用。国民抗敌自卫团成立到解体，前后存在不到三年时间。然而，在此期间，先后与日军展开了几十次战斗，沉重打击了敌伪。1939 年，为实行对敌经济封锁起见，除由本省战时对敌经济封锁处第四分处在双(溪)黄(湖)两镇设所严格办理外，由余杭县政府在其余各乡镇小路捷径设置盘查所。1939 年春，省政工队第二大队一中队进驻余杭县安合乡祝家湾。一中队来到这些地区后，深入发动群众，宣传抗日救国，传播战斗胜利消息，讲解团结就是力量，鼓励群众的抗日信心和决心。群众很快得到发动，迅速组织起“中华抗日民族先锋队”、“读书会”、“青年救国会”，“农民协会”、“妇女救国会”等抗日救亡组织，开展了多种形式的抗日救亡活动。1945 年 4 月，余杭县抗日民主政府在太公堂召开各界人士代表会议，开明绅士、乡保长、乡民代表等 100 余人参加了会议。会后，有粮出粮，有钱出钱，有力出力，共同抗日成了不少人的自觉行动。

四、兼论：余杭西部山区政权建设在杭州抗战中的历史地位与作用

余杭西部山区政权建设是在全国抗日斗争的大背景下开展起来的，是

中华民族伟大抗日战争的重要组成部分，也是杭州伟大抗日战争的重要组成部分（特别是抗战时期当时的国民党杭州市政府驻扎在余杭西部山区鸬鸟镇，可以说，当时的杭州市政府在余杭西部山区指挥着国民党方面在杭州的抗日活动），具有鲜明的特点、时代特征和重要的地位作用。

1. 具有光荣的爱国主义传统的余杭军民，始终站在抗日救亡的最前线

日军所到之处，烧杀淫掠，无恶不作，对余杭人民犯下了滔天罪行。当此中华民族处于生死存亡的危急关头，不愿做奴隶的余杭军民开始了长达8年的英勇抗战。1938年1月2日，国民军第三战区第十集团军司令刘建绪部与游击队配合进攻杭州，并在余杭城郊与日军激战，一度占领余杭县县城。1938年2月16日，七十九师陈宝安、六十二师陶柳等部，由余临边境驻地出发，分数路进攻余杭日军，拟一举收复城区。1940年10月，国民军一九二师某部袭击驻闲林营盘山日军，日军死伤惨重，弹药库被炸毁。国民抗敌自卫团从成立到解体，前后存在不到3年时间，在此期间，先后与日军展开几十次战斗，沉重打击了敌伪。1939年春，浙江省政工队第二大队第一中队等单位调集组成的群众工作队，毅然挺进余杭，振奋了余杭人民的抗战精神，抗日运动出现了蓬勃发展的局面。一次次抗日杀敌的战斗，挫抑了日本侵略者的嚣张气焰，最终和全国人民一起赢得了抗战的胜利。

2. 余杭西部山区向杭州敌后抗日根据地输送了大批的人、财、物，有力地支持配合了整个杭州的抗日战争

在杭州市国民政府以及共产党组织的领导下，在抗日民族统一战线的影响和推动下，促进了杭州抗日救亡运动的健康发展。余杭地区省政工队二大队一中队的中共特别支部配合杭州抗日战争需要开展工作。他们深入宣传，发动组织群众，汇集了一批大学生。这些多才多艺的热血青年到达目的地后，办壁报、刷标语、办识字班、开演讲会、教唱抗日歌曲、演话剧等，以多种形式进行抗日救亡宣传，动员发动群众参加抗战，组织领导农民推行“二五”减租等斗争。中共特别支部还按照1938年中共中央《关于大量发展党员的决议》和中共东南分局《关于猛烈发展党组织》的指示信，从1939年5月开始秘密发展党员，建立党组织，为杭州的新四军输送人员。县区的抗日民主政府发动群众为杭州的新四军部队筹粮，群众节约粮食支援部队，还向当地的地主、富农征集粮食。当杭州新四军进入余杭地区后，人民自动为新四军带路、救护伤员乃至配合作战，为争取抗战的胜利奠定了雄厚的基础。1943年11月15日，杭州市特务总队建立，其前身为1940年陈纯白组

建的杭县抗敌自卫中队，陈纯白由杭县县长升任杭州市市长兼余杭县县长，杭县抗敌自卫总队也就改编为杭州市特务总队。1945年8月，遵照中共浙东区委指示，余杭地区的抗日游击队伍开赴四明山，编入新四军苏浙军区第二纵队司令部警卫连。

3. 余杭西部山区是杭州地区的屏障和护卫，是浙江抗日的战略要地

抗日战争时期，余杭西部地区抗日政权建设的坚持和发展对杭州地区的抗日活动起到了屏障和护卫作用，牵制了日军的兵力，直接配合了杭州的反"扫荡"斗争，为杭州抗日力量的扩大提供了有力支持。余杭也是杭州、余杭地区国共两党敌后政权重建的重要地区，是抗日救亡运动与战时政工队等抗日宣传活动活跃之地，是敌人流窜骚扰、军民联手反制、新四军等抗日武装力量重要的活动地区。在外敌入侵的紧要关头，余杭地区的国共两党基于"兄弟阋于墙，外御其侮"的爱国主义精神，停息纷争，由分裂走向合作，最终形成抗日民族统一战线，对杭州地区的抗战胜利起到了重要的作用。余杭地区抗日军民消灭了大量敌人，不仅解放了本地区，还配合新四军其他部队收复了杭州的大片国土。中共中央东南分局和新四军军部派出干部和主力部队来到浙西和余杭，与余杭人民一起，英勇抗击日伪，在余杭县的百丈、黄湖、双溪、斜坑、嵩村、后坪、后坞、下潘、太公堂及杭县的运河沿岸、杭州市拱宸桥以北等地，痛歼那里的敌伪顽军，并在余杭境内进行了云会西南山、东塘和吴山的攻势作战，牵制和消耗了大量日伪军，使其难以集中兵力于正面战场，有力地配合了正面战场的对敌作战。

参考文献

[1] 余杭县委党史研究室. 余杭县革命斗争史简编[M]. 杭州：浙江大学出版社，1991.

[2] 余杭区委党史研究室. 杭州市余杭区抗战时期人口伤亡和财产损失[M]. 北京：中共党史出版社，2010.

[3] 周如汉. 余杭县志 [M]. 杭州：浙江人民出版社，1990.

[4] 王庆. 余杭军事志[M]. 北京：中华书局，2005.

[5] 栾雪飞，刘颖. 国共两党敌后战场的比较研究[J]. 长白学刊，2001(5).

[6] 黄爱军. 近年来抗日战争研究若干创新观点综述[J]. 党史研究与教学，2009(3).

六十五年光辉历程

——余杭党校简史

中共杭州市委党校余杭区分校(余杭区行政学校、余杭区社会主义学院、余杭区干部教育培训中心),坐落于美丽的临平山南麓景星观旧址,占地面积21.7亩(1亩=666.67平方米),拥有综合楼、学员楼等建筑2.1万平方米。从1951年10月建立杭县干部训练班至今,余杭党校走过了六十五年光辉历程。

一、初创时期(1951.10—1958.10)

余杭区(县、市)原系杭县、余杭县(前)两县合并而成。1949年5月,余杭县(前)、杭县相继解放并建立红色政权。新中国成立初期,根据新政权建立后训练干部的需要,杭县、余杭县(前)先后举办县干部训练班(政治训练班),后改建为干部学校。

1951年10月,杭县干部训练班(班务委员会)建立,校址设在三墩镇西河口朱太和房子(今位置大致在三墩镇庙前街社区),由县委书记殷俊兼任训练班主任。1952年11月,改名为浙江省杭县干部学校,1954年4月搬迁到临平镇五常庙(今位置大致在南苑街道人民广场附近)。1955年10月底,改名为中国共产党杭县委员会干部学校。1958年4月,因杭县建制撤销划入杭州市郊区,县委干部学校撤销。

1952年10月,浙江省余杭县(前)干部学校建立,校址设在城镇(街道)鲍家祠堂(今位置大致在余杭街道南渠南街),由县委书记(政委)翟作标兼任校长。1955年11月,改名为中国共产党余杭县(前)委员会干部学校。1958年10月,因余杭县(前)建制撤销并入临安县,县委干部学校撤销。

当时，无论是干部训练班还是干部学校，都无专职教员，主要职能是对全县干部培训工作进行组织、管理，讲课任务（大会辅导报告）基本由县委主要领导担任。两县干部学校，在县委领导下，认真贯彻“学习理论，提高认识，联系实际，改造思想”的教育方针，为两县建国初期的镇压反革命运动、经济恢复、民主建政工作和贯彻党在过渡时期总路线、推进“农村合作化运动”，训练了大批基层领导骨干。据统计，至 1957 年 3 月，中共杭县干部学校共举办训练班 38 期，调训学员 11460 余名；中共余杭县（前）干部学校共举办训练班 27 期，调训学员 8800 余名。重点班次有：干部（小学教师）“思想改造，镇反学习”培训班、整党建党训练班、过渡时期“总路线、总任务”培训班、农业合作化运动轮训班以及宣传贯彻《全国农业发展纲要（草案）》培训班等。

二、曲折发展时期（1958. 11—1976. 10）

1958 年 4 月至 1961 年 5 月，两县建制和隶属关系进行了多次调整和变动。由此，党的干部教育培训机构也经历了撤销、重建及一再改名的过程。并且由于当时党在指导思想上出现了“左”的错误，政治运动接连不断，尤其是十年“文革”动乱，使党校教育工作受到较大冲击，发展经历曲折。

1959 年 3 月，中共杭州市半山联社委员会建立（驻地临平镇），6 月成立中共杭州市半山联社初级党校，校址暂设在临平镇西茧行（今临平街道西大街西洋桥大药房处）。这段时期党校还处于筹备阶段，故未开展干部培训工作。1960 年 1 月，杭州市半山联社和拱墅联社合并，建立中共杭州市钱塘联社委员会，半山联社初级党校随之改称为中共杭州市钱塘联社初级党校，校址搬迁到临平镇东大街 144 号（今大致在临平街道肖家弄）。为了提高基层党员干部的思想水平和理论水平，改进领导和工作方法，党校于 1960 年 6 月和 1961 年 3 月，先后举办了为期半个月的农村生产队支部书记训练班和为期一个月的公交、财贸系统基层党员领导干部和党员骨干培训班，共培训学员 622 名。

1961 年 4 月，撤销杭州市钱塘联社，改为县建制，建立中共余杭县委员会。5 月，钱塘联社初级党校改名为中共余杭县委初级党校，校址不变。7 月开始，根据县委指示，为了贯彻中央八届九中全会提出的关于国民经济实行“调整、巩固、充实、提高”的方针，帮助广大党员干部进一步认识和掌握社会主义建设的客观规律，提高政策水平，推进党的思想建设和组织建设，党校以全县农村基层党员干部为主要培训对象，开展了大规模的干部培训工作。从1961年7月至1963年9月，共办训练班13期，培训基层党员领导干部近5000名。主要班次有：《农村人民公社工作条例（修正草案）》学习班，农村基层党员领导干部训练班，工交、手工业、财贸系统的党员领导骨干训练班，全县农村党支部书记（正职）训练班，工交、手工业、财贸、邮电系统的基层领导骨干训练班，全县团支部书记训练班等。

为了贯彻党的八届十中全会和《关于进一步开展社会主义教育运动的部署的通知》精神，从1962年年底开始，余杭县在全县范围内开展了社会主义教育运动。在这场声势浩大的"社教"运动（"四清运动"）中，党校从1963年10月开始停止校内干部教育培训工作，校领导和全体教职员工先后参加省委社会主义教育团和县社会主义教育运动工作队，长期蹲点农村搞"社教"，至1966年10月开始"文化大革命"，"社教"运动宣告结束。

"文化大革命"期间，党的干部教育工作受到破坏。余杭县委初级党校经历了机构撤消、合并办校、重新恢复的过程，人员频繁流动，工作秩序一再被打乱。1968年7月，余杭县革命委员会成立。1968年8月，县革委会决定撤销县委初级党校，成立余杭县毛泽东思想学习班革命领导小组。11月初，县革委会又决定，撤销余杭县毛泽东思想学习班，在潘板公社香河桥（虎山）建立浙江省余杭县"五七干校"，作为机关干部集中下放劳动的点。当月，党校全体干部作为"五七战士"与县直属机关干部共200余人奔赴县"五七干校"，参加农业生产劳动和进行"斗、批、改"。1971年3月，根据县委《关于县级机关机构设置、人员编制意见的报告》，县"五七干校"和党校一套班子。1972年3月，县委研究决定又将余杭县"五七干校"改名为余杭县革委会毛泽东思想学习班。在1970年4月至1973年3月的三年间，共举办14期毛泽东思想学习班，培训党员领导干部和基层干部3000余名。着重进行了思想和政治路线方面的教育，推动了全县干部群众活学活用毛泽东思想和"农业学大寨"运动的深入开展。

1973年7月，县委决定将余杭县革委会毛泽东思想学习班重新改名为中共余杭县委党校，党校全体干部从虎山返校。当年，党校认真落实毛泽东主席关于"认真看书学习，弄通马克思主义"等一系列指示，克服原址校舍严重不足的困难，租借办学场地，积极创造办学条件，在下半年共举办各类培训班（读书班）3期，培训党员领导干部和基层干部（理论辅导员）646名。随后，1974年因全县开展"批林批孔"运动，党校干部培训工作停止。1975年年初，邓小平同志主持中央和国务院日常工作，全国开展全面整顿，党校培训工作有所开展，当年上半年举办学习班3期，培训党员干部992名，推动了全县广大干部学习党的十大文件，学习毛泽东思想，深入开展"批林整风"运动和"农业学大寨"运动。1975年下半年至1976年，因党校干部参加"农业学大寨"运动，校内干部培训工作又一次停止。

三、恢复发展时期(1976.11—1982.12)

1976年10月，党中央一举粉碎"四人帮"，结束了"文化大革命"。尤其是党的十一届三中全会召开后，党开始在政治、经济和思想文化等各个方面拨乱反正。1977年10月，中共中央发出《关于办好各级党校的决定》，并在1979年12月召开了第一次全国党校工作会议，明确了党校复校后的性质、地位和作用，党的干部教育培训工作终于得到全党的高度重视。1978年6月，余杭县委党校搬迁到临平镇景星观新校址(今临平街道沿山路9号，现校址)，在全国党校工作会议及《决定》精神指引下，余杭党校工作步入恢复发展时期，各项工作走在全国县级党校的前列。

完善党校领导体制与科室职能机构。为了贯彻《中共中央关于办好各级党校的决定》精神，1978年3月县委决定党校恢复校长制，实行党总支领导下的分工负责制，由县委书记曹征南兼任中共余杭县委党校校长，同时建立党校第一个教研组。1982年9月，为了适应党校干部教育事业发展的需要，党校建立办公室、教研室(撤销教研组)、行政科，科室职能机构进一步完善。

强化师资队伍建设。1978年后，为了适应干部培训工作发展的需要，优化教师队伍的知识结构，提升教师队伍的整体素质，党校实施两手抓方针：一手是直接选人、进人；另一手是主动开展师资定向培养。仅1982年，党校充实专职理论教师3名，选送5名年轻同志进省委党校师资班定向培养。

大规模开展党员干部培训教育。在县委的领导下，党校围绕各个不同阶段党的中心任务，积极贯彻"学习理论，联系实际，解放思想，实事求是"的教育方针，坚持贯彻理论联系实际的优良学风，大力开展干部轮训和培训工作，为贯彻党的十一届三中全会精神，顺利实现党在政治、经济和思想文化等各个方面的拨乱反正，促进全县社会经济发展做出了应有的贡献。1978年10月至1982年年底共举办各类培训班38期，每期培训时间一般半个月左右，培训党员干部共6600余名。在培训内容上，1979年至1980年，以党的十一届三中全会文件和中央关于发展农业的两个文件为主要学习内容，围绕党的思想、政治和组织路线，学习马克思主义基本原理，开展真理标准问题的讨论。同时，围绕党的中心工作转移，开始增设经济理论、管理知识等学科的教学。1981年，以学习贯彻党的十一届六中全会文件、《陈云同志文稿选编》、中央关于农业问题的三个文件等为重点，把广大党员干部的思想统一到《关于建国以来若干历史问题的决议》上来，宣传落实县委"加强和完善农业生产责任制，发展农村多种经营"这一工作重点。1982年，以学习党的十二大文件和党建理论为教学重点，着重提高学员的社会主义经济理论水平，及坚持和改善党的领导的自觉性。在培训时间上，开始由中短期向中长期培训转变。

加强党校基本建设。在县委领导的高度重视和关心下，这一时期党校的基本建设有了长足进展。1978年6月，党校搬迁到景星观新校址后，对原有2680平方米旧建筑设施进行拆建和修缮改造，包括修建了面积约800平方米、可容纳300余人听课的大礼堂，面积约500平方米、可满足150人同时就餐的食堂等，新建了建筑面积2000平方米的四层培训大楼，至1979年年底，全校建筑物总面积增至5200余平方米。1978年，党校图书资料室正式建立，1981年，搬入新的图书资料室，面积155平方米。1981年年底，建立余杭县委党校招待所（有200张床位），以服务校内教学为宗旨，同时提供对外培训和会务服务。1982年，还建设了面积800平方米的党校教职工宿舍楼（原5号楼）。

四、教育正规化时期（1983.1—1994.2）

1983年2月，中共中央召开第二次全国党校工作会议，4月颁布《关于实现党校教育正规化的决定》（以下简称《决定》），拉开了党校教育正规化的大幕。《决定》指出："党校要以短期培训为主转向正规化培训为主，以适应社会主义现代化建设的需要。"1985年1月中央又召开第三次全国党校工作会议，强调要进一步建立完善具有中国特色的党校教育体系。1990年中央发出《关于加强党校工作的通知》（以下简称《通知》），第一次明确了党校是"三个阵地、一个熔炉"地位和作用。两次全国党校工作会议及《决定》、《通知》精神，为余杭党校进一步开展干部轮训培训、做好党校各项工作指明了方向。

进一步完善领导体制和科室设置。1984年1月，党校领导班子进行了充实、调整。1991年5月，根据省委〔1991〕8号和县委干〔1991〕35号文件精神，党校领导体制由校总支部委员会改为校务委员会，实行县委党群副书记兼任第一校长的制度。同年7月，根据县委《关于调整党校中层干部管理权限的通知》，县委党校科室中层正职的管理任免由原县委宣传部负责调整为校委会负责，报组织部备案。同时在科室设置上，为了适应正规化教育发展的需要，1984年9月，在原有办公室、教研室、行政科的基础上增设了教务科，实行教学与管理职能分离，并专设组织员担任班主任。确定各科室岗位职责，每年进行述职、考核。1992年12月，行政科更名为行政财务科。

积极实施人才强校战略。1984年5月，浙江省委下发《关于加强各级党校建设的决定》。党校把师资队伍建设，作为贯彻该决定精神、加强正规化建设最根本的任务来抓。一是充实师资队伍。在组织人事部门的支持下，1982年至1986年间，选调历届大学毕业生和从学校调入教学骨干共12人充实教师队伍。二是开展职称评聘二作。1987年，首次进行了教师职称的评聘工作，当年评聘讲师5人，助教3人。到1994年年初，党校13名教师中，高级讲师2人、讲师8人、助教3人。三是对教师试行工作量制度，并每学年从“德、能、勤、绩”四方面进行一次考核。四是倡导、激励教职工进修。自1983年至1992年间，全校先后有15人次参加学历进修，其中14人取得大专或本科学历。

大力拓展培训领域。为贯彻中央和省委关于党校实现教育正规化的文件以及中共中央批转《关于加强干部培训工作的报告》精神，党校努力抓好干部培训，积极探索和实践干部正规化教育。(1)提升主体班办班质量，扩大培训对象教育面。1983年3月，党校首次举办中青年干部培训班，同年9月又举办了第二期中青年干部培训班，每期培训时间4个月，两期共培训学员113名。至1993年年底，党校以马克思主义哲学、马克思主义基础理论、中国近代史、《邓小平文选》《中共中央关于整党的决定》、社会主义商品经济知识、党的主要会议精神等为主要培训内容，共举办各类主体班培训66期，培训、轮训党员干部干部近3500名。主要班次有：中青年干部培训班、《邓小平文选》读书班、军队转业干部培训班、宣传干部培训班、党政领导干部理论培训班、招聘干部培训班、乡镇企业年产值50万元以上厂长培训班、县纪检干部培训班、县统战干部理论研讨会、县妇女干部培训班、县级机关新党员党的知识培训班、县部委办局领导干部读书会、行政村党支部书记和村委主任培训班等。(2)开展干部脱产学历教育,办好干部中专班、专修班。1984年9月,余杭党校根据中共浙江省委办公厅《关于转发省委组织部等三个单位〈关于一九八四年全省干部培训工作的意见〉》和浙江省委组织部《关于县(市)委党校举办中专干部培训班有关问题的暂行规定》,并经杭州市委批准,成为全省首批两年制脱产干部中专班试办党校。经组织推荐、全省统考,当年12月20日,余杭党校历史上首届(84级)干部中专班开学,有学员43人。随后,经浙江省教育委员会批准(《关于同意杭州市委党校等十八所党校举办干部中专专修班的批复》),党校举办了企业管理专业、学制一年的88级和89级干部中专专修班,经统考,分别录取学员39人和37人,三届毕业学员共119名,颁发由省教委验印的干部中专毕业证书(专业证书)。(3)开门办学,进行教学新尝试。围绕教育必须为经济建设服务、为基层服务的目标,党校充分利用自身的师资、教学设备等资源,积极开展社会培训工作。1987年,党校首次走出校门,到本县乡镇企业发展的典型崇贤镇举办崇贤镇管理干部培训班。1988年,又举办崇贤镇、塘栖镇、博陆镇等校外脱产管理干部培训班3期,共培训学员122人。至1990年,党校先后与县乡镇企业局、县科协、县委宣传部等单位,联合举办6期干部培训班。同时,党校社会培训内容不断拓展,涵盖党员培训、岗位培训、考前辅导等,初步形成多方位、多层次的培训格局。

创办和发展函授学历教育。余杭党校的函授教育始于党政干部刊授中专班的开办,在中央关于多渠道、多层次、多形式开展成人教育的方针指引下,办学质量与层次不断提升,规模不断扩大。(1)浙江省刊授中专教育。1985年3月,党校建立浙江省中等刊授政治专业学校余杭辅导站,在县委领导的重视下,当年招收85级刊授中专学员1281人,设经济管理和政治工作两个专业,学制三年。在首届刊中成功办学的基础上,又招收89级刊授中专学员75名。两届共653人取得省教委验印的刊授中专毕业证书。(2)中央党校函授大专教育。1989年,党校建立中央党校函授学院余杭辅导站,开设89级经济管理函授大专班,开始了党校历史上第一次大专学历教育尝试。当年全县党员干部222人,报名参加了全国党校系统统一招生考试,录取学员68名。此后,党校每年招收中央党校函授大专学员,还增加了政治工作专业。(3)省委党校企业政工干部大专班。1993年党校与县委宣传部联合办学,在党校建立了省委党校函授学院企业政工干部大专班余杭教学辅导站,首次招收93级学员78名。1987年,省刊授中专余杭辅导站被评为全省先进辅导站。

加强科研工作。1983 年开始，党校每年都提出理论研究专题，组织教师下机关、工厂、农村进行调查研究，撰写调研论文，这对党校贯彻理论联系实际的教学方针起到了积极的推动作用。1988 年起，党校每年举办一次全校性的理论研讨会，开展优秀论文评选活动，并将参加理论研讨会列入专业技术人员考核实施细则。1990 年，为了鼓励学员和发展学习成果，以 90 级函授大专班毕业论文为基础编辑的《余杭经济发展研究》一书，由杭州大学出版社出版发行。1991 年至 1994 年间，每年都组织教师参加省、市党校系统举办的理论研讨会，撰写学术论文参与学术交流，并有多篇论文获奖或被送入省、市委党校编撰的《教学内参》刊物。

改善后勤保障。为适应党校教育正规化发展的需要，1985 年党校开始动工新建 3000 平方米的四层新教学大楼和 1000 平方的教工宿舍。1987 年 4 月、6 月，新教学大楼和教工宿舍先后落成并投入使用，校舍总面积达 9600 平方米。1986 年图书馆总面积 180 平方米，图书资料 28000 册（不包括报刊杂志）。在后勤保障上，为更好地为教学和学员服务，1984 年 10 月，党校工会以会员（教职员工）个人集资方式，在校内建立了县委党校生活服务部（约于 1995 年停止经营服务）。1993 年 1 月，党校在塘栖镇鲶鱼角村建立校办厂（余杭市发达自行车配件厂），1998 年 2 月，由鲶鱼角村委收回该校办厂净资产 5600 元，并将企业以零资产转让给企业职工。

五、拓展和创新时期（1994.3—2008.9）

1994 年 3 月，中央召开第四次全国党校工作会议，同年 5 月，中央制发《关于新形势下加强党校工作的意见》，并颁布实施《中国共产党党校工作暂行条例》，第一次以党内法规的形式，规范了党校的性质、地位、基本任务、主要班次、学制学历、领导体制、队伍建设等一系列党校发展的根本问题，给党校工作指明了前进方向和注入了强大动力。2000 年 6 月，中央召开第五次全国党校工作会议，制发《关于面向 21 世纪加强和改进党校工作的决定》，2006 年 1 月，中央颁布《干部教育培训工作条例（试行）》，促进全国党校事业发展走上了拓展和创新的道路。

确立“三校一中心”办学体制。1994 年 4 月，余杭撤县设市，县委党校更名为市委党校。1997 年 6 月，经市编委批准，成立余杭市行政管理干部学校，与市委党校合署办公，形成“一套机构，两块牌子”的办学体制。2001年3月，余杭撤市设区，市委党校随之更名为区委党校。2004年4月，经区编委批准，在区委党校增挂余杭区社会主义学院牌子。同年10月，根据上级要求规范称谓，经区编委同意，区行政管理干部学校更名为余杭区行政学校。2005年6月，按照“党管人才”的要求，党校增挂“余杭区干部教育培训中心”牌子，与区委党校、区行政学校、区社会主义学院合署办公。2008年9月，在建立大党校、深化市区党校办学体制改革的背景下，杭州市委、市政府下发《关于深化市区党校办学体制改革的意见(试行)的通知》，经区编委批准，余杭区委党校更名为杭州市委党校余杭区分校。自此，中共杭州市委党校余杭区分校、余杭区行政学校、余杭区社会主义学院、余杭区干部教育培训中心“三校一中心”的办学体制基本确立。

深化领导体制和科室设置。为了加强党委对党校工作的领导，由市(区)委党群副书记兼任党校第一校长，实行由校务委员会全面负责校长主持工作的领导体制。党校实行“三校一中心”的办学体制后，根据中央和省、市委有关文件精神，行政学校第一校长由市(区)长兼任，党校校长任校长，市(区)人事部门负责人兼任副校长；社会主义学院第一院长由市(区)委分管党群的副书记兼任，党校校长任院长，市(区)委统战部门负责人兼任副院长。党校内设科室也是行政学校和社会主义学院的职能科室，实施“一套机构，三块牌子”的领导体制。在科室设置上，1996年增设了函授科。1997年12月，根据工作需要，行政财务科分设行政科和财务科。2001年，根据区委办转发的区编委办“三定”方案，区委党校内设机构为办公室、教育科、函授科(计算机培训中心)、行政科、财务科。2004年，为适应党校信息化建设的需要，建立信息化工作职能机构——校信息中心。2006年，党校新增设后勤服务中心。2008年6月，党校把原来归并在教育科的科研管理职能归并到函授科，设立科研函授科。

加大软件和硬件建设力度。在此期间，校委会按照“以人为本，抓基础、抓根本、抓长远”的指导思想，把着眼点放在抓好学校软、硬件建设上，以“带出一支好队伍，建立一套好机制，建设好办学基础设施”为目标，实现党校工作整体推进和长远发展。在软件建设上，首先是结合实际建立教学、科研、后勤等方面的各项规章制度和有关规定，同时在实施过程中加强管理考核，通过制度建设使学校各项工作纳入规范化、程序化、制度化的轨道。在硬件建设上，为适应新形势下党校干部教育培训的需求，不断改善学员的学习环境和食宿条件。根据《余杭市委党校中长期发展规划》(1995 年版)目标,区委党校建筑面积达 7173 平方米的教学办公综合大楼(一号楼)于 2004 年 9 月建成并正式投入使用。该综合大楼拥有配套完备的现代化办公、办班设施,有 251 座报告厅 1 个,66 座电化教室 1 个,电子阅览室 1 个,各类大小教室 9 个,会议室 4 个,其他办公用房 30 余间。在新大楼建成启用后,针对党校的信息化工作要求,投入资金 300 万元建设学校"三网"工程,并于 2005 年正式建成并投入使用。工程包括计算机网络系统、安全防范系统、背景音乐与紧急广播系统、双向闭路电视教学系统、多媒体教室投影及音响系统等九大服务系统,为党校的信息化建设提供了硬件保证。

创新干部培训教育工作。根据《中国共产党党校工作暂行条例》的要求,在教学体系和内容上从注重基础理论布局向注重理论与现实问题并举转变;在课程设置上加大经济类知识分量;在教学方法和手段上进行创新探索,讲课方法变灌输式为启发式、讨论式的双向交流;在教学模式上探讨情景模拟教学、演讲答辩、案例分析、专题辩论、理论研讨等,取得一定成效。在主体班培训上,以培训班、研讨班、进修班、学习班、读书班等为主要形式,以区管部委办局领导干部、农村基层干部(包括镇乡、街道领导干部,村两委会书记和主任,社区书记和主任)、区党政机关公务员(包括机关中层干部、初任公务员、宣传、纪检、统战干部等)、党外中青年干部、离退休干部、共青团和妇女干部,以及党外人士和统战对象等为培训对象,以马克思主义基础理论,《邓小平文选》,党的路线、方针、政策,党的重要会议精神,以及《"三个代表"重要思想纲要辅导》,《公务员法》、《公务员行为规范》、《公共管理》、《行政效能》等为培训内容,以及开展社会主义新农村和推进城市化建设的理论和实践、村民自治与民主管理、农村党的建设、余杭经济发展思路研究探讨等专题培训班。这一时期,共举办各类班次 227 期,培训各级各类干部 22073 人次。在社会培训上,联合办班和协助办班的规模和数量得到稳步发展。1995 年至 1998 年,党校与余杭各机关、企事业单位联合举办非主体班公务员培训班、技术职称考前培训班、入党积极分子培训班 300 多期,培训 2 万余人次。从 2005 年开始,党校在主体班教学的基础上,创建"周末课堂"、"远程课堂"、"流动课堂"、"个性化课堂",形成"一主体四课堂"培训格局。"周末课堂"于 2005 年 5 月正式启动,参加对象为区级机关在职党员干部。每月安排 1～2 次讲座,培训时间为周六或周日。从开办至 2008 年 9 月,"周末课堂"共邀请著名专家、教授、学者 29 人次开展专题讲座,听众达

12000余人次。“远程课堂”是党校借助现代卫星传播技术，在系统地整合时代光华优秀管理课程资源的基础上形成的一种培训模式。2005年1月8日，启动时代光华MBA研修班培训，拉开对企业人才培训的序幕。“流动课堂”于2006年开辟，是以区委党校为主体的送课平台，围绕党史、党建、法律、经济、形势政策等主题，通过送课进社区、进农村、进机关、进企业等活动，开展党的政策、理论宣传。“个性化课堂”是以党员干部、各类人才的差别化、个性化需求为导向，以培养干部不断提高适应新形势、解决新问题的能力为目标开设的培训班，包括公文写作、英语会话、廉政体验等班次。

函授学历教育圆满收官。这一时期是党校函授学历教育，从迅速发展走向巅峰到完美收官时期。1994年，余杭市委组织部将干部学历教育列入党校办学计划，给党校函授学历教育注入了新的发展动力。1994年至1998年，党校以大专函授学历教育为主。五年共招收函授大专学员1000余名，其中：省委党校函授学院大专班1994级至98级学员共596名、省委党校函授学院企业政工干部大专班1994级至97级学员共351名、省职工政大专业证书班1994级、95级学员共100余名。从1999年党校首次开设中央党校函授本科班开始，党校函授学历教育进入一个新阶段，办学层次得到提升，办学规模逐年扩大。2002年至2004年为党校函授学历教育巅峰时期，党校贯彻实施区委、区政府的人才培训工程，先后开办2002级行政管理和经济管理大专班、学历证书大专班，招收学员共625名，2002级行政管理专业和中青年干部本科班，招收学员128名；2003级行政管理和农村干部大专班，共招收学员596名；2003级行政管理和经济管理专业本科班，招收学员共108名；2004级公共管理、社区工作与管理、农村干部大专班，共招收学员303名；2004级公共管理和法律专业本科班，招收学员共108名。2003年和2004年，党校函授办学规模创历史，在校大专、本科函授学员分别达1711人和1692人，为省内县级辅导站规模之最。2006年，因党校函授学历教育的历史使命已基本完成，中央党校做出了停办决定。2007年、2008年，党校函授大专、本科函授教育先后停止招生工作。余杭党校从1985年3月开办党政干部刊授中专班，1989年开始函授大专学历教育，1999年开始函授本科学历教育，至2008年函授学历教育圆满收官，23年函授学历教育，共毕业学员5200余人。其中：省刊授中专毕业学员653人，省职工政治大学大专（含专业证书）毕业学员159人，省委党校函院企业政工干部大专班毕业学员383人，省委党校（中央党校）函院大专毕业学员近

3000 人，中央党校（省委党校）函院函授本科毕业学员 1041 名。1999 年、2003 年、2005 年，三次被浙江省委党校函授学院评为省“先进辅导站”、“优秀办学单位”。2003 年、2004 年、2005 年连续三年，被杭州市委党校函授学区评为招生工作先进单位。

不断拓展科研领域。1995 年《中国共产党党校暂行工作条例》颁布以后，党校的教学科研工作得到较快发展。2005 年，为了激发科研人员参加调研和教学科研的热情，校委会制订了《余杭区委党校科研带头人选拔和管理实施细则》，开展科研带头人评选工作。2008 年 3 月，为了有利于科研工作的开展，提高科研水平，校委会制订了《余杭区委党校科研工作若干规定》，对科研课题、调研报告的立项及奖励、科研工作量的计算、科研档案的管理都做了具体规范。1994 年至 2004 年，有 100 余篇调研文章递交省、市党校的理论研讨会交流。2005 年至 2008 年，列入国家、省、市、区各级的理论研究和调研项目 54 项次，其中，一批高质量的咨政课题研究报告得到了市委、区委主要领导的高度肯定和重视。如 2005 年关于发展运河镇工业经济、良渚镇物流业和闲林镇商贸业的重点调研课题，得到时任区委书记何关新的高度重视，主持召开专题会议听取党校课题组的汇报，为三个镇的发展提供了重要参考。2007 年党校关于《余杭区“一副三组团”建设创新研究》课题研究，得到了时任省委常委、市委书记王国平和时任市委常委、区委书记朱金坤的批示，对余杭区“一副三组团”空间结构调整等重要决策产生了较大影响。此外，副校长张伟关于《村级民主治理的法理研究——基于杭州市余杭区村民自治实证分析》的研究课题，被确定为全国党校系统重点立项课题。2002 年党校筹建电子阅览室，从印刷型载体文献为主到多种载体文献并存。2004 年，党校搬入新的综合大楼，图书资料服务开始进入网络时代。

举办五十年校庆活动。2004 年 11 月 19 日，余杭党校举行了热烈、隆重、高规格的五十年校庆暨综合大楼落成典礼。中央党校校委、教育长李兴山教授和省、市党校的领导、教授，区四套班子领导，历届党校第一校长代表等出席了庆典。区委书记何关新作了重要讲话，各镇乡（街道）、区级机关各部门的主要负责人和兄弟党校、联谊党校的领导也前来祝贺。其间，还举行了“何思敬先生学术陈列室”的揭牌仪式。

六、全面发展时期(2008.10—2015.12)

2008 年 10 月,中央召开第六次全国党校工作会议,并颁布实施《中国共产党党校工作条例》。随后,省、市相继召开党校工作会议,党校教育科学化水平不断提升。其间,为了明确党校办学方针和推进党校基础设施建设,区委先后两次召开专题会议,研究党校工作。2011 年 11 月,中央召开全国县级党校工作座谈会。2015 年 10 月,中央颁布实施《干部教育培训工作条例》,同年 12 月,全国第七次党校工作会议在京召开,这是党校发展历史上一次里程碑式的会议。这一时期,余杭党校认真学习贯彻会议精神和《中国共产党党校工作条例》规定,坚持党校姓党根本原则和从严治校基本方针,树立特色立校、品质塑校,和谐兴校、建设强校理念,解放思想、改革创新,促进党校事业的全面发展,2013 年至 2015 年连续三年荣膺全省党校系统优胜(先进)单位称号。

管理体制有新变化。2008 年 9 月,余杭区委党校更名为杭州市委党校余杭区分校后,根据杭州市委、市政府文件精神,在组织领导上实施双重领导体制,分校仍隶属余杭区委领导,业务受杭州市委党校指导,列入杭州市委党校发文序列。余杭区分校校委班子由区委任免。在领导体制上,市委党校建立党校理事会,实行理事会领导的校务委员会负责制。根据理事会章程规定,余杭区委分管党校的负责同志和余杭区分校校长分别担任副理事长和理事职务,参与理事会的领导工作。为加强党校系统建设,整合党建资源,自 2013 年起,按照"有阵地,有队伍,有制度,有经费,有活动"的要求,联合区委宣传部开展了镇街党校规范化建设工作,积极探索构建区—镇街党校两级联动,分层次、按类别、重实效的党员干部教育大培训格局。到 2015 年,已有百丈镇、塘栖镇、星桥街道、余杭街道 4 家基层党校通过规范化建设验收,黄湖镇、临平街道 2 家党校正在建设规范中。

组织构架具新活力。这一时期党校继续实行校委会领导体制,党校第一校长由区委分管党群工作的副书记或区委常委、组织部部长兼任。校长和副校长由区委任命。校委会日常工作由校长全面负责。2008 年 10 月至 2015 年,由于学校主要领导人事变动,根据区委任命文件,党校校委会班子组成人员相继作了三次调整。在科室设置上,为适应"大党校、大培训"机制,经区编委办批准,2009 年对学校内设机构和相应职能进行调整:增设社会培训科,将科研函授科更名为科研科,并增挂区情调研室牌子。同时,根据形势发展和上级党委的要求，为了更好地发挥党校的阵地优势和资源优势，新设党员服务中心，2013 年该机构划归区委组织部管理。

党校整体设新目标。2009 年后，余杭党校秉承一流党校必须与一流区域发展相匹配的理念，自我加压、自我突破，将高水平建成省内一流示范型县级党校作为共同愿景和发展目标。2009 年 1 月，党校开展为期一年的"三力提升"(学习力、创新力、执行力)教育活动，通过"爱读书、读好书、善读书"等活动载体，营造建设学习型党校氛围；并启动实施十年建设期的"名师名校工程"，分平台建设、重点突破、优势形成三个阶段，通过建设名校智库、品质教学、名师培养、精品科研、优美环境等工程，形成"大网络、大师资、大服务"的工作格局。2012 年 6 月，党校校委会认真贯彻落实全国党校校长会议精神，提出开展"创新发展，争创一流"主题实践活动，坚持把"党校姓党"作为各项工作的灵魂，把改革创新作为高质量办学的不竭动力，不断提升党校工作科学化水平，扎实推进省内一流县(区)级党校创建工作。并启动实施任期目标"四个一工程"建设，即以建一幢大楼(后勤设施改扩建项目)、强一支队伍(教职员工队伍)、编一部校史(党校校史)、搭一个平台(智慧党校平台)为抓手，努力改善党校软硬件条件，全面提升党校核心竞争力，为创建全省一流县(区)级党校打好基础。

干部培训创新局面。围绕贯彻实施《条例》要求和区委指示精神，党校坚持培训要精要管用、要以质取胜的基本理念，统筹规划，创新方法，各类培训的影响和覆盖进一步扩大，培训的针对性和实用性不断增强。期间，区委高度重视党校培训工作，切实将它作为建设高素质干部队伍的先导性、基础性、战略性工程，朱金坤、徐立毅、徐文光等历任区委主要领导多次就党校干部教育培训做出批示，并带头登上党校讲台授课，亲自参与到干部教育培训过程当中。在主体班培训上，坚持"管理就是效率"理念，着力加强培训的计划统筹，通过年初集中轮训、具体班次项目化管理、党员干部分类分级培训等系列措施，优化培训机制、提升培训效率，同时注重突出主业主课，加大理论教育和党性教育的比重，提高培训质量和数量，拓宽培训层次和延伸培训覆盖面。2009 年至 2015 年，共举办各类主体班次 188 期，培训干部 25172 人次。重点班次有，区管领导干部轮训班、村(社区)干部轮训班、民主党派骨干成员培训班，区纪组宣统系统干部培训班，新录用公务员培训班、机关党务工作者培训班、新录用大学生村官培训班、党风党规党纪轮训班、工青妇等群团组织负责人培训班。2008 年起，还根据区委、区政府中心工作及阶段性重点工作的要求，按照统筹兼顾、突出重点、长短结合和内外兼用的原则设置了专业化培训项目，实施“土法 MBA”实务培训，内容涵盖招商引资、城市建设规划、金融管理创新、信息经济发展、人文素养提升等方面，培育了一批一专多能党政干部。在“四课堂”培训上，“周末课堂”于 2009 年 6 月更名为“美丽洲大讲堂”，并和区委理论中心学习组学习相结合，由区委宣传部和党校组织专题讲座，成为全区党员干部最高端的学习平台。经过 5 年多培训实践，“美丽洲大讲堂”已逐步细化为“领导讲坛”“专家讲坛”及“机关干部大讲堂”等三大讲坛。2009 年至 2015 年，“美丽洲大讲堂”共邀请百余名专家、领导开办专题讲座。“远程课堂”于 2009 年与“宣讲家”合作，开展“宣讲家远程培训项目”，使广大基层干部群众能够接触相关领域的知名专家学者，了解权威观点，掌握高端信息，满足对专业技术和业务知识的需求。“流动课堂”经过多年运作，横向覆盖机关、村(社区)、企业的党组织和广大党员及干部群众，纵向覆盖区一镇(街道)一村(社区)的理论宣传阵地体系已经形成，“送课进机关”、“送课进村社区”、“送课进企业”、“送课进农村文化礼堂”等活动品牌得到树立，“菜单式”送课、课程需求调研、集体备课、授课质量满意度测评等机制逐步建立，每年保持 130 场、受众 1.3 万人左右的规模。2015 年起，“个性化课堂”的形式主要是为区直机关和镇街“量身打造”专题培训课程，为受训单位提供全方位、多层次、个性化的培训服务。在社会培训上，随着党校培训教育不断拓展，分类更加细化，除了联合办班、受委托协助办班以外，还承接外省、市干部培训班来余杭参观考察、现场教学活动，以开设异地班形式开展培训。在干部学历教育上，2011 年 7 月，党校与上海大学社会科学院合作，成功开办首期经济学硕士(政治经济学专业)在职研究生班。招收具有国民教育系列本科学历、工作满两年以上的党政机关干部、事业单位工作人员、中小学教师和管理人员、企业员工共 63 学员名，采取在职业余攻读、定期集中授课的模式进行学习。经过近两年的学习，有 54 名学员通过了学校组织的研究生学历各门课程考试，成绩合格，获得了《上海大学研究生课程结业证书》。2013 年年，又与浙江大学管理学院联合举办管理学硕士研究生班，招收学员 57 名。这届研究生班已于 2016 年初结业。

科研咨政呈新气象。2009 年以来，党校按照《中国共产党党校工作条例》对党校科研工作的定位和要求，创新科研管理体制，建立科研工作平台，开展教研咨一体化建设，科研工作日趋规范化、制度化，科研咨政水平和影响力不断提升。在创新科研管理体制上，2008 年 10 月，建立余杭区委党校学术委员会，2010 年 1 月，建立人文社会、法治党建和财经管理 3 个教研组，2014 年更新为理论武装、党性教育、能力提升三个教研组。并制发出台了一系列相关配套政策措施，包括《学术委员会工作实施方案》、《科研成果奖励办法》、《关于对校级重点课题进行资助等事项补充规定的通知》、《科研课题管理办法》，对科研课题的类别、申报、立项、管理、结题、经费的资助及使用都做了具体的规定。在建立科研工作平台上，于 2012 年将印刷出版《余杭研究》调整为印发短平快刊物《战略观察》，所刊内容着力于分析动态、把握规律、指导实践，以直通车方式定期向区委、区政府提供研究成果或创新报告，至 2015 年底共出刊 21 期。2012 年起，建立校级重点课题制度，按照申报—遴选—立项—资助—结题程序实施，既解决了以往科研与咨政“两张皮”的弊端，也为申报省市级课题起到基础性、先导性作用。2013 年，创设“报上党校”栏目，其主要功能是加强与媒体合作，强化平面理论宣传和研究报告成果转化，扩大受众面。截至 2015 年底，《余杭晨报》(《城乡导报》)“报上党校理论版”栏目刊登文章 45 篇。在开展教研咨一体化建设上，发挥区级党校身处基层、贴近群众、最接地气的优势，将科研活动重心放到为教学服务、为决策服务上。2009 年以来，每年都围绕余杭社会、经济发展中的热点、难点问题开展调查研究活动；还接受区内有关部门、街道委托的专题研究项目。由于组织科学，实施精密，取得丰硕科研成果。2008 年至 2015 年，获得省、市(区)以上各类立项课题共计 92 项次(不包括校级重点调研课题和工作创新实践课题)，在国家、省、市、区各级研讨会或征文活动中获奖 93 篇次，在《体制改革》(人大复印资料)、《行政与法》、《中共杭州市委党校学报》等公开刊物上发表理论文章 68 篇。校长占张明等人以承担的《浙江省县域发展中比较优势分析及余杭区域发展战略研究——基于萧山、鄞州的实证调研》课题项目为基础，编写了《浙江省县域发展比较研究》专著，该专著已由浙江大学出版社正式出版发行，其姐妹篇《浙江省县域改革实践研究》也于 2015 年下半年开始编写，将于 2016 年出版。《关于我区推进特色小镇建设的一些思考》、《对我区企业上市工作进展缓慢的探究》、《城郊都市新区发展“地铁经济”思路与对策研究——以杭州市余杭区为例》等 10 余篇专报文章获得市、区领导批示。此外，还荣获 2014—2015 年度浙江省党校系统优秀科研工作组织奖，2013 年至 2015 年连续三年杭州市党校系统理论研讨会论文组织奖。

校园建设结新硕果。2009年2月，十二届余杭区委常委会44次会议研究决定实施投资概算为1.21亿元的“党校后勤基础设施改扩建工程”项目，并列为区级重点工程项目。项目立项后，党校配合区有关部门开展工程前期论证和审批工作。2010年10月区发改局同意该项目的初步设计方案。随后，党校倾全校之力，投入拆迁安置、工程招标、临时食堂建造及工程前期等各项准备工作。并根据项目推进实际需要，对改扩建初步设计方案作了适当的调整，概算也相应调整为1.1亿元。该项目于2012年5月23日正式开工建设。项目建设内容包括学员楼(二号楼)建筑面积6508平方米，地上5层主楼、2层裙房、地下1层，共有客房70间；食堂及管理用房建筑面积3535平方米；党员服务中心(三号楼)建筑面积2736平方米，可容纳350名名听课的报告厅1个、小型会议室5个、中型会议室1个、多功能厅1个、5个办公用房等，于2015年年底基本竣工于2016年3月正式投入使用。为配合工程建设，党校于2015年启动实施了后勤服务社会化改革工作，就党校培训会务、酒店管理、物业管理、消控安保等后勤服务保障工作全部实行外包模式，由专业酒店管理公司承接，使党校后勤服务工作走上了社会化、专业化、标准化的新路子。

2014年，党校制定了“智慧党校”信息化建设规划。2015年，启动规划实施，当年申报的知识服务平台和管理服务平台建设项目被列入区政府信息化建设计划，给予资金保障。经过建设，以教学科研资源库、视频直播点播系统为主的知识服务平台和以学员档案管理、校内“一卡通”为主的管理服务平台，以及党校微信公众号正式启用，党校信息化智能化水平有了长足进展。

后　记

《浙江省县域改革实践研究》是为深入贯彻落实党的十八届三中、四中、五中全会精神和2015年12月全国党校工作会议精神，推进基层党校智库建设发展而编写的一本科研成果转化普及性、实务性读本，也是杭州市委党校余杭区分校继《浙江省县域发展比较研究》之后推出的又一力作。

本书编写是在编辑委员会领导下进行的。编辑委员会主编占张明高度重视《浙江省县域改革实践研究》一书的撰写和编辑工作，亲自主持书稿的编写和审定，多次就编写工作提出意见建议，督促和把握本书编写的进度、质量，经常关心、勉励编写人员，要求将本书编写成既具有理论深度，又具有实践强度，能够充分体现"红色智库"研究水平的精品。执行副主编赵丽萍对这项杭州市委党校余杭区分校2016年度科研咨政工作为头等大事也投注了极大心血，全程倾力指导。其他副主编也为本书的顺利出版提供了大力支持。编委郭人菡、陈华杰等负责具体的统稿、协调等工作。

浙江大学出版社高度重视本书的出版，樊晓燕编审等对本书的出版付出了辛勤的劳动。更难能可贵的是，本书的编写得到了杭州市委党校领导和余杭区委常委、组织部长、杭州市委党校余杭区分校第一校长王进的关心和大力支持，王进部长还亲自为本书作序。在此一并表示衷心的感谢。